U0732852

刑事证据调查行为研究

——以行为科学为视角

刘为军 著

公安出版

公安院校
青年学者学术文库

总主编：樊京玉　闫继忠

中国人民公安大学出版社
群　众　出　版　社

公安院校知名教授学术文库
公安院校青年学者学术文库
编辑委员会

主　任：樊京玉　　闫继忠

委　员：（以姓氏笔画为序）

丁　宏　　马金旗　　王　立　　王　周

伊良忠　　刘　鹏　　刘功华　　刘茂林

刘瑞榕　　李华振　　李锦奇　　吴钰鸿

张　斌　　张兰青　　张兆端　　张宝锋

张高文　　张惠选　　周　彬　　郝宏奎

韩　勇　　韩　锋　　程小白　　管曙光

办公室：周佩荣　　杨益平　　曾　惠

刑事证据调查行为研究

——以行为科学为视角

刘为军 著

前言

证据调查是刑事诉讼的重要一环，任何刑事诉讼活动都离不开证据调查主体对证据的获取，离开适格证据的支持，案件事实无法认定，难以保证法律的正确适用。证据调查行为的成效在很大程度上决定着诉讼的结局。

本书重点关注了刑事证据调查行为及其关联领域的以下重大变化：

一是犯罪形势。尤其是网络犯罪猛增，而且几乎所有传统犯罪类型都"涉网"，而作为主要取证主体的侦查机关无论取证意识还是取证能力都与实际需求存在差距。

二是取证环境。《刑事诉讼法》修订和"以审判为中心"的刑事诉讼制度改革等带来的制度环境变革，自媒体发达带来的舆论监督变化，以及侦查机关自发自觉的内部改良诉求，推动着侦查机关加速推进刑事执法规范化建设。

三是调查方法。迫于犯罪形势和制度环境的变化，侦查机关投入巨量资源提升侦查的信息化水平，尤其是大数据的应用水平大幅度提高，侦查模式产生了深刻变化，电子数据的重要性日渐凸显，在传统取证手段仍需"精耕细作"的同时，新的取证手段层出不穷，取证要求也不断趋于严格。

同时，考虑到行为科学自身体系的复杂性以及理论发展的程度，以及证据调查行为自身的特性，本书只选择那些业已发展较为成熟的理论和方法作为研究的基点，主要体现为以下两方面的内容：

其一，在内容上，本书将从行为科学角度着重探讨：证据调查行为的定义、系统结构和分类；影响证据调查行为的主体（个体和组织）因素；证据调查行为过程的一般模式、特殊模式和基本特征；证据调查行为的激励；证据调查行为的评价。以上各部分，分别构成本书第二、三、四、五和六章的主要内容。这些部分虽然独立探讨证据调查行为的不同方面，但也具有内在联系。例如，影响证据调查行为的主体因素在证据调查过程中将发挥作用,是任何调查行为过程中的决策及决策实施所不应回避的。又如,证据调查行为的激励不能忽略调查主体的需要结构和调查行为过程的特性;再如,证据调查行为的评价标准不能不考虑评价结果的激励效应,等等。因此,贯穿本书的是对证据调查行为多方面内涵或横向或纵向、或静态或动态、或内部或外部的描述和解释。在论述过程中,将综合运用行为科学上一些已经发展得较为成熟的理论,主要有组织行为原理、行为动机原理、需要原理、激励原理、行为目标导向原理、行为控制原理、信息沟通原理、行为决策原理,等等。

其二,在研究方法上,当前证据调查行为研究中两种风格的研究方法都可以找到行为科学的痕迹:一种是实证型的研究风格,特点是以证据调查实践事实和素材作为追求和支持理论目标和理论结论的基石;另一种是阐释型的风格,特点是以假说性的理论命题为阐释调查实践现象的前提。前者要求研究材料的丰富性和可采性,后者则要求理论假说命题的全面性和系统性。

本书的撰写源自我的同名专著的修订。本书及原书的主体内容来源于我的博士学位论文《侦查行为研究——以行为科学为视角》。原书的出版得益于恩师何家弘教授鼎力推荐,原书名也是根据恩师建议而使用的。回想从博士生入学到工作至今,每行一步都有恩师的关注和支持。师恩至深,无以为报。恩师原本希望我把研究视野扩展到所有刑事证据调查行为,但习惯于偷懒的我把这本书变成了以侦查行为为例证的刑事证据调查行为研究,细究之下颇有“文不对题”之嫌。此次修订,有意改回纯粹的侦查行为研究,略作尝试后发现不是短时间内能够完成的,只好放弃。好在我已经习惯于接受和欣赏各种不完美,也能坦然地将书稿送交出版社。书中纰漏,在所难免,敬请同行斧正。

家人是我前行的动力,不敢妄言回报。女儿蜻蜓清新秀气、聪明伶俐,在我码字的时候喜欢跑来敲打键盘,拉出一排排她还不认识的符号,与我相视而笑。我希望她今后不会嘲笑我制造文字垃圾,所以也尽我所能,认真对待与她相遇后发表的每一段文字。

刘为军

2018 年 3 月于木樨地

目录

导 论

证据调查是刑事诉讼的重要一环，任何刑事诉讼活动都离不开证据调查主体对证据的获取，离开适格证据的支持，案件事实无法认定，难以保证法律的正确适用。证据调查①行为的成效在很大程度上决定着诉讼的结局。

根据我国《刑事诉讼法》的规定，刑事诉讼中享有刑事证据调查权的主体包括侦查机关、公诉机关、审判机关、当事人及其法定代理人、诉讼代理人和辩护人等。②

然而，现实的情况是，对于承担着主要取证责任的侦查机关来说，除了要直面犯罪的智能化、有组织化等发展态势以及犯罪总量增长之外，还必须正视国家法治进程加速的现实。许多常用调查措施因为涉及对公民人身权利、财产权利的强制逐渐成为法治的"重点照顾对象"，法律对某些类型国家权力的约束力度正在加大，而对诉讼的另一面即辩护方的取证权利则会给予进一步的鼓励和支持。在制度环境的变革方面，2012年《刑事诉讼法》修改后，我国又推出了一系列改革措施。其中以审判为中心的刑事诉讼改革影响尤为深远，明确要求"侦查机关、人民检察院应当按照裁判的要求和标准收集、固定、审查、运用证据，人民法院应当按照法定程序认定证据，依法作出裁判"③，事实上拔高了刑事取证的质量要求。

很显然，在加大权力约束力度的同时，国家和民众对打击犯罪、维护社会秩序的需求不太可能下降，而目前以发案率、破案率、起诉率和定罪率等

---

① 如无特别说明，本书中的"证据调查"均指刑事证据调查，"证据调查行为"均指刑事证据调查行为。

② 出于论述简便之考虑，本书在讨论刑事诉讼时不考虑刑事附带民事诉讼，不讨论附带民事诉讼当事人及其法定代理人、诉讼代理人等的证据调查问题。

③ 两高三部《关于推进以审判为中心的刑事诉讼制度改革的意见》第2条第2款。

为主要指标的刑事犯罪控制水平距离民众的期望还有不小的距离。[①]

如何在新的犯罪形势和法治环境下提高证据调查水平，进而实现打击犯罪的目的，是摆在所有刑事追诉机关面前的重大课题。

在当事人主导的证据调查行为方面，当事人要维护自身的权益，获得更大的胜诉机会，更是需要在法定范围内寻求更合理的行为方式。受过职业训练、具有较高法律素养的律师可以成为当事人的一项重要选择。律师作为职业法律帮助者，不仅可以接受委托为当事人提供法律规范层面的服务，依附于当事人诉讼权利之上，他们还可以利用经过训练获得的调查技能帮助当事人达成取证意愿，最大限度地维护当事人的合法权益。除了律师外，专家辅

---

① 以破案率为例，根据可公开查询到的资料，自 2000—2005 年，公安机关公开发布的破案率分别为 45.2%、42.9%、44.4%、41.9%、42.5%、45.12%。参见《公安研究》2001 年第 7 期、2002 年第 7 期、2003 年第 7 期、2004 年第 7 期、2005 年第 7 期和 2006 年第 7 期发布的全国公安机关刑事案件分类统计表。这些数据可能并不确实，时任公安部部长助理的张新枫在 2004 年 6 月 10 日召开的全国刑警大练兵动员部署电视电话会议上介绍 2003 年的数据时即表示，数据没包括立案不实的因素，如果如实立案，估计全国目前刑事案件破案率可能在 30% 左右。参见 http://news.xinhuanet.com/comments/2004-06/15/content_1525680.htm。诚然，这是整体案件的破案率，各类案件的破案率则各有高低，其中命案的侦破率要大大高于普通刑事案件。如 2015 年 1-11 月的全国命案侦破率已经达到 96.46%。参见 http://js.people.com.cn/n/2015/1219/c359574-27354946.html。

值得注意的是，我国侦查机关正在逐步摒弃以破案率为主要指标的绩效考核方式，2015 年 12 月发布的《公安部关于改革完善受案立案制度的意见》提出改进考评机制，坚决取消发案数、破案率等影响依法如实受案立案的不科学、不合理考评指标，增加案件当事人对公安机关接报案、受案立案工作满意度的评价比重。

公安部：坚决取消发案数破案率等不科学考评指标，http://news.qq.com/a/20151230/001960.htm.

助人①近年也已被司法实践广泛接受，虽然其作用尚限定在鉴定意见证据领域，但今后有扩展的趋势，而且必定会呈现职业化发展，将极大提升辩方挑战控方科学证据的能力，有利于保障诉讼证据质量和倒逼侦查机关加速取证程序改革。不过，虽然刑事辩护权有扩权趋势，但是法律为当事人提供的支持力度有限，取证途径缺乏，在强大的国家追诉机关面前，当事人一般都处于弱势地位，当事人及其律师可选择的法定调查措施不多，因而必须想方设法在法律限度内挖掘可用调查措施的潜能，拓宽证据调查的途径。

由此可见，无论是控辩双方，还是中立的裁判者，都必须在新形势下正确看待法律的制约或促进因素，在法治框架下寻求证据调查行为科学化的各种途径，以最大限度地改善刑事证据调查行为、提高取证的品质和效率。对此，专以人类行为及其规律为研究对象的行为科学（Behavioral Sciences）为我们提供了一条新的路径和一个新的思考问题的角度。

行为科学是一个学科群，它探讨人类行为的共有特征及行为规律，它还通过各分支学科展现不同类型行为的独特性，并以此帮助人们解释、预测和控制行为。证据调查行为是人类行为的一种，具有人类行为的共同特征。证据调查行为同样需要进行解释、预测和控制，其原理和机制与行为科学中对于普通行为以及某些特殊行为的研究成果存在密切的联系，行为科学中的许多理论和方法都有可能作为理论基础推广适用于证据调查行为领域。本书选择行为科学作为证据调查行为研究的视角，正是试图通过行为科学理论和方法在证据调查行为中的运用，从客观的立场为证据调查行为的科学化、规范化和合理化提供若干有价值的建言。

---

① 刑事诉讼专家辅助人制度的依据是2012年修订的《刑事诉讼法》第192条的规定，即"公诉人、当事人和辩护人、诉讼代理人可以申请法庭通知有专门知识的人出庭，就鉴定人作出的鉴定意见提出意见。法庭对于上述申请，应当作出是否同意的决定"。此前，民事诉讼和行政诉讼中已经确立了专家辅助人制度。目前专家辅助人的主要任务仍局限在鉴定意见证据领域，但未来会有扩展空间。

值得注意的是，最高人民检察院于2018年4月印发《最高人民检察院关于指派、聘请有专门知识的人参与办案若干问题的规定》，为专业人员参与办案和取证确立了明确的规则，有利于提升办案机关的取证能力。

不过，出于以下原因，本书将以侦查行为作为范例进行讨论：

首先，对于占据刑事案件绝对多数的公诉案件来说，侦查行为是最为重要的证据调查行为，也是刑事诉讼法规制的重点领域，侦查行为的科学化意味着整体证据调查水平的提高，是实现侦查法治化的根本保障。

其次，从行为科学角度看，刑事诉讼中不同阶段、不同主体实施的证据调查行为在调查技巧等诸多方面具有很强的同质性，对侦查行为的深刻揭示，能够起到举一反三之效。

最后，从实践来看，侦查机关一直在积极探索提高取证效率和侦查水平的各种方法，并且已经采取了许多卓有成效的措施。无论理论界还是实务界，提升警务装备层级、增加侦查的技术含量和补充警力等呼声日益高涨。客观上，国家对侦查机关的资源投入确实在不断增长，但硬件的加强并不必然增进工作效率和执法公正，况且现阶段的经济条件制约着侦查资源的大幅度提升。人们要想在新的法治环境下提高刑事证据调查水平，更佳的选择是在硬件改善的同时，从侦查的"软件"着手，从完善侦查机关内部管理、改良侦查行为模式、提高侦查人员素质和加快侦查行为的制度化、标准化建设等方面入手，通过对现有资源（包括人力、物力和财力等多方面）的优化组合等方式来达到改善的目的。换言之，研究现有条件下侦查行为效率提高之道有其现实需要。

同时，考虑到行为科学自身体系的复杂性和理论发展的程度，以及证据调查行为自身的特性，本书只选择那些业已发展较为成熟的理论和方法作为研究的基点，主要体现在以下两方面的内容：

其一，在内容上，本书将从行为科学角度着重探讨：证据调查行为的定义、系统结构和分类；影响证据调查行为的主体（个体和组织）因素；证据调查行为过程的基本特征、一般模式和特殊模式；证据调查行为的激励；证据调查行为的评价。以上各部分，分别构成本书第二、三、四、五和六章的主要内容。这些部分虽然独立探讨证据调查行为的不同方面，但也具有内在联系。例如，影响证据调查行为的主体因素在证据调查过程中将发挥作用，是任何调查行为过程中的决策及决策实施所不应回避的。又如，证据调查行为的激励不能忽略调查主体的需要结构和调查行为过程的特性。再如，证据调查行为的评价标准不能不考虑评价结果的激励效应，等等。因此，贯穿本书的是对证据调查行为多方面内涵或横向或纵向、或静态或动态、或内部或外部的描述和解释。在论述过程中，将综合运用行为科学中一些已经发展得较为成熟的理论，主要有组织行为原理、行为动机原理、需要原理、激励原理、行为目标导向原理、行为控制原理、信息沟通原理、行为决策原理，等等。

其二，在研究方法上，当前证据调查行为研究中两种风格的研究方法都可以找到行为科学的痕迹：一种是实证型的研究风格，特点是以证据调查实践事实和素材作为追求和支持理论目标与理论结论的基石；另一种是阐释型的研究风格，特点是以假说性的理论命题作为阐释调查实践现象的前提。前者要求研究材料的丰富性和可采性，后者则要求理论假说命题的全面性和系统性。[①]

在这两种基本类型之下，尚有更为具体的研究方法类别，例如实证型研究方法就可分为经验实证型和逻辑实证型两种类型。行为科学非常重视实证，许多重要的理论都来源于理论创造者对实践的长期观察甚至直接介入，或者经历过反复的实验。在证据调查行为的研究中，经验实证方法一直在证据调查研究方法体系中占据着主导地位。[②] 不过，由于本书考察的视角主要是行为科学理论在证据调查行为中的应用，因此本书采用的主要研究方法是阐释型方法，这种方法的实质是借助既有理论、原理诠释研究对象的本质、特征和具体实践现象。如果证据调查理论特别是侦查学理论发达，用来诠释证据调查行为的方法本应更多地来自于该学科领域本身。不过，证据调查和侦查学领域理论匮乏是众所周知的事实，更何况，任何一门学科都不会从根本上排斥其他学科理论和方法。瑞士心理学家让·皮亚杰曾就其他学科方法在人文科学中的应用进行过大胆的预测，"人文科学必将越来越多地应用统计方

---

① 参见韩德明. 侦查学研究中的几个理论问题. 江苏公安专科学校学报，2001（2）.
② 几乎所有证据调查和侦查学方面的教科书都强调案例方法和实证方法在研究中的运用，而对案件侦破进行经验总结和得失比较仍然是该领域研究的主流。

法、概率方法，以及在自然科学领域里发展起来的抽象模式"。[①] 这一预测显然已经变成现实，学科之间的界限已经不如过去那样泾渭分明，彼此之间的"互助"已是常态。

除了阐释型方法外，我们在研究过程中也尝试了以下经验型方法：深度访谈法；[②] 案例分析法。

需要说明的是，在现阶段，并非行为科学中的所有理论均可直接应用于证据调查行为研究，除了理论自身的成熟程度外，还有证据调查行为自身特性以及研究水平的限制。例如，行为科学非常看重定量分析方法，甚至在复杂的经济活动领域亦可建立较为精确的行为模型。"定量往往使我们的观察更加清晰，也更加容易集合和总结数据，而且为从简单描述到更复杂测试的变量间关系统计分析提供了可能性。"[③] 从证据调查行为角度来看，概率论和数理统计学原理所包含的测量、计算及分析技术、科学的抽样技术、选择样本、运用变量、操作化、假设、检验等概念和方法本应可用于对调查人员行为的数量特征、数学关系、调查人员行为发展过程中的数量变化等的研究，可以为认识调查人员以及他们实施的行为的差异性进行量化说明，也可以为

---

① [瑞士] 皮亚杰. 人文科学认识论. 郑文彬译. 中央编译出版社，1999：54.

这种行为科学角度的解释式的研究方法与行为学的研究是非常相似的。在有的国家，行为学一般指研究生物行为的科学（也可以视为行为科学的分支学科）。行为学有两个重要的步骤，即观察解释一种动物的行为，对行为的功能、原因和系统发育等方面依次进行解释和说明。当它能预言一个动物的将来行为或一个行为形式的程序，并证明解释是有根据的时候，行为学的研究目标就已经达成。行为学研究的另一个重要工作就是整理为数众多的观察资料，即给各种行为模式命名，并对它们进行分类；如果有正当理由，也可把它们分解成更基本的、可辨认的单位。这种研究思路对于侦查行为的研究同样有借鉴意义。

② 深度访谈法是对证据调查人员特别是侦查人员进行的访问和交谈，就特定的问题进行气氛较为自由的讨论，征询证据调查人员对特定问题的认识和态度或实践做法。出于各种考虑，本书未附多次访谈时所做记录。

③ Michael G. Maxfield and Earl R. Babbie, Research Methods for Criminal Justice and Criminology, 8th Edition, Cengage Learning, 2017, p.38.

影响调查人员行为的各要素之间的相互作用提供量的分析。但是，从现状来看，这种精确的量化分析技术的制约因素很多：许多因素（例如心理因素）很难准确测量和量化；部分研究者获取精确研究材料有一定难度；这种分析依赖于先进的分析手段和复杂的运算过程，需要投入较多的资源，等等。而对个案调查行为过程而言，除了调查主体和调查行为对象自身的复杂性外，还因为调查行为的反应时间有限，这种精确的量化模型或者难以建立，或者因为不确定因素太多而导致应用价值不高。

而且，由于研究资料的匮乏和相关研究基础的薄弱，尤其是作者能力之限制，本书主要是一种方向性和可能性研究，所获得的结论或启示旨在提出问题并探索解决问题之思路，未必是精确的，甚至有可能是不正确的，目的仅在于为在该领域的下一步精确分析提供教训或背景知识积累。

第一章

概述

刑事证据调查行为研究的意义与现状

一、刑事证据调查行为研究的意义

刑事证据调查行为是调查主体的证据调查职能在实践中的外化，加强对刑事证据调查行为的研究对充实调查取证理论、提高取证实践水平和完善证据制度均有重要意义。

首先，证据调查行为是证据科学理论的重要研究对象，其中的侦查行为更是侦查学理论体系的核心内容，加强证据调查行为的理论研究，是完善证据学、侦查学及相关学科理论的重要保障。

以侦查行为的研究为例。学界对于侦查学研究对象存在诸多争议，概念和表述各异。① 笔者认为，不管作出何种界定，至少可以达成一项共识，即侦查行为（或侦查行为的某些构成要素）及其规律应当是侦查学的主要研究对象。将侦查学的主要研究对象界定为侦查行为及其规律，这与侦查行为的属性是密切相关的。侦查行为及其规律的研究可以划分为密切联系的两部分：

一是"侦查法"，泛指一切与侦查有关的具有规范约束力或伦理约束力的行为规范，在具体内容上涵盖了对国内外侦查法治的研究，最广义上的"侦查法"还包含与侦查有关的政策、职业道德规范等。作为侦查学与刑事诉讼法学、证据法学、行政法学等学科的交叉领域，"侦查法"不仅包含静态的规范，也涵盖了"法"在侦查行为过程中的动态运行。"侦查法"不仅以侦查主体及其行为为调整对象，而且对侦查行为所触及的各类对象（如证人、被害人乃至犯罪嫌疑人）也具有一定的影响力，体现了侦查行为的法律行为属性以及侦查的法治目标。

值得一提的是，我们在 2004 年的著作中提出"侦查法"的概念，并认

---

① 参见杨宗辉，刘为军．侦查方法论（第二版）．中国检察出版社，2012：31-32.

为侦查法和侦查方法应当成为侦查学的两大研究对象[①]，而对应的侦查学两大下位学科即侦查法学和侦查方法学。2012年，我国台湾学者傅美惠直接以《侦查法学》为题出版著作，著作中将侦查法学区分为最广义、广义、狭义和最狭义，其中最广义的侦查法学大致等于刑事法学，包括刑法、刑事诉讼法及各种特种刑事法令，最狭义的侦查法学仅包括所谓"侦查法制"，强调"刑事诉讼程序之发动始于'侦查'，且每一侦查作为，诸如：传唤、通知、讯问、拘提、逮捕、通缉、搜索、扣押、勘验、鉴定、鉴定留置、身体检查、监听等侦查作为之进行，在侦查阶段皆有其重要性"。[②]傅美惠将侦查学分为侦查法学、侦查技术学和侦查辅助科学（以刑事鉴定为主），"'侦查法学'系从保障人权及践行正当法律程序观点，探讨'侦查法制'与'证据法学'之新学门，'侦查法学'乃将刑事侦查程序及证据法则予以'法学化'"。[③]此种对侦查法学的认识，实际上将侦查法限定在规范法学的框架下。我们认为，这一关于侦查法学的研究仍然失之过窄，因为忽视国家政策（特别是刑事政策）、职业规范乃至所谓行业"潜规则"等对侦查行为的实际规范效果，就容易在观察、实施、监督或评价侦查行为时出现偏差。

二是侦查行为本体，它与"侦查法"密不可分，是在"侦查法"框架之下的行为具体表现。侦查行为的载体是侦查主体的动作或动作组合，也是侦查方法的运行过程，并最终表现为侦查结果（例如查明案件真实情况并捕获犯罪嫌疑人）。就个案而言，侦查行为表现为一次具体的侦查过程及其结果。就宏观而言，侦查行为表现为整个侦查系统的运动。侦查行为的本体体现了侦查行为作为一种社会行为或人类行为的属性，涵盖了侦查管理、侦查决策、侦查方法等众多领域。同时，为了更好地理解侦查行为本体，必然会将对侦查行为的研究延伸至对作为侦查行为对象的犯罪活动的研究。

以侦查行为的特点可推知，证据学中对证据调查行为的研究基本上也可以划分出"证据调查法"与"证据调查行为本体"两项内容。前者是证据调

---

① 参见杨宗辉，刘为军.侦查方法论（第二版）.中国检察出版社，2004：31-32.

② 傅美惠.侦查法学.台湾地区元照出版有限公司，2012：1-2.

③ 傅美惠.侦查法学.台湾地区元照出版有限公司，2012：2.

查行为的规范制约因素，而后者主要受制于行为的一般属性，可以纳入行为科学的研究范畴。

其次，证据调查行为研究有助于提高证据调查实践的质量。调查主体面对的案件类型与调查环境多种多样。特别是对于侦查主体来说，新的犯罪类型和犯罪手法不断涌现，侦查能力始终在经受新的考验。评价证据调查行为的质量，除了要在法治层面上无懈可击外，效率也是一道重要的判断标准。证据调查作为刑事诉讼的一个重要环节，最终实现的"正义"是否"迟到"，关键还在行为的效率和取证质量。况且，效率本就是证据调查行为的内在要求。这一点在侦查过程中尤为明显。有时破案时机稍纵即逝，一旦侦查步调缓慢，不仅给作案人逃窜之机，更可能给其充裕的时间伪造、毁灭证据，使得侦查工作更加困难。因此，侦查在本质上即有急迫性，对侦查速度的要求至关重要。我国目前采用的十六字侦查工作方针即"依靠群众，抓住战机，积极侦查，及时破案"，真实地反映了政策制定者对效率的诉求。

然而，效率的提高离不开证据调查行为水平的提升。用近些年比较流行的表述即应实现行为的"科学化"。如学者在论述侦查行为的科学化时所言，"科学化"源自以科学证据为主的司法证明和犯罪手段的科学化，其基本要求就是"科学办案"：充分发挥各种物证技术的作用，运用科学技术手段去发现、提取、保管和鉴识证据；在侦查活动中加强对电子信息技术的运用，提高信息收集能力，建立各种信息储存管理系统；在查证案件事实时提高询问、讯问、辨认等传统方法的科技含量，加强对心理科学和行为科学原理与技术的运用；侦查人员要掌握科学的思维方法，养成科学的专业思维习惯，提高运用证据证明案件事实的科学性。[①]简言之，实现证据调查行为在"硬件"和"软件"两方面的"科学化"，最终将大幅提高调查行为的质量。

最后，加强证据调查行为研究有助于有效行为运行模式的制度化和规范化，保证证据调查者的法律安全。所谓法律安全，也即证据调查人员以善意调查但仍有可能陷入法律上不利境地的风险。在实践中，大量证据调查行为

---

① 参见何家弘，蒋胜杰.与时与世俱进 实现侦查"四化".// 郝宏奎.侦查论坛（第3卷）.中国人民公安大学出版社，2004.

与违法行为之间——搜查行为、逮捕行为与非法侵入住宅、非法拘禁行为——的界线较为模糊,如果证据调查行为的规范化程度过低,调查人员在实施调查取证行为时有可能越界而不自知,不但侵犯当事者合法权益,亦可能使自己或所在机关陷于被追诉不法责任的不利境地。换言之,如果调查取证规范指向明确,对调查过程中可能出现的各种情形进行预设,使该界线明晰化,则调查人员在善意调查前提下的越界风险将大为降低。总之,研究证据调查行为,除了应服务于个案的效率增长之外,还要关注整体调查职能的实现。为了使整体调查效果能够不受个案调查差别的影响,避免调查取证行为过于随意,行为的进一步规范化和制度化势在必行。

2016年5月,中央全面深化改革领导小组第二十四次会议审议通过了《关于深化公安执法规范化建设的意见》,明确提出:深化公安执法规范化建设,要着眼于完善公安执法权力运行机制,构建完备的执法制度体系、规范的执法办案体系、系统的执法管理体系、实战的执法培训体系、有力的执法保障体系,实现执法队伍专业化、执法行为标准化、执法管理系统化、执法流程信息化,保障执法质量和执法公信力不断提高。要增强执法主体依法履职能力,树立执法为民理念,严格执法监督,解决执法突出问题,努力让人民群众在每一项执法活动、每一起案件办理中都能感受到社会公平正义。[①] 这表明,我国执法规范化的整体布局和基本路径已经明晰,同时也是对各地先前试点工作所取得的成功经验的认可和升华。从侦查角度来讲,各地公安机关应当借此机会深化侦查规范化建设,切实升级侦查理念和侦查方法,让人民群众能够感受也相信,警方在每一项执法活动、每一起案件办理中都在真正维护公平和正义。

在国外,证据调查者的法律安全也早有执法者加以关注。例如,从侦查角度来看,有论者就明确指出, "虽然警察不能预防人们对其执法方式的投诉,但是他们可以采取措施确保他们的行动不会将他们置于险境。……警察能够预防绝大多数不当行为投诉,只要他们以专业态度行事并制作详细且准

<hr>

[①] 新华社. 习近平主持召开中央全面深化改革领导小组第二十四次会议.http://news.xinhuanet.com/politics/2016-05/20/c_1118904441.htm.

确的记录报告。报告不仅记录了事实也反映了记录者的诚实度"。[①]事实上，在 20 世纪 70 年代和 80 年代，美国就出现了一系列研究侦查管理旨在改善侦查程序的著作，提出了许多经过实务检验的建议。[②]其中，对于侦查管理，有五个要素被认为意义重大：（1）初步调查；（2）案件筛选；（3）侦查进程管理；（4）检警关系；（5）对侦查过程的持续监管。[③]在这种理论框架下，对侦查进程的管理及对侦查过程的持续监管占据了重要地位，对侦查的法律安全的关注程度可见一斑。

综上所述，加强证据调查行为研究是完善证据调查制度和规范，提高实践中调查行为品质和完善证据学理论的重要途径，可以同时满足来自于证据调查理论与实务的双重需要。

二、刑事证据调查行为研究的现状

国内，何家弘教授较早专门对证据调查行为开展研究，他在主编的《证据调查》中对证据调查的原理、步骤和具体方法进行了系统阐述。[④]随着国内证据学或证据法学的发展，有关证据的研究著述不胜枚举，特别是电子数

---

① See John R. Schafer, Color of Law Investigations, FBI Law Enforcement Bulletin, August 2000, p.20.

② 例如，Peter W. Greenwood and Joan Petersilia, The Criminal Investigation Process, Vol. I, Summary and Policy Implications, Vol. III: Observationas and Analysis （Santa Monica, CA: RAND, 1976）; Ilene Greenberg and Robert Wasserman, Managing Criminal Investigations （Washington, DC: U.S. Government Printing Office, 1979）; John E. Eck, Solving Crimes: The Investigation of Burglary and Robbery （Washington, DC: Police Executive Research Forum, 1983）; Peter B. Bloch and Donald R. Weidman, Managing Criminal Investigations （Washington, DC: U.S. Government Printing Office, U.S. Department of Justice, 1975）.

③ 参见 [美] 詹姆斯·W. 奥斯特伯格、理查德·H. 华特 . 侦查：重建过去的方法 . 刘为军译 . 中国人民公安大学出版社，2015：306.

④ 参见何家弘 . 证据调查 . 法律出版社，1997.

据兴起后，有关电子取证的著述非常多。不过，就总体的研究水平来看，证据调查行为的研究离理想状态还有一段很长的路要走。侦查行为的研究就是最好的注脚。

我国侦查学"在总结和研究新的历史时期犯罪活动规律特点和侦查对策方法的过程中逐步走向成熟和完善"，"确立了具有中国特色的社会主义侦查学的发展方向"，"建立了侦查学的理论基础"，"建立了比较严密的学科体系和比较完善的学科群体"，"侦查理论研究的重点围绕侦查实践，并用研究成果指导侦查活动"。[①]但是，在核心的侦查行为研究领域，至少还存在以下三个方面的不足：

第一，受制于侦查学和相关学科的整体研究状况，侦查行为研究也在整体上表现出理论抽象不足和研究层次不够深入等问题。二十一世纪初，曾有学者指出，"从已经出版的各种侦查学著作及发表的学术论文来看，就事论事的微观分析论述多，舍事而言理的宏观研究很不够，就侦查对策方面的研究现状讲，大多是对一个阶段内类案的特点，提出一些'兵来将挡，水来土掩'的应急措施，缺乏战略性的深谋远虑"。[②]又如有学者指出，由于研究工作长期不重视"形而上学"，致使"研究成果转化为战斗力的速度较慢，研究成果的数量尤其是质量尚需提高，研究领域有待开拓，理论研究游离、落后于实践的现象仍然大量存在，研究中务虚方面缺乏哲理性思辨，务实方面又缺乏实践性指导意义的问题仍待解决，基础性研究和学科体系的构筑仍然任重而道远等等"。[③]时至今日，这一现状并未有根本性改变，而且如二十世纪末集中出现大量基础理论研究著述的现象，在进入二十世纪后未再出现。

第二，从侦查行为研究的视角和内容来看，目前的研究视角较多，内容

---

① 任惠华．侦查学原理．法律出版社，2002：112.

② 王传道．侦查学原理．中国政法大学出版社，2001：5.

③ 李龙．从公安理论研究形而上学的缺乏谈思想解放和创新问题．福建公安高等专科学校学报．2003（5）．关于侦查学研究现状的评价，还可以参见：

郝宏奎．侦查与侦查学若干基本问题探讨．贵州警官职业学院学报，2004（1）.

张远煌．侦查学学科建设的三大基本理念．江苏警官学院学报，2003（1）.

较广，而且对待不同视角或内容时态度偏差现象较为严重。

在研究视角方面，依托于侦查行为的法律属性和一般行为属性，目前的切入角度主要有二：一是法学的视角。它从法学理论和法律规定出发，重点照顾侦查行为的法律属性，以刑事诉讼为基点看待侦查行为，从整个刑事诉讼或更高层次的法律价值需要来考查侦查的法治化问题。在这方面，探讨的主要是侦查程序、侦查权扩张或限制、违法侦查行为责任、侦查中的人权保护等问题。二是立足于侦查行为的本体，探讨如何在现有约束条件（特别是非法律因素的约束条件）下对侦查行为进行优化。后者包含了行为科学的视角。两大视角并不是孤立的，而往往是被综合运用的。但从现有研究来看，对前者显然更为偏爱，而从后者出发的研究往往显得零碎，缺乏系统性。

在研究内容方面，目前对侦查行为的研究领域主要集中在侦查方法（包括侦查对策、侦查技术、侦查措施、侦查对策等概念）研究（尤其是个案或类案侦查方法总结）和侦查制度领域。至于侦查行为的内在驱动力、侦查行为的内在影响因素、侦查行为模型等问题则相对较少被人们关注。而这些问题正是行为科学在行为领域力图解决的问题。

特别值得一提的是，在侦查信息化加速的背景下，许多研究人员的主要研究兴趣转向信息化条件下的"侦查技战法"，忙于总结实践部门新的侦查经验，但却对信息化侦查的理论基础着墨较少。[①] 尤其是，从实践中许多案例来看，侦查信息化带来的侦查效率主要体现在发现案件、确定和查获犯罪嫌疑人的速度加快，但在定案证据的获取方面并未取得实质性突破。因此，在大力推进信息化的同时如何同步提升证据调查质量，跟上信息化步伐，值得深思。

第三，研究方法相对单一。虽然目前侦查行为研究中也非常提倡方法的多元化，比如主张适用历史研究法、案例研究法、实验法、比较方法等。但

---

① 一个例证就是，目前关于侦查信息化所涉及的法律问题的论文极少，虽然在侦查信息化的早期即有人及时提出应加快相关法律研讨。（参见毕惜茜．侦查信息化的法律困惑与前瞻．// 陈刚．信息化侦查大趋势——信息化侦查理论与实践学术研讨会论文集．中国人民公安大学出版社，2010.

是正如本书导论已经说明的，概括起来，侦查行为研究方法大抵可以分为阐述型和经验型两种。经验型方法是目前运用最多的，特别是通过个案总结侦查方法，它能够及时将侦查实践中所获取的经验和教训总结出来。相比之下，或许是侦查学自身理论不发达的缘故，运用理论和方法去解释侦查现象的阐述型方法运用不广。不过，也正如前文所提及的，侦查行为的研究不应拒绝借鉴任何可能有价值的理论和方法，特别是那些以研究行为共性为特征的学科所提炼的理论和方法。实际上，借鉴的过程本身也就是学科理论和方法的推广适用过程。因此，合乎理性的侦查行为研究应当兼顾各种方法，这有利于客观和全面地解释、预测和控制侦查行为及其他侦查现象。当然，近几年，研究方法单一的现状得到了极大改善。自然科学技术和方法不断渗透到社会科学领域，"社会技术"的发展及伴随的应用研究的"科学化"引起了更多关注，而循证实践引领着实践领域的"科学化"[①]，尤其是互联网技术、互联网思维的兴起和广泛应用，不但深刻影响经济生活和人们的思维方式，也给包括侦查学在内的各个社会科学领域带来了深远变化。时下，大数据技术和方法已经成为社会科学领域的热门词汇，不仅改变了包括行为分析技术在内的研究方法，也改变了对行为和相关概念的理解。

考虑到国内在侦查行为研究中投入的人力物力资源以及取得的表面成果远胜于专门的证据调查行为研究，而侦查行为是最为重要的刑事证据调查行为之一，因此可以想见，有关整体或一般意义上的刑事证据调查行为的研究不容乐观。

---

① 参见杨文登，叶浩生．社会科学的三次"科学化"浪潮：从实证研究、社会技术到循证实践．社会科学，2012（8）．

第二节

行为科学对刑事证据调查行为研究的意义

　　证据调查研究的现状以及现实需求促使我们寻求更多、更好的证据调查行为科学化途径，而在此方面，行为科学理论无疑会是一个较佳的选择。

一、行为科学的发展概况和主要研究领域

　　行为科学是指运用科学方法研究自然环境和社会环境中的人类行为规律的学科群，包括心理学、社会学、社会心理学、伦理学、经济学、法学等学科中与研究人类行为直接相关的分支学科或其他直接相关部分。凡是与研究人的行为规律有关的诸学科，都可以纳入行为科学体系。[①] 行为科学的综合基础学科是哲学，但在内容上涵盖了自然科学和社会科学，属于交叉学科群，理论上常以行为科学所研究的行为的类型为依据构建庞大的行为科学体系。[②]

　　各门分支学科在行为科学体系中的功能以及它们对行为科学的贡献有所不同，例如，心理学研究个体的心理发生、发展及其规律，主要贡献在于学习、激励、人格、个体决策、领导有效性、工作满意度、绩效评估、态度测量、工作设计和工作压力等方面；社会学通过人们对社会关系和社会行为的认识去研究社会的结构、功能、发生、发展规律，揭示行为的社会性亦即人类行为最本质的一面，主要贡献在于群体动力、团队、沟通、地位、权力、

---

① 本书采用的是广义的行为科学定义，理论上还存在其他争议。

　　参见冬青. 揭开行为的奥秘——行为科学概论. 中国经济出版社，1987：39-44.

② 例如，我国学者冬青曾对行为科学的体系结构勾画了一个非常庞大的开放式示意草图。

　　参见冬青. 揭开行为的奥秘——行为科学概论. 中国经济出版社，1987：50.

冲突、组织理论、组织变革等方面；社会心理学注重研究个体与个体之间或者个体在团体之内的社会行为，亦即人与人之间交感互动时所表现的外显行动，它对行为科学的主要贡献在于社会互动、社会影响、社会态度、社会动机、群体心理、团体心理等方面；人类学侧重于对群体价值观比较、态度比较、跨文化比较和组织系统的组织文化、组织环境研究；政治学的主要贡献在于组织冲突、组织内部政治和权力，等等。

行为主义者提出的行为理论被视为行为科学的缘起。[①] 作为一门独立学科的行为科学的发展大致经历了以下三个阶段：[②] 1. 初创阶段。行为科学一开始就作为现代管理科学的一个重要学派出现在历史舞台上。十九世纪末二十世纪初，泰勒（F. W. Taylor）提出科学管理理论，标志着现代管理科学的诞生。二十世纪二十年代末三十年代初，梅奥（E. Mayo）通过著名的霍桑实验，提出了人群关系论，奠定了行为科学的基础。2. 正式命名和迅速发展阶段。1949 年，在芝加哥召开的一次跨学科学术会议上，首次对涉及多门学科知识的人群关系论提出"行为科学"这个名称，此后，行为科学呈现迅猛的发展势头，至二十世纪五十年代末，行为科学几乎成为管理现代化的象征和旗帜。3. 深入发展阶段。自二十世纪六十年代起，行为科学进入了一个新的发展时期，主要标志是行为科学与决策论、系统论、控制论以及计算机应用技术等的结合，产生了众多新的分支学科。

我国素有行为管理和管理心理等方面的思想理论，例如诸子百家学说中关于人性、士气激励、治国安邦的领导艺术与策略、领袖与将帅心理等问题的探讨和论述。不过，我国行为科学的发展是在实行改革开放之后才真正开

---

① 参见张厚粲. 行为主义心理学. 浙江教育出版社，2003.

行为主义者提出的行为理论（即学习主要是通过条件化形成简单的刺激——反应联结，几乎所有人类行为都依赖环境因素，因为遗传只有很小的作用或根本没有作用）被公认为是行为科学的缘起，尽管它被认为过于简单化，尤其是不能解释行为的选择性和适应性，但是行为主义者强调心理学应采用科学的方法，基于行为的精确观察和度量进行研究，这一点直到目前仍然为大多数心理学家所接受。

② 冬青. 揭开行为的奥秘——行为科学概论. 中国经济出版社，1987：36-38.

也可参见苏东水. 现代西方行为科学. 山东人民出版社，1986：2-6.

始的。以组织管理心理学为发端，学界对国外的行为科学做了一系列重要的引进工作，并成立了专门的行为科学学会，以推动我国行为科学研究的发展以及各相关学科的整合。目前，我国行为科学研究已经呈现从围绕政治经济和企业体制改革向其他行业管理扩展的趋势。例如关于行为科学的理论与应用研究，关于个体行为与管理的研究，关于群体行为、组织行为、领导行为与管理的研究，等等，在吸收和消化国外行为科学理论与方法方面收到了较好的效果。可以说，行为科学引入我国的时间不长，但却引起了理论界和实务界的普遍重视。

虽然人们至今都没有对行为科学的理论体系达成统一认识，但却已形成了许多非常重要的理论，涉及行为的方方面面。概括而言，行为科学研究主要集中在以下一些重大问题上 [①]：一是关于人的需要、动机和激励问题的研究，代表性的理论如马斯洛（A. H. Maslow）的需要层次理论、赫茨伯格（F. Herzberg）的双因素理论、斯金纳（B. F. Skinner）的强化理论（即操作性条件反射学说）和弗鲁姆（V. H. Vroom）的期望概率模式理论（或简称期望理论）；二是关于"人性"问题的研究，这方面的代表性理论有道格拉斯·麦格雷戈（Douglus McGregor）的 X 理论和 Y 理论、莫尔斯（J. J. Malse）与洛希（J. W. Lorsch）的权变理论等；三是关于组织中非正式组织和人与人的关系问题的研究，代表理论是勒温（Kurt Lewin）创立的群体动力理论，在这个理论里，勒温论述了非正式组织的要素、目标、内聚力、规范、结构、领导方式、参与者、行为分类、规模、对变动的反应等问题；四是组织理论与组织行为的研究，在这一领域的形成的组织行为学也是当今行为科学领域最发达的分支学科；五是企业中领导方式问题的研究，有代表性的成果主要有坦南鲍姆（R. Tanenbaum）与施密特（W. H. Schmidt）的领导方式连续一体理论、利克特（R. Likert）的支持关系理论、斯托格第尔（R. M. Stogdill）与沙特尔（C. L. Shartle）的双因素模式理论以及布莱克（R. R. Blake）与莫顿（J. S. Monton）的管理方格理论等。

对于上述问题，有学者作了更为简洁的概括，认为行为科学研究实质上

---

① 杨明权，韩景卫. 行为科学. 陕西人民出版社，2003：12-26.

是人的行为的激励问题，并将行为科学的主要内容和目的界定为：第一，研究人类行为产生的原因，目的在于激发动机，推动行为；第二，研究人类行为的控制与改造，目的在于保持正确的行为；第三，研究人与物的配合，如人机工程，目的在于提高劳动生产率和经济效益；第四，研究人与人的协调，如人际关系，目的在于创造良好的激励环境。[①]还有的学者直接将行为科学理论体系中的主要理论直接界定为个体行为理论（主要是激励理论）、群体行为理论、领导行为理论和组织行为理论。[②]

总之，行为科学以人类的各种行为为研究对象，并且以行为的组织、控制和激励等为关注的焦点。随着社会的发展，行为科学的研究对象也在扩展，而在对各种具体行为进行研究时，又会出现相互借鉴和相互融合的现象。

当然，需要说明的是，汪丁丁教授曾指出，"最近十几年发表的各类研究报告表明，在诸如脑成像技术和基因检测技术这类技术普及之后，社会科学的全部领域（在中国的大学里大致可狭义地划分为社会学、政治学、经济学和法学）正在被'行为学化'，由于行为科学的现代形态是脑科学和遗传学，我也可以说，社会科学正在被'脑科学化'"[③]。本书在阐述行为科学在刑事证据调查行为研究时，尚未上升到汪丁丁教授所言的层面，而只着眼于成熟理论的转化应用。

二、行为科学对刑事证据调查行为研究的意义

在证据学和侦查学的研究中，证据调查行为都具有举足轻重的地位，而

---

① 参见苏东水．现代西方行为科学．山东人民出版社，1986：1.

② 参见吴玉．管理行为的调查与量度——行为科学的研究方法．中国经济出版社，1987：1.

对此，可以参见李连峻．行为科学浅谈．青海社会科学，1996（6）.

这些概括比较明显地是站在管理科学基点上对行为科学进行研究的。行为科学学派是现代管理科学三大学派之一（另两个学派是古典管理学派和管理科学学派），因而上述概括的内容基本上也是局限在管理科学领域之内的。

③ 汪丁丁．行为社会科学基本问题．上海世纪出版股份有限公司，2017：8-9.

行为科学则专以行为为研究对象。从行为科学研究范畴来看，可以被纳入行为科学研究领域的行为并无明确的边界。事实上，它（通过行为科学的分支学科或交叉学科）研究的是各种各样的行为以及这些行为之间的共性，其中自然可以包括侦查行为。在此意义上，证据学和侦查学上的行为研究也应是行为科学体系中的一部分。① 因此，尽管行为科学与证据学及侦查学等在学科形成过程中几乎不存在任何有意识的联结，但研究对象上的共通性促成了二者天然的密切关系。

如果只论学科关系，那么行为科学与证据调查行为的研究只是学科间相互交融的一种方式：行为科学可以为证据调查行为及其研究提供知识、方法和创新引导，证据调查行为的研究可以极大地丰富行为科学的理论和方法，二者相辅相成。然而，行为科学对人类行为规律的认识和把握，却使得行为科学上关于行为的一般理论和方法可以通过演绎的方式解释证据调查行为的结构、形成和运行过程，用来寻找证据调查行为优化的途径，这是因为：其一，证据调查行为具有所有人类行为共同的特点；其二，证据调查行为具有特定种类行为（如组织行为、个体行为、群体行为）的一些共同特点；其三，行为科学中已经存在众多发展较为成熟的理论和方法，并且理论界已经开始有意识地运用其中一些理论和知识来分析证据调查（特别是侦查行为）问题，为系统运用行为科学分析证据调查行为做了一定的知识储备；其四，证据调查行为也可以反作用于行为科学研究。实际上，侦查学就曾为作为行为科学重要组成部分的博弈论的发展贡献了目前被广泛引用的案例（如后文将要介绍的囚徒困境）。

可以说，行为科学对于证据调查行为研究具有理论基础的地位和意义。

---

① 在行为法学上，也包含了侦查行为这一研究客体，在此意义上，也可将侦查学划入行为法学。不过，就目前来看，行为法学研究虽然取得了一定进展，但其学科体系并不完善，其原理、原则及研究内容还没有得到系统的界定。在这种情况下，重点研究法律行为的某些部分如侦查人员行为等，在各部分的研究中取得进展后再反过来完善、充实整个行为法学的研究，便可使其更加科学、更加系统。
参见任克勤. 论刑事侦查行为. 福建公安高等专科学校学报，2000（2）.

这一点应当说也是学界的共识，并为有些学者在建立侦查学理论体系时所关注。例如，有学者指出，打造侦查学科学性的支撑学科主要包括法学、心理学、自然科学、技术科学、思维科学、管理学和其他相关学科（如金融学、税务、海关、民族、天文地理等）。①而事实上，心理学、自然科学、技术科学、思维科学等学科内与行为直接相关的部分，就是行为科学的重要内容。再比如，行为科学技术与讯问（一项重要的证据调查措施）的结合，正成为侦查学上一个潜力很大的发展方向。目前行为科学技术在侦查中的探索性应用，主要表现在以讯问及侦查过程中人的行为现象为研究对象，以实验法、调查法、观察测验法、案例研究法为主要研究方法，整合音视频记录的行为数据、面部表情分析系统、组合式高频眼动仪、无线遥测生理记录分析仪、便携式行为记录分析设备等行为研究工具获取的行为数据，通过行为分析系统软件平台进行同步分析，通过理论建模和实验数据分析，研究侦查过程中人的行为现象并开发侦查应用的行为科学技术产品。②

具体而言，行为科学对于证据调查行为研究的重要性至少可以体现在以下几个方面：

其一，行为科学揭示着人类行为的本质，有助于我们正确认识隐藏在证据调查行为背后的内在推动力和影响因素。行为科学表明，虽然人的行为受外界诸多因素制约，但是行为的源动力却还在行为主体自身。证据调查行为牵涉方方面面的个人、群体和组织，弄清他们各自的特点和内在心理因素以及他们对行为的影响力的大小，是证据调查行为控制的前提和基础。

其二，行为科学中的现代决策理论、行为控制理论、公共管理理论等对人类行为尤其是管理行为模式的研究和证据调查行为过程的优化有着重要的借鉴意义，这也是调查资源优化配置、调查效率提高的可行途径。

其三，行为科学尤其是组织行为学以行为的激励为核心问题，并已经形成了许多较为成熟的激励理论。虽然激励以行为主体（主要是行为主体的需

---

① 郝宏奎. 侦查与侦查学若干基本问题探讨. 贵州警官职业学院学报, 2004（1）.
② 庄东哲. 侦查讯问中的行为科学技术方法. 中国人民公安大学学报(自然科学版),
2014（3）.

要结构）为基础，但它同时也以组织目标为激励目的，并且良好的激励还需考虑行为过程的模式，因此，激励最终的指向还是行为。证据调查行为要想取得好的成效，激励同样是可行的途径。虽然目前越来越重视激励，但许多措施仍有待实践的检验，需要进一步的系统化和规范化。

第二章

刑事证据调查（侦查）行为界说

素，但不是行为本身"。① 哈贝马斯以行为者为依据，将大量的行为概念分析归结为四个各不相同的基本概念，即目的行为概念、规范调节的行为概念、戏剧行为概念和交往行为概念：②

目的行为概念来源于新古典主义经济学对经济行为选择理论的论证以及冯·诺伊曼（Von Neumann）等人对博弈论的论证。目的行为指行为者为了实现一定的目的或进入一个理想状态，而由一定的原则指导，在一定情况下使用有效的手段和恰当的方法。目的行为的前提是一个行为者与一个实际存在的事态世界（客观世界）之间的关系。事态可能是一直存在的，也可能是刚刚出现的，或者是通过有目的的干预而带来的。如果把其他至少一位同样具有目的行为倾向的行为者对决定的期待列入自己行为效果的计算范围，则目的行为模式发展成为策略行为模式，后者奠定了经济学、社会学以及社会心理学的决定论与博弈论的基础。

规范调节的行为概念涉及的不是孤立的行为者的行为，而是具有共同价值取向的社会群体成员的行为。在一定的语境中，一旦具备可以运用规范的前提，每个行为者都必须服从（或违抗）某个规范。服从规范的核心意义在于满足一种普遍的行为期待。

戏剧行为概念主要涉及的既不是孤立的行为者，也不是某个社会群体的成员，而是互动参与者，他们相互形成观众，并在各自对方面前表现自己。行为者自己给了观众一个具体的形象和印象，为此，他把自己的主体性多少

① [德] 尤尔根·哈贝马斯. 交往行为理论：行为合理性与社会合理化. 曹卫东译. 世纪出版集团、上海人民出版社，2004：97-94.

② [德] 尤尔根·哈贝马斯. 交往行为理论：行为合理性与社会合理化. 曹卫东译. 世纪出版集团、上海人民出版社，2004：83-99.

需要说明的是，哈贝马斯对于四种行为概念的归纳是以行为与波普尔划分的三个世界的关系为前提的。波普尔在著作中区分了三种不同的世界或宇宙：第一世界是物理对象或物理状况的世界；第二世界是意识状态或精神状态的世界；第三世界是客观思想的世界，特别是科学思想、文学思想及艺术作品的世界。目的行为概念的前提是行为者与客观世界的关系，规范行为概念的前提是行为者与社会世界、客观世界的关系，戏剧行为概念的前提是行为者与主观世界、客观世界的关系。

隐蔽起来一些，以达到一个具体的目的。任何一个行为者都可以控制公众进入他个人的观点、思想、立场以及情感等领域，因为只有他本人才有特殊的渠道进入自己的上述领域。在戏剧行为中，参与者利用了这一状况，通过控制主体的相互渗透，而对他们的互动加以左右。因此，戏剧行为的核心概念自我表现，其核心意义不是直觉的表达行为，而是面对观众对自身的经验表达加以修饰的行为。

交往行为概念涉及的是至少两个以上具有言语和行为能力的主体之间的互动，这些主体使用（口头的或口头之外的）手段，建立一种人际关系。在这种行为模式中，语言享有一种特殊的地位，行为者通过行为语境寻求沟通，以便在相互谅解的基础上把他们的行为计划和行为协调起来。在交往行为中，解释居核心地位，意义在于通过协商明确共识的语境。

二、行为的一般模式

对于人的行为，行为科学家们进行了大量研究，提出了许多不同的行为模式。以下列举具有代表性的数例。

行为主义心理学的创始人华生（J. B. Waston）认为，行为是有机体应付环境的一切活动，不外是由有机体内部和外部的一些物理或化学的变化（刺激）所引起的肌肉的收缩和腺体的分泌。由此，人的全部行为都可以分为刺激和反应两个环节，即 S（刺激）→ R（反应）。[①]

伍德沃斯（R. S. Woodworth）则认为，人的活动有两方面：一是内驱力；一是机制。有了这两个概念即可解释人的一切活动。他兼顾人的内在条件，提出了 S － O（有机体）－ R 的行为模式，后来又扩展为 W － S － Ow － R － W 的模式。其中 O 下面的 w 代表个体对环境的调整以及个体对情境和目标的定势。这一模式可以解读为：当有机体有在一定情境下做一件事的定势时，他接受刺激，他因客观定势而使反应具有客观的意义，这种刺激透露了客观

---

① 参见车文博.行为奥秘透视——华生的行为主义.湖北教育出版社，2000.

的情境，而反应的目的在于客观结果。^①

新行为主义心理学的杰出代表托尔曼（E. C. Tolman）提出了目的性的行为主义学说，他把行为分为两类，一类称为分子的行为，另一类是整体的行为。前者指肌肉收缩和腺体分泌等刺激和反应行为；后者则是特定的运动和心理事件共同构成的活动，并具有几个重要特征：第一，指向一定目的；第二，行为利用环境的帮助并作为达到目的的方法和手段；第三，对短近而易于达到的目的活动比遥远而困难的活动具有优先的选择性，即遵循最小努力的原则；第四，整体行为是可以教育变化的。根据这些认识，托尔曼提出了"中介变量"概念以说明行为原因，并提出了 $B=f(S, P, H, T, A)$ 的行为模型。其中，B 代表行为变量，S、P、H、T、A 代表实验变量，其中 S 指环境刺激，P 指生理驱动力，H 指遗传，T 指过去经验或训练，A 代表年龄。按照这一模式，行为是环境刺激、生理内驱力、遗传、过去经验或训练以及年龄等的函数，有机体随这些实验变量的变化而变化。中介变量居于实验变量和行为变量之间，是行为的决定者。中介变量的需求变量决定行为动机，而其认知变量决定行为的知识和能力。^②

勒温在其场动力理论中也提出了一个行为公式：$B=f(P \cdot E)$。B 代表行为，P 代表个人即内在心理因素，而 E 则代表环境即外在环境的影响，包括自然环境和社会环境，该公式表示行为（B）是个人（P）与环境（E）交互作用所产生的函数或结果。^③

H. J. 莱维特（H. J. Leavitt）曾对人的行为提出三个相关假设：行为是有起因的；行为是受激励的；行为是有目标的。由此，人的行为的基本模式可以表现"刺激（原因）→需要、要求、紧张、不安→行为→目标→刺激"的

① 参见高觉敷. 西方近代心理学史. 人民教育出版社，1982：223.

② [美]E.C.托尔曼. 动物和人的目的性行为. 李维译. 浙江教育出版社，1999：123.

③ 参见苏东水. 现代西方行为科学. 山东人民出版社，1986：7.

循环往复过程。①

当代组织行为学则较为普遍地认为，人的行为有着下述模式：需要（行为积极性的心理源泉）引起动机（行为积极性的直接动力），动机支配行为（心理活动的外部显露），行为指向目标（行为积极性的诱因）。随着目标实现，产生新的需要，如此循环。②这一模式被认为不但对所有个人都是一样的，也被认为适用于群体行为和组织行为。

以上行为模式，都是在互联网尚不发达时期对人类行为模式的总结。在互联网时代，人类行为是否仍然遵循上述某一种或几种模式，仍需进行深入研究。不过，就目前已经大量开展的如互联网时代的消费行为、领导行为、群体行为等已经进行的具体行为类型研究来看，各种以网络为变量的行为似乎仍可纳入行为科学业已形成的某一或某些行为模式之下。

总的来看，虽然具体的行为会因为需要和动机等各种因素的不同而有所差异，从而应该从特殊性上去把握行为，但是，从提高整体行为效率的角度来说，归纳所有行为、某类行为的模式，还是具有相当意义的。

三、行为的特征

以上简要列举和分析展现了行为概念的复杂性，也在一定程度上说明了行为科学所研究的行为是社会中人的行为，侧重点是与人的生物本能无关的复杂的社会行为，这种行为具有以下特征：

（一）行为的目的性

是否在某种目的下采取行动，这是衡量是否真正构成人的行为的重要标志。不同的目的引发不同的行为，目的越明确，行为就越自觉。行为的目的性体现在：

① 图表可见诸 H. J. Leavitt, Managerial Psychology, 4th ed, University of Chicago Press（Chicago），1978, p. 8.

② 参见边一民等 . 组织行为学 . 浙江大学出版社，1998：52.

1. 行为与需要、动机相关。根据勒温的场动力理论，需要是行为的动力，人总是为满足各种需求而作出努力，行为是维持人与其所处环境构成的场的平衡状态的需要。各种动机理论基本上都认为，动机是构成人类大部分行为的基础，只有了解一个人的动机，才能比较准确地解释其行为并对其行为进行比较准确的控制和预测。

2. 行为总是要作用于一定对象并产生一定的结果，这种结果会引起被作用的对象的变动或反应。因此，人在思考目的时还必须超出行为者自身的范围，从行为者与行为将要作用的对象之间的关系方面去思考。

3. 行为的目的性意味着人们对自身行为意义的认识。人对自身未来行为将会引起何种反应具有一种自觉理解，可以通过行为给予外界环境的影响来表现行为的目的性。

（二）行为的社会化

行为不只是在刺激的影响下产生的一种反应活动，"首先应当避免重新把'社会'当作抽象的东西同个人对立起来，个人是社会存在物。因此，他的生命表现,即使不采取共同的同其他人一起完成的生命表现这种直接形式，也是社会生活的表现和确证"。① 因此，研究人的行为，必须注意分析某种行为发生时的社会背景和社会关系，注意分析某种行为发生后的社会影响。社会心理学的贡献之一，便是阐明这样一个过程，即社会怎样使其成员遵从社会现实，适合一定阶级要求的行为规范及道德规则，并使社会成员的行为遵从本民族的文化内涵。个体的社会化进程是实现社会控制的最好方式之一。

行为的社会化除了反应行为主体的社会化外，也反映了组织行为的特点。社会中的各个群体因某种目的而结成组织，大到军队、警察组织，小到学校、工厂，都是为某种行为目的而组织的，都具有某种功能。组织行为已经成为行为科学所关注的焦点问题之一。

---

① 马克思恩格斯全集（第 42 卷）. 人民出版社，1979：122.

（三）行为的模式化

行为的模式化有两层含义：一是前述行为的一般模式。二是在个人成长以及组织发展的过程中，通过对行为的重复或外部的强化，可以使某种行为方式固定下来，即所谓模式化的行为。行为模式化是个体与环境相互作用过程中逐步形成的，一旦形成，要改变它就得付出相当的努力或代价。消退行为模式化的有效方法主要有二：其一是使个体总是处于否认其行为模式的舆论之中，集中大量信息对其进行时时刻刻的影响；其二是开展一系列有针对性的系统化训练。行为的模式化可以提高同类行为的效率，但在应对新事物时可能会有一些消极影响。

（四）行为的能动性

行为具有能动性，因而总是要求人们在采取行动之前，必须设想出未来行为所要触及或作用的对象、行为环境将要发生何种变化以及将呈现为何种状态，设想行为后与行为前的差异，根据设想制定出未来行动的具体计划，大致对未来行为的步骤、措施等进行事先安排。

除上述特征外，行为还有交往性、可塑性、变动性等特点。[①]

四、行动与行为

在英文中，行为和行动是两个不同的词。在学理上，许多学者为它们设立了各种区分标准。例如，A.I.麦尔登认为行动近似对弈，要遵守相应的规则，同时又不仅仅是对弈，因为行动者还受到道德规范的约束。L.多亚尔和R.哈里斯也认为行动与责任有关，行动者要对自己的行动负责，或受到奖励或受惩罚，而行为则不同，例如人工智能机所从事的应是行为而不是行动。D.戴维逊认为行动与行为的区分标准是行动具有理由。而C.G.亨普尔则强调：

---

① 关于行为的可塑性，行为主义心理学作了相当好的注解，参见[美]托马斯·H·黎黑．心理学史．刘恩久等译．上海译文出版社，1990：416．关于行为的变动性，参见张勤，赵玉芹．谈判与行为选择．经济科学出版社，1995：12．

行为包括那种刺激—反应的现象，而行动则指理性的人具有某种动机理由的活动。A. 沙弗的划分标准是，行动是人类有意作出的那种运动，行动表现在人的主动性上。[①]

虽然上述各说对行动与行为的区分标准各不相同，但至少在三个方面是比较统一的：其一，行为的意义比行动宽泛，它包括动物、机器人和病人的运动以及人在无意识情况下的梦呓等活动；其二，行动专指理性人的有意识活动；其三，行为和行动都是动作或动作组合所构成的。

可见，就上述区分标准而言，行动可以说只是众多行为类型的一种。行为在最广泛的意义上可以泛指一切运动或身体举动（动作）。当然，也有的学者把行动和行为视为两个互不相容的概念，行动是理性人的有意识活动，而行为主要指人的非理性状态下的活动或本能状态下的活动。所谓的行动科学（action science）正是以上述行动与行为之区别为基础的，它是研究人们如何合理行动的理论，一般认为应包括控制论、运筹学、系统工程和各项技术研究（往往被归于自然科学）等内容，各种技术、社会管理方法则被视为是行动科学的终极产品或者实践端。

不过，由于目前行为概念的宽泛性和内涵的多层次性，使得行动与行为的区分在多数场合只具有相对意义。在绝大多数场合，行为科学上使用的行为概念与这里所说的行动概念已经没有多大区别。在概念的实际使用时，行为的理性与目的经常得到强调。而且，行为科学与行动科学内容上的重叠性非常强。为此，本书将只对行为进行阐述，涉及所谓的"行动理论"时，则直接使用行动的表述。如无特别说明，本书中的行动均指人在理性状态下的有目的的活动。[②]

---

① 参见易江. 行动与行动说明. 同济大学出版社，1995：23-24.
② 参见潘天群. 行动科学方法论导论. 中央编译出版社，1999：1.

第二节

刑事证据调查（侦查）行为的定义

对证据调查行为的定义通常比较简单，例如有学者将之界定为"是与证据的收集、审查和运用有关的各种调查活动的总称，是司法人员和行政执法人员及其他法律工作者，为查明和证明案件事实而进行的专门调查活动"。[①]后来的许多论著中涉及证据调查行为时所下的定义大抵与此相同。我们赞同这一定义。显然，根据这种广泛意义上的证据调查行为的界定，所有侦查行为都可以纳入其中。而侦查行为是证据调查行为中最重要的组成部分，其定义方式能够较好地反映行为科学与法学在证据调查行为中的意义，故以下仍需对侦查行为的定义方式进行讨论。与证据调查行为的研究视角相对应，侦查行为的定义方式也有两种：一种以制定法为依托，直接引用制定法的条文规定，或者以条文规定为基础进行一定的修改或进行学理解释；另一个角度则是行为科学角度的定义。

一、法学角度的行为定义及其分析

我国《刑事诉讼法》并没有直接规定侦查行为的概念，1996年修订的《刑事诉讼法》第82条第1项对侦查作了界定："'侦查'是指公安机关、人民检察院在办理案件过程中，依照法律进行的专门调查工作和有关的强制性

---

① 何家弘. 证据调查. 法律出版社，1997：1.

措施。"① 2012 年修订的《刑事诉讼法》第 106 条第 1 项沿用了这一定义。这一定义为我国多数刑事诉讼法学和侦查学教材及著作径直引作侦查的定义。但也有学者认为这一定义未能从整体上全面理解侦查的含义，因而对侦查的定义进行了补充：侦查是指有侦查权的国家机关和部门在其职权范围内，对已经确定立案的刑事犯罪案件，依照法律进行的专门调查工作和有关强制措施。② 这种补充与法律的规定并无实质性区别。还有学者在对法律规定进行批判后提出，"侦查"的概念应当修改为："侦查是指公安机关、人民检察院在办理刑事案件过程中，依照法律进行的专门调查工作。"③

直接定义侦查行为的是学理，前引对侦查概念加以修正的学者还认为，"侦查"这一诉讼活动主要表现为讯问犯罪嫌疑人、询问证人、搜查、扣押等各种具体的侦查行为，狭义的侦查是指侦查机关所进行的专门调查工作，而这些专门的调查工作就是侦查行为，也就是说侦查行为的概念等同于狭义的侦查概念，即依法拥有侦查权的国家机关在办理刑事案件过程中，依照法律规定进行的各项专门调查工作。④ 大致可以认为，这种观点将侦查行为定位为各项侦查措施，失之过窄。

除这一认识外，关于侦查行为的概念，至少还存在六种不同观点：第一

---

① 不过，多数国家在立法上关注侦查的具体内容，直接对侦查下定义的并不多，即便下定义，突出的也是侦查的诉讼职能。例如，英国《1996 年刑事诉讼与侦查法》第二部分"刑事侦查"的引则规定，"侦查是指警察官员进行的调查行为，以便确定：（a）一个人是否应当被指控犯罪；或者（b）被指控犯罪的人是否有罪"（引自中国政法大学刑事法律研究中心编译：《英国刑事诉讼法》，中国政法大学出版社 2001 年版，第 640 页）。又如我国澳门地区刑事诉讼法第 240 条规定，"侦查为准备起诉之程序，故因决断是否提起公诉起见，应汇集决断时所必须之资料"。
② 张玉镶、文盛唐：《当代侦查学》，中国检察出版社 1998 年版，第 24 页。学理上对侦查还有多种表述，参见陈永生：《侦查程序原理论》，中国人民公安大学出版社 2003 年版，第 19-20 页。由于 2012 年修订时对该定义只作了微调，因此上述著作的评述对修法后的定义仍然适用。
③ 蒋石平.侦查行为研究.西南政法大学博士毕业论文，2002：3.
④ 蒋石平.侦查行为研究.西南政法大学博士毕业论文，2002：4-6.

种观点认为，侦查行为是"收集和调查证据的行为"；① 第二种观点认为，"侦查行为是指侦查机关在办理案件过程中，依照法律规定进行的各种专门调查工作"；② 第三种观点认为，"侦查行为是侦查人员在办理刑事案件过程中，依照法律而进行的专门调查工作和采取的其他紧急措施。侦查行为也称为侦查活动"；③ 第四种观点认为，侦查行为是"侦查机关为收集发现证据和保全犯罪嫌疑人而进行的各种专门调查活动和强制措施"；④ 第五种观点认为，侦查行为是"公安机关、人民检察院在办理刑事案件过程中，依照法律实施专门调查工作和采取有关强制性措施的行为"；⑤ 第六种观点认为，侦查行为是侦查主体实施的侦查活动，是指向一定侦查目标的侦查措施和手段。⑥

　　以上六种观点中，第一种观点认定的侦查行为范围显然过于狭窄，侦查行为的主要任务虽然是调查取证，但有些侦查行为并不限于此，例如侦查主体为了获取案件线索而采取的侦查措施或者为了控制犯罪嫌疑人而采取监视居住、逮捕等措施，这些措施是公认的侦查行为，虽然对取证工作有较大帮助，但很难直接称之为调查取证措施。第二种观点与侦查的法律定义如出一辙，只不过在措辞上进行了修改，同样存在前述所列学者所指出的缺陷。第三种和第四种观点同样有些片面。第六种观点的构成要素中涵盖了侦查主体、侦查目标、侦查措施手段等，不过仍未能揭示侦查行为的全貌。

　　值得注意的是第五种观点，它是在对前几种观点特别是第四种观点进行批判的基础上形成的，不但补充了发现犯罪嫌疑人的行为，而且特别强调侦查行为是一种行为，最适合用种加属差的方法定义，从而把侦查行为同强制性措施、专门调查工作区分开来：侦查行为是采取强制性措施和专门调查工

① 卞建林，刘玫.外国刑事诉讼法.人民法院出版社，2002：71.

② 陈光中，徐静村.刑事诉讼法学.中国政法大学出版社，1999：287.

③ 宋占生，中国公安百科全书.吉林人民出版社，1989：1224.

④ 高格，孙占茂.刑事法学词典.吉林人民出版社，1987：282.

⑤ 郭晓彬，蒋开富.侦查行为的分类及法律规制原则.浙江公安高等专科学校学报，2003（4）.

⑥ 任惠华.侦查学原理.法律出版社，2002：169.

作的行为。换言之，强制性措施和专门调查工作是侦查行为的内容，而不是侦查行为本身。

笔者认为，从当前多数观点的表述上看，侦查与侦查行为并没有严格的界限。实际上，法学上的侦查概念与侦查行为概念具有相当程度的符合性：

一方面，众多的表述直接把侦查界定为"活动或行为"，有的学者还表述得非常具体，例如认为"刑事侦查，是指在刑事诉讼活动中，侦查主体为查明案情，收集犯罪证据材料，证实和抓获犯罪嫌疑人，追缴赃款赃物，为公诉活动奠定基础而依法采取的一系列专门调查方法和强制措施的一种诉讼行为"①。在多数学者的眼里，侦查与侦查行为的实质是一致的，所不同的只是不同概念表述时所认定的具体内容。

另一方面，许多观点指侦查是法律规定的强制性措施或专门调查工作，前述第五种观点对此进行了批评。我们基本赞同这种批评。正如本书第一章所指出的，侦查措施（包括强制措施和其他强制性措施②）只是侦查方法的另一种表述，它是侦查行为的构成要素，而不是侦查行为本身，只有实施或采取侦查措施的行为才是侦查行为。换言之，侦查方法只有在特定时空条件下实际运作时才能形成侦查行为。从法律规定的概念和多数学理概念的表述来看，它们想要表达的仍然还是一个动态概念，是侦查措施或专门调查工作的现实运行。也就是说，这些概念所指的侦查，指的是强制性措施或专门调查工作等向现实行为的转化过程，是侦查方法的运行，是侦查行为本身。可见，刑事诉讼法规定的侦查概念，本质上就是法律规定的侦查行为概念。

近年，有论者在承认我们于2004年正式提出的侦查方法涵盖"侦查技术、侦查谋略、侦查措施"等概念的基础上，提出"侦查行为是在侦查思维支配下采取的侦查行动，是为了达到侦查目的及其量化指标而进行的一个整体行动过程，是侦查主体的侦查行动与侦查思维的统一。侦查行为是侦查主体基于侦查思维，对侦查行动结果进行处理，从而客观反映刑事案件的本质及构

---

① 周欣．中外刑事侦查概论．中国政法大学出版社，1999：2.

　诚然，这一概念也存在问题。

② 强制性措施这一概念并非严谨的法律概念，需要进一步界定。

成要素的行动，贯穿于刑事案件侦查的始终，是在侦查思维支配下采取的一系列侦查行动的组合"。①这一表述实际上属于描述性概念，即以具体案件侦查作为描述对象，将行为过程关联的各要素列入行为概念。不过，硬性区分侦查行为与侦查行动，将不可避免地带来如何界定侦查行动的问题；同时将侦查思维作为侦查行为概念的必备要素，有成为一些侦查失误甚至违法行为推卸责任理由的可能性。换言之，侦查中，行动与行为疏难区分，同时意识而不限于侦查思维是行为的引导者。

总之，不管上述各概念在内容上有何种分歧，它们几乎都强调了侦查行为的下述法律特征或诉讼属性：（1）侦查行为是有权主体的权力行为，它以法律赋予的侦查权为依据，由法定主体实施；（2）侦查行为的运行以法律为框架；（3）侦查行为是一种诉讼行为，它一定程度上②是在为公诉活动或审判活动做准备；（4）侦查行为在具体形式上表现为侦查主体进行的专门调查工作和采取的有关强制措施；（5）一般来说，侦查行为总是和证据、证明以及犯罪嫌疑人相关。

二、行为科学角度的行为定义及其分析

有学者专门从行为科学、行为法学的角度给侦查行为下了一个定义：侦查行为是指在侦查活动体系中侦查主体、侦查对象和刑事案件相关人的行为的统称，它包括作案行为（犯罪行为）、涉案行为和破案行为。其中，作案行为也叫犯罪行为，涉案行为（又称涉案中介行为）是刑事案件相关人员的

---

① 张文琴.侦查行为模式理论研究.山东警察学院学报，2016（5）.

方法本意是主体作用于客体的一种工具或中介，所谓的侦查措施、策略、谋略和技术等，不论如何进行具体界定，均未超出方法概念范畴，硬性将侦查方法与侦查措施等概念进行区分，有违文字使用基本规律，这种随意制造概念、用公安实践表述替代严谨学术用语的做法对理论研究危害极大，或许应为目前公安学科包括侦查学理论研究薄弱承担一定的责任。

② 所谓的"一定程度"，是一个不确定的范畴，具体的度因不同的侦查观（即诉讼的侦查观、弹劾式侦查观以及纠问式侦查观等）而有所区别。

各类行为的总称，包括与作案有关的行为和要科学地组织涉案人实施同协助侦查破案相关的行为。破案行为是典型的侦查行为，也是狭义上的侦查行为。侦查行为具有法律性、时间性、关联性、特定性、多样性、隐蔽性、对抗性等特征。[①]

对于前述侦查行为定义，即便不考虑行为法学或行为科学的内涵，也至少可以提出以下几个疑问：第一，也是最易引发争议的一个问题，即将作案行为和涉案行为纳入侦查行为范畴是否合适？第二，仅仅将侦查行为表述为侦查主体、侦查对象和刑事案件相关人的行为的总称，是否揭示了侦查行为的实质，这种定义方式是否恰当？第三，该观点对于侦查行为属性的概括是否正确？第四，撇开对侦查行为应否包容作案行为和涉案行为不谈，上述概括是否完整？第五，特征是内涵的外化，上述特征是否概括准确，能否概括地描述所有或者绝大多数侦查行为？

行为法学或称行为主义法学是指以法律行为或法行为为研究对象，运用行为科学的原理和方法研究宏观社会中人的法律行为及其规律的法学方法论、法学思潮和法学倾向的总称。[②]有学者认为，行为法学的研究方法强调运用多学科方法，尤其是心理学、教育学、人类学、社会学、系统论、控制论、实验方法、经济学等学科的研究方法对法律行为进行全面系统分析研究。行为法学对行为的研究结论，由于考虑了影响人的行为的多个方面因素，以及这些因素如何影响人的行为，因此更加接近现实生活，也更加符合公民的现实感与情感，更加容易获得公民的内心认同。[③]据此，可以将行为法学理解为行为科学的分支学科，本书内容实际上也可以纳入行为法学的研究范畴。

我们认为，从行为科学或行为法学角度考察侦查行为的内涵和外延，必须尽可能满足下述三个方面的要求：（1）侦查行为是一种行动，它必定符合行动的本质要求，在定义时应当揭示行为科学所公认的行为本质以及行动科学所说的行动本质；（2）应当正确和客观地评价侦查行为的法律属性，

① 参见任克勤.论刑事侦查行为.福建公安高等专科学校学报，2000（2）.

② 卓泽渊.我国行为法学基本问题试解.现代法学，1998（5）.

③ 张德淼，何跃军.西方行为法学研究的缘起、评价与发展.南京社会科学，2011（1）.

在行为科学广泛的知识背景下观察和认识侦查行为的法律特征和诉讼特征；（3）应当符合规范的定义方式。概念分实质概念和形式概念两种，前者是赋予命题特定内容的概念，后者是不具有特定内容的、只表达命题的形式关系的概念。[①] 准确概括侦查行为的内涵和外延，更需要一个实质概念。

基于以上考虑，我们尝试对侦查行为的定义做如下分析：

首先，从行为本质来看，行为是在一定目的指引下由行为主体对行为对象施加影响的活动（或动作及动作组合）。侦查行为本质上是人的动作组合，是侦查行为主体在动机引发下为实现特定目的而对行为对象实施的活动。侦查行为因而至少包含了行为主体、行为动机、行为目的、行为对象、具体动作（或动作组合）几大要素。[②]

根据行动科学，行动者的行动涉及三个方面，即目标、约束条件和可用资源。[③]

目标与目的基本同义，无须做过多的诠释。而约束条件和可用资源以往较少为人们所关注。汪丁丁教授认为："在一般社会科学领域，我认为，行为的约束条件可由'权力'这一核心观念来表达。根据达尔的阐释，权力这一观念应广义地理解为'影响'。"[④] 以"影响"来界定行为的约束条件固然合理，但从应用角度来看，过于概括和抽象，而侦查行为的分析应做适度的具体化：法律是比较明显的侦查行为约束条件，因为任何侦查行为都必须依法进行，否则将归于无效甚至引发违法责任。不过，基于行为者内在心理因素和外在环境的复杂性，侦查行为的约束条件并不仅仅只有法律。社会道德伦理、职业规范这些属于"侦查法"范畴的规范也会发挥制约作用，与此同时行为者的习惯或者行为时心理状态的约束力也不容忽视。[⑤] 至于可用资源，一般是作为约束条件来考虑的，行为不能逾越可用资源的限制。约束条

---

① 可以参见古振诣. 论证与分析. 人民出版社，2000：49-86.

② 由于行为动机是行为主体的内在心理要素，所以也可以不单独列出。

③ 潘天群. 行动科学方法论导论. 中央编译出版社，1999：75.

④ 汪丁丁. 行为社会科学基本问题. 上海世纪出版股份有限公司，2017：15.

⑤ 据此也可以将约束条件和可用资源分为规范和非规范两种。

件和可用资源，也就是通常所说的行为场或行为条件、行为环境。

其次，在外延上，把涉案行为和作案行为纳入侦查行为体系中并不恰当：一方面，这有违传统观念上一贯的认识；另一方面，这将使侦查行为与行为对象之间难以进行区分。通常的理解中，作案人①、犯罪嫌疑人以及侦查过程中其他诉讼参与人的行为都是作为对象来研究的，而侦查人员对他们行为的引导或组织，则属于侦查行为。此外，涉案行为与作案行为的表述和解释

---

① 关于"作案人"一词的使用，虽然我们已在多本著述当中反复进行过解释，但考虑到实践中经常出现概念混淆的情况，在此我们再简要做一些说明。1996年修改刑事诉讼法时即已确立"法院统一定罪原则"，并根据诉讼阶段之不同对过去用来指代真正的案件实施者之概念即"罪犯""被告人"的表述作出了相应调整，在立案之后起诉之前统称为"犯罪嫌疑人"。这一修改被认为具有非常的意义，凸显了对"被审查者"的人权保障，但它并没有贯彻到底，因为它遗漏了一个重大问题——侦查机关确定犯罪嫌疑人的证明标准是什么。我们赞同这种修改，但是，不管如何修改，都必须有相应的概念来区分侦查中"被审查者"和"被寻找者"，尤其是后者。在此问题上，曾有学者认为，"作案"是一个行业术语，法律层次较低，主张以"犯罪"的表述取而代之（参见邹明理：《关于我国〈刑事诉讼法〉有关"侦查部分"立法修订的建议》，《山东公安专科学校学报》2001年第4期）。依此表述，则作案人应称之为"罪犯"。这种作法有其道理，但也欠妥当。毕竟，在侦查阶段，侦查人员无权认定嫌疑人为罪犯，也无权对侦查的案件最终定性，被侦查之案件充其量也就是嫌疑犯罪案件而已，它本身是否犯罪事件以及犯罪嫌疑人是否真正的行为实施者，都需要进一步核实并由法院最终确定，因此在侦查阶段直接称之为犯罪并不合适，作案人也还不能被认定为罪犯。

综上，我们认为，要确定一个表述"被寻找者"的恰当概念，需要把握两点：一是应尽可能趋向于中立立场。这是法律对侦查机关赋予全面调查义务的应有之义。二是在一定程度上表达一种倾向。在侦查中，尽管侦查主体有全面调查义务，但是不可否认，在侦查主体看来，需要调查的案件是涉嫌犯罪的，它存在一定的有罪倾向，这种倾向性认定是侦查机关调查案件、查找案件实施者的法定条件（例如法律关于立案、羁押等制度的条件规定），也是符合侦查主体之职业习惯的。"作案"和"作案人"的表述实际上符合这两个要求，由于目前还没有更为规范和合适的替代词，故本书暂且遵循实践中的这种用法。

在用语上也有欠周密。

不过，从侦查换位思维角度出发，把整个侦查过程视为一个侦查主体、作案人、犯罪嫌疑人、其他诉讼参与人以及他们的行为构成的一个复杂系统，并且把他们都看作这个系统的主体，以大系统的视角去研究他们行为的互动关系，这样做是有一定的积极意义的，可以帮助人们注意到，案件侦查过程中有所作为的人都是侦查行为过程的推动者，都具有主体的地位。此种考察问题的视角也有利于侦查运作过程的规律总结，客观地看待各主体对这一客观过程的影响力和作用方式，塑造"不是我在侦查，而是我在侦查中"的观念，[①] 提醒侦查人员正视身处局中所导致的视野狭隘，时刻以第三者身份冷静观察案件侦查过程的发展变化，及时对侦查行为的效果进行评判，纠正和预防侦查错误。不过，在这种情形下，侦查主体、作案人、犯罪嫌疑人以及其他诉讼参与人可以合称为"侦查中主体"，他们的行为可以合称为"侦查中行为"，而没必要都纳入侦查行为范畴。当然，反过来甚至可以这么认为，考虑到案件事实的动态性，同时考虑到侦查行为与涉案行为（特别是对于侦查介入时正在发生的涉案行为）的伴生性或共生性，完全可以将侦查行为也纳入案件构成要件的考虑范畴。

最后，从属性来看，客观而言，前述观点所述隐蔽性、时间性（或许可以理解为及时性要求）显然并非一切侦查行为的共同属性，甚至对抗性也不一定是共同属性（这一点后文还将涉及）。至于关联性、多样性等特征虽然符合侦查行为属性要求，但实际上大多数非侦查行为可能也具备这些特征。

综上所述，我们认为，侦查行为是由法定事由引发，为了实现特定目的（该目的的界定由不同层次目的观决定），而由侦查主体在法律及其他规范框架下针对特定对象实施的一系列活动及活动组合。这一概念描述了侦查行为的起因、构成要素以及行为实质，是分析侦查行为结构的客观基础。经变更行为主体后，这一概念同样可以适用于证据调查行为。

---

① 我们在 2002 年提出此种观念，具体表述参见杨宗辉等 2002 年发表的《侦查学》。

刑事证据调查（侦查）行为的系统结构

如果一个事物至少包含两个（实体上或逻辑上）可以区分的组成部分或因素，且不同部分或因素之间存在特定的相互关联，则称该事物为一个系统。[①] 所谓结构，"是由一种符合于以下几项特定要求的模式组成的。这些要求包括：（一）这种结构主义应展现出一个系统所具有的下列特征，它由若干部分组成，其中任何一种成分的变化都会引起其他一切成分的变化；（二）对于任何一个给定模式来说，都应该有可能排列出在同一类型的一种模式中产生的一系列变化；（三）这种结构能预测出：当它的一种或数种成分发生变化时，模式将出现怎样的反映；（四）在组成这种模式时应作到使一切被观察的事实都可以直接被理解"。[②]

刑事证据调查本身是一个系统，而刑事证据调查行为亦是一个系统。刑事证据调查行为的系统结构，正是指刑事证据调查行为系统内部各要素之间相互联系和相互作用的形式。证据调查行为系统的要素以及要素之间的状态构成了结构的主要内容。目前，专门对刑事证据调查行为结构进行研究的论著较为少见，但是对其中的侦查行为结构则有不少学者涉足，并且主要是对结构要素即静态结构的分解研究。以下即以侦查行为的结构作为典型来分析刑事证据调查行为的结构。

一、静态的行为结构

有论者指出，侦查行为是行为内在方面和外在方面相互整合的复合体，可以根据类似于心理学的方法把其内在方面分为动机和目的两大要素，把其

---

① 参见苗东升. 系统科学辩证法. 山东教育出版社，1998：262.
② 转引自徐崇温. 结构主义与后结构主义. 辽宁人民出版社，1986：25.

外在方面分为行动和结果两大要素。[①] 我们基本赞同这种划分为内外因素的分类方法，实际上，这种分类方法也为法理学界的学者们在分析法律行为时所采用。[②] 不过，这种对侦查行为结构要素的阐释还显得过于简单、粗略，而且所分解出来的"行动"要素被表述为"侦查人员运用身体或工具作用于相关人或物的一种客观活动"，这种表述与侦查方法的概念并无二致，且并未考虑到行为科学上"行为"与"行动"概念的实体一致性。

我们认为，行为的结构可以从心理学立场去寻找，但又不能受限于心理学。传统观念认为，行为就是"有机体有意识地为了什么所进行的活动"。[③] 据此，至少在静态或表层上，行为由目的和手段构成：目的是有意识地为了达到的结果，也就是行为主体有意识地想要达到的行为结果；手段则是有意识地用来达到某种结果的某种过程，也就是行为主体有意识地用来达到行为结果的行为过程。[④] 爱德华·C.托尔曼曾指出，"要对任何一件行为本身作一完全的、描述性的鉴定，就必须说明以下三点：（a）所趋向或所离去的目标——对象；（b）对于这趋向或离去的活动所涉及的手段——与对象打交道的特定方式；（c）为这种趋向或离去而选择较短手段的事实"。[⑤] 而在现代心理学看来，目的和手段仅仅是静态的、表层的结构，行为的动态的、深层的结构应由目的、手段和原动力三部分组成。行为原动力，是指引发行为、引发行为目的和手段的根本原因或根本动因。这种观点已经得到了现代心理学教科书的承认，认为"人类的行为，是基于特定的欲求、为了实现特定的目标、并选择各种各样的手段去实现目标的活动"。[⑥]

可见，目的、手段和原动力是行为的重要组成部分。对于侦查行为来说，

---

① 参见陈如超，邓刚．侦查行为研究．铁道警官高等专科学校学报，2005（4）．
② 参见张文显．法学基本范畴研究．中国政法大学出版社，1993：135-145.
③ 转引自王海明．新伦理学．商务印书馆，2001：184.
④ 王海明．新伦理学．商务印书馆，2001：184.
⑤ [美] 爱德华·C.托尔曼．动物和人的目的性行为．// 章益编译．新行为主义学习论．山东教育出版社，1983：326.
⑥ 参见伯茂雄．现代心理学概论．陕西师范大学出版社，1985：33.

手段可以概括为侦查方法，原动力可以视为是侦查行为主体的内在因素（如需要、动机等），目的是侦查目的。此外，行为总是有其作用对象，总是在一定的时空条件和约束条件下运行，所以对侦查行为构成要件还可以做更宽泛的理解。

我们认为，侦查行为的构成要素包括：

1. 侦查行为主体，即侦查行为的决策者、实行者和责任承担者，包括：（1）侦查行为的决策者，他在决定是否采取某种行为这一层次上参与了行为；（2）行为的实行者，他在实施有关的侦查行为决策这一层次上参与了行为；（3）行为的责任承担者。无论行为结果与行为目的的相符程度如何，都有一个责任问题，责任承担者正是在这个意义上参与了行为。三种类型的主体在很多时候可能是重合的，也即一个主体有可能承担多种角色。

2. 侦查行为对象（侦查对象）。通常认为，侦查行为对象是侦查行为所作用的客体。多数著作都认为，侦查行为的对象是刑事案件。然而这一传统观念是否准确，需要我们认真辨析。

首先来看对刑事案件的认识。有的学者认为，"一起犯罪案件的结构，是由基本要件结构、类型结构和个案结构三种层次结构，犯罪意向结构、犯罪条件结构、犯罪行为结构和罪犯特征四个组合要件所组成。每个层次结构和每个性质组合结构又都由若干要件和要素组成，从而组成千差万别的个案"，而基本要件结构要素则包括犯罪意向、时间、空间、人物、物品和行为六大要素。[①] 有的学者主张，对刑事案件的认识和剖析，应从纵向的动态结构和横向的静态结构进行展开，前者指犯罪行为的预谋、发生、发展演变的全过程，后者则指犯罪实施阶段中刑事案件的构成要素，包括犯罪主体、犯罪对象、犯罪时间、犯罪空间、犯罪手段、犯罪痕迹、犯罪遗留物、犯罪工具、犯罪带离物。[②] 有的学者将案件的结构要素归纳为犯罪时间、犯罪空间、犯罪主体、犯罪对象、犯罪的手段方法等五个方面。[③] 有的则归纳为七个要素：

---

① 参见武汉．刑事侦察原理．上海人民出版社，1987：110-114.

② 参见陈刚．犯罪现场勘查新探．中国人民公安大学出版社，2001：177.

③ 参见任惠华．侦查学原理．法律出版社，2002：157.

何时——犯罪时间、何地——犯罪空间、何事——犯罪案件的性质、何人——犯罪行为人与犯罪被害人、如何——犯罪过程、何为——犯罪目的和为何——犯罪动机。① 以上观点所说的案件，基本上可以看作作案人、涉嫌犯罪行为和行为对象以及与这些要素直接相关之状况的组合，简言之，即都只局限为所谓的犯罪事实。② 这种认识与学界对刑事案件的界定有关，即案件"是指公安机关或其他司法部门立案侦查处理的，触犯刑律需要追究刑事责任的犯罪案件"，"构成刑事案件应当具备两个条件：一是发生事件的主体内容必须是犯罪事实，……这犯罪事实已经触犯了我国刑律，需要追究刑事责任；二是这种行为事实必须经过公安机关或其他司法部门的审查，……是决定侦查处理的犯罪事实"。③

有学者也持"七何"要素说，但论述上有较大差别，内涵也有相当的提升，该观点主张的七个基本要素是：何事，即事件性质；何时，包括事件在客观世界时间中的顺序性、连续性和关联性；何地，包括案件空间的自然形态空间和社会形态空间；何情，即案件是在何种情况下发生、是如何发生的；何故，即案件发生的原因，包括主观原因和客观原因；何物，包括案件中的标的物、使用物和关联物；何人，包括案件中的当事人、关系人和知情人。④ 这种观点虽然不是专门针对刑事案件进行阐述的，而且也没有明确解答什么是案件，但它实际上已经突破了将案件结构要素限定在犯罪事实要素上的传统做法，把其他诉讼参与人也纳入了案件的范畴，视野相对更为宽广。

在我们看来，上述各观点最基本的立场都是将刑事案件视为曾经发生、

① 参见曲玉斌．刑侦方略新探．警官教育出版社，1998：239．

类似的归纳法还有所谓的"5W2H"法。

参见黄石．5W2H——侦察思维方法琐谈．中国刑事警察，1992（2）．

② 需要说明的是，我们并不赞同在刑事案件侦查阶段就把未最终查明和认定的事实定义为"犯罪事实"，由于是习惯表述，姑且从之。

③ 彭文．刑事案件侦查．警官教育出版社，1999：1．

④ 参见何家弘．证据调实用教程．中国人民大学出版社，2000：112-117．

需要侦查行为主体查明的客观事实。鲜有论者对这一看法持有异议，尽管就这一所谓的客观事实能否被真实再现存有较大分歧。[①] 不过，即便采用上述各论中最宽泛意义上的刑事案件界定，也不能涵盖侦查行为的所有对象。换言之，如果刑事案件只是依照上述观点来界定，那么侦查行为的对象就不可能只限定在刑事案件范畴。对此我们作如下三点说明：

（1）侦查行为并不总是能在第一时间准确地指向所谓的"犯罪事实"[②]。为了获得证据并取得对犯罪事实的全面或局部认识，侦查行为主体经常不得不排查大量与犯罪事实无关的信息和人，即便在实现了"精确打击"的个案侦查中，也往往要经历众多无用信息才能抵达事实的彼岸。而进入大数据时代后，侦查机关对大量看似与犯罪事实无关的"垃圾信息"的挖掘分析，也能找到通往犯罪事实的道路或者犯罪事实的某一个部分，甚至能够对犯罪进行一定程度的预测，从而使侦查走在犯罪的前面。

必须承认，筛选过程也是侦查行为或者说是侦查行为的一部分，而它们的直接对象显然并非那个作为侦查目的而要查清的犯罪事实。不仅如此，很多行为还是针对作案人在作案后的逃避侦查行为以及其他诉讼参与人的回避甚至欺骗行为实施的，这些行为的对象显然也超越了假定的那个犯罪事实的范畴。后一种"七何要素说"虽然突破犯罪事实观的框架，但同样未能将逃避侦查的行为纳入案件范围。从证据角度来说，证明犯罪嫌疑人犯罪事实的证据并不仅仅来自行为人的作案过程，案前、案后的事实同样重要。

（2）现有关于案件的理论以假定为前提：客观上存在一个犯罪行为，它一经实施就被固定，是静止不动的。但是，即便承认这种假定是正确的，我们仍然难以确证，经过诉讼最后认定的案件事实是否就是假定的不变的那个犯罪事实。这毕竟不像物证检验中的检材和样本的比对，假定的那个事实永远只是假定，无法回复。虽然客观发生过的不会改变，但是主体对它的认识程度却是不断变化的。正如金岳霖先生所言，"事实虽然是自然所呈现底

---

① 这一争议反映在证据学和诉讼法学上即为"法律真实"、"客观真实"和"主观真实"之争。

② 如无特别说明，本书所指犯罪事实含义接近于刑法上的犯罪构成事实。

所与，然而不只是自然呈现底所与。事实有知识者底接受与安排。我们不但以意念去接受自然项目，而且以时空位置去安排项目。事实既有接受与安排，也有知识者所有底意念图案上的秩序"。① 具体到案件事实，也有学者指出："法律上的事实不是自然产生的，而是如人类学者会有的看法：它是由社会构造的；从有关证据的规定、法庭上的规矩礼仪和法律报告传统直到辩护的技巧、法官的辞令及法学院教育的墨守成规中的一切东西都是这种社会构成的来源……"② 可见，案件事实渗透了案件认识者的主观认知。

（3）把侦查行为对象局限在传统刑事案件主张之中的做法还和一种观念有关，这种观念人为地区分"侦查"与"调查"两个概念，把针对犯罪事实和作案人、犯罪嫌疑人的措施称之为侦查，而把针对被害人、证人等的措施称之为调查。③ 言下之意，侦查乃是"敌""我"斗争的手段，而调查则是针对非犯罪嫌疑人的温和的取证措施。基于这种观念，对侦查行为对象进行界定时自然会把它限定为犯罪事实。这种观念实际上是对侦查行为的一种误解。如果用侦查和调查来区分不同类型诉讼的取证行为，这无可厚非且是法律规定使然。但是，在侦查阶段，侦查行为主体无论是针对犯罪嫌疑人还是非犯罪嫌疑人适用的措施，都是侦查行为，诸如询问证人、被害人等措施是法定侦查措施。归根结底，侦查行为无非就是刑事诉讼中由侦查行为主体主导的调查行为而已。对于侦查行为主体而言，他所实施的侦查和调查根本就是同义词。

综上所述，传统的案件概念无法涵盖所有侦查行为对象，我们要么对案件进行重新解释，要么重新界定侦查行为的对象。我们认为，以侦查行为作用力的承受者来界定侦查行为对象是比较合理的。侦查行为对象可以从两个方面来表示，一是事物，二是人。侦查行为想要作用和实际作用的所有事物

① 金岳霖．知识论．商务印书馆，1983：780．

② [美] 克利福德·吉尔兹．地方性知识．王海龙等译．中央编译出版社，2000：566．

③ 例如王均平教授在其力作《人证调查原理与应用技术》（武汉大学出版社2002年版）中对调查和侦查概念的区分使用。

和人，都可以是侦查行为对象。"想要作用的对象"，反映了侦查行为的潜在承受者，表达了侦查行为主体的主观愿望、侦查目的和侦查决策的内容；"实际作用的对象"反映了侦查行为的现实承受者，与侦查行为的结果密切相关，也反映了侦查行为的理想效果与实际效果可能有一定差距。想要作用的对象与实际作用的对象并不总是吻合的，二者的差别可以作为侦查行为评价的依据之一。

综上，如无特别说明，本书所指侦查行为对象为中性概念，在外延上包括了所有被侦查行为主体纳入侦查视野和应当被纳入侦查视野的人、他们在案前、案中的行为及其他相关状况 ① 等。

3. 侦查行为场（或称侦查行为环境、条件）。行为场是指行为实施时的内在和外在条件，也就是前文所指的约束条件和可利用资源。勒温的场动力理论行为模式非常强调环境对人的行为的作用。他把行为看作人和环境的函数。行为随着人和环境两个因素的变化而变化。不过，他说的环境不是外在的客观环境，而主要是人们头脑中的环境或者说是对心理事件发生影响的环境，实质上就是人对行为时外在环境的认识或判断。我们这里所说的行为场，包括勒温所说的这种环境，但主要是指外在于侦查主体的客观环境。行为场是一个综合体。

侦查行为运行的时间和空间，是侦查行为场的重要组成部分，也是任何侦查行为的必备要素，因为任何行为都必须在一定的时空条件下运作，时空

---

① 对于其他状况，可以做相当宽泛的理解，可以指与案件、侦查中主体存在普遍联系，能够相互说明、解释和印证的一切事物的现象。以犯罪情势为例，犯罪时空内的地形、地貌、山川排列、河流走向、城市乡村及居民分布；犯罪地的气候状况、犯罪前后的天气变化；犯罪地社会群落的历史文化传统、价值观念、宗教习俗、生活习惯、当前的政治经济形势；犯罪时空内其他人员以及动物的活动，人能操控的装置的运动、自然界的运动变化及其表现出来的现象和景观；不拘泥犯罪的时空而与犯罪存在联系的各种事物和现象；犯罪嫌疑人的姓名、性别、年龄、籍贯、民族、职业、住址、工作生活习惯、体貌特征、人生经历等个人特征，等等。

参见任克勤.论刑事案件（一）——刑事案件的概念、构成与形成.公安大学学报，1999（3）.

性使行为呈现为一个过程。作为侦查行为要素的时间和空间，并没有一个稳定的量，它们因具体侦查行为的不同需要而有所区别，时间长可达数十年，短可至数小时甚至瞬间；空间大可至数个国家，小可至一席之地。

分析行为场，主要是为了解决几项重要任务：一是要充分估计未来行为将会遇到的各种可能环境，尽量不要有遗漏；二是要对未来行为将要遇到的各种可能环境进行预判，研究它们各有多大可能出现，确切把握其概率；三是研究每一种不同的可能环境将对人的行为产生何种影响（也即行为环境的价值地位）。

4. 侦查方法。方法是主体作用于客体的手段、方式和途径的总和，是主客体相关联、相统一、相结合的中介和条件。所谓侦查方法，通常认为是指侦查行为主体在侦查活动中为完成侦查任务或达到侦查目标所采取的步骤、程序和手段。[1] 侦查方法在构成要素上涵盖了侦查目的、侦查途径、策略手段、侦查工具及其操作程序等要素，[2] 是联结侦查行为主体与行为对象的桥梁，也是侦查行为主体得以认识、影响甚至改变行为对象的媒介。

5. 侦查目的、侦查动机及其他内在心理要素。行为具有目的性，这是人类行为区别于动物活动的重要标准。作为哲学范畴的目的表示在人的有意识的活动中，按照自己的需要和对象本身的固有属性预先设计，并以观念形式预先存在于人们头脑中的活动结果。

侦查行为是有目的的行为。侦查目的有多重含义：

（1）最宏观的侦查目的是指诉讼目的。作为一种诉讼活动，侦查行为的目的与刑事诉讼目的是合一的，或者说侦查的目的应该符合诉讼的目的，是以观念形式表达的国家进行刑事诉讼活动（包括侦查活动）所期望达到的目标，是预先设计的关于刑事诉讼（侦查）结果的理想模式。这一层含义的侦查目的因所处法系和制度背景不同而有所区别，但总的说来都是刑事诉讼

① 李锡海. 侦察方法学. 中国人民公安大学出版社，1993：11.
② 参见杨宗辉，刘为军. 侦查方法论（第 2 版）. 中国检察出版社，2012：12-15.

目的，都是在追求"实体真实"和维护"正当程序"之间寻求平衡点。①

（2）第二个层面的侦查目的与对侦查在诉讼中的地位及其对后续诉讼阶段意义的认识有关，已经形成了审判准备说、公诉准备说和侦查独立说三种有代表性的观点。前两者分别主张侦查的目的在于为审判或起诉做准备，提供材料。侦查独立说则主张侦查的目的在于确定嫌疑的有无，进而决定起诉或不起诉。② 不过，在实践中，很难将某司法辖区的侦查目的绝对地归入这三种理论模型之一，而往往都是以某一种理论模型为基础的混合目的观。

（3）第三个层面的侦查目的应立足于侦查系统本身进行考察，即查明案件事实、收集证据和查获作案人。

（4）第四个层面的侦查目的则是指每一具体侦查行为的目的，例如在个案侦查中为寻找目击者而进行现场访问。就个案侦查而言，更关注的是具体侦查行为的方法适用问题。本书在使用这一概念时主要是指后两种含义。

侦查动机是在案件刺激下，直接推动侦查行为主体进行侦查活动，达到侦查目的的内部驱动力。③ 除此之外，侦查人员的需要、性格等心理因素亦是侦查行为重要的内在驱动力或影响力。对此，本书第三章将专门论述。

6. 行为的动作与动作组合。如果从行为中剥离出目的和意识因素，那么，客观呈现出来的行为就表现为一系列的动作或动作组合，这也即狭义的行为概念，是指侦查人员的身体运动或其他物理运动，"是可以观察到的肌肉和外分泌腺的活动"④。

7. 侦查行为结果。任何侦查行为都会导致一定的结果。所谓结果，乃是侦查行为主体实际完成的行为对对象造成的影响，是侦查行为影响到外部世界而呈现的客观状态。有论者认为，"有侦查行为必有一定结果，没有结

① 各国对刑事诉讼目的的确定，参见宋英辉.刑事诉讼目的论.中国人民公安大学出版社，1995：31.

② 参见万毅.侦查目的论.国家检察官学院学报，2003（1）.也可参见王晓木.对几种侦查目的观的法学评析.山西警官高等专科学校学报，2001（3）.

③ 李锡海.侦察心理学.中国人民公安大学出版社，1997：167.

④ 林秉贤.管理心理学.北京大学出版社，1987：36.

果虽然也是一种结果，但并不会进入法律评判的视野"。[①]这种观点并不准确。侦查行为必有结果，符合侦查目的的好的结果将引发后续的诉讼行为，但不符合侦查目的的坏的结果也有可能引发一定的法律后果，也会成为法律评判的对象，除了对违法情形的惩处外，对侦查人员的绩效考核尤显重要。换言之，没有结果也会产生一定的后果。

结果与效果不同，结果是确认效果的基础条件，而效果则是现实结果与行为主体所设想的行为之间相符合的程度。一般来说，行为效果与侦查目的的实现程度成正比。一个成功的侦查行为，通常也是侦查目的得到实现的侦查行为，是取得良好行为效果的行为。侦查行为效果是评价侦查行为的客观标准，也是侦查行为调整的一个客观依据。侦查行为效果往往还关系到侦查行为责任以及侦查行为奖惩等问题。效果本身不是侦查行为的组成部分，而是他人对侦查行为的评价。

上述七大要素，依照内在方面和外在方面的分类标准，内在方面包括动机、目的和其他心理要素，外在方面包括侦查方法、动作或动作组合等要素。上述要素还可以进一步归纳为一个类似于我国刑法学通说之犯罪构成的结构体系，即按照主体要件、主观要件和客观要件进行组合，主客观要素之间相互制约，共同构成一个完整的行为。

要构成一个侦查行为，上述各要素不可或缺。不过，有两个问题需要引起注意：其一，上述要素本身也符合系统的特征，具有自己的结构。尽管任何侦查行为都要具备上述要素，但是构成侦查行为的要素的内容具有选择性，例如行为对象的选择、行为主体的选择以及行为时空的选择等，选择不同的要素内容将构成不同的侦查行为，从而也使侦查行为具有了选择性；其二，侦查行为环境、侦查行为对象等虽然是行为的必备要素，但是它们毕竟独立于行为主体之外。如果行为主体不能有效控制和利用，将其纳入预设的侦查方法范畴，那么侦查行为将呈现不确定性，从而使行为的过程和结果出乎侦

---

① 陈如超，邓刚．侦查行为研究．铁道警官高等专科学校学报，2005（4）.

查行为主体的意料。①

综合对侦查行为静态结构的分析，类似地，作为上位概念的证据调查行为也可以界定为是由调查主体、调查目的、调查动机及其他心理因素、调查对象、调查方法、调查行为场、调查动作及动作组合、调查结果等要素组成的系统。

二、动态的行为结构

仅就要素而论结构，则结构只是静态的。然而，根据皮亚杰的观点，结构具有整体性、转换性和自调性。所谓整体性，是指结构是内部融贯的、有机联系的，而不是各种独立成分的混合；转换性是指在一个作为结构来看的系统里，空间的、时间的、持续的和瞬间的秩序现象经常互相转换；自调性是指结构由自身规律调整，不需要借助外来因素，是自给自足的和封闭的。也就是说，结构是具有整体性的若干转换规律组成的一个有自身调整性质的图式体系。②从整体性和转换性可知，侦查行为系统结构不只是静态结构，若只单独解析上述要素，则只是展现侦查行为运行过程中的某一特定时间空间条件下的侦查行为剖面图，只能描述特定时空点的要素样态，不足以反映各要素之间的关系以及它们在具体侦查行为过程中的实际地位和作用。③

行动者—系统—动态学理论（Actor-System-Dynamics）将社会关系、群体、组织和社区看作一系列各自具有独特内部结构和运动规律，彼此之间在

① 除了上述两个问题之外，还值得研究的是，在作为和不作为的分类上，侦查行为可否由不作为构成？我们倾向于认为侦查行为应是一种作为。对此，还需进一步研究。

② [瑞士] 皮亚杰. 结构主义. 倪连生译. 商务印书馆，1984.

③ 我们赞同对结构的整体性和转换性的论述。严格地说，如果将一切对侦查行为的成立、变化具有意义的因素都纳入侦查行为系统之中，则侦查行为结构的自调性也是可以满足的。诚然，无论是要素的转换还是结构的自调，都具有一定的限度，不可能无限度进行，这是因为在侦查行为系统中具有一些不可超越的约束条件即法律的界线。

一定程度上存在既定边界的社会系统，并且系统整体上是开放的，与外部环境保持着频繁变动；通过与外部互动和内部运动，社会系统不断获得新的要素并发生改变，由此导致某种连续的变革。这一理论强调行动者（包括个体行动者和集体行动者）与社会互动，行为者在行动和互动概率（包括资源分配）上的差异决定了他们在某一场景中的相互权利的大小和影响未来发展的能力。根据这一理论，系统是开放和不断变革的，决定社会互动的规范导致固定化结构，但社会系统是一个动态过程，外部变量能够影响甚至改变社会系统，使系统内部结构发生重组；系统内部的各种活动和变化必将导致冲突和变革，进而引发新的发展，包括无意识的发展和对外部环境的影响。[①]

在具体行为结构方面，有学者比较全面地阐述过侦查行为的结构，已经注意到了结构的动态性。他指出，就事实和规范意义的侦查行为而言，侦查行为的这种结构特征具体表现为三个层面：其一，侦查的事实结构，即犯罪行为在人、事、物、原因、后果、手段、情景等方面所呈现出的综合样态；其二，侦查的过程结构，表现为初步侦查、后续侦查、完成侦查的时间流程；其三，侦查的规范结构，即犯罪行为的实体法构成特征与调查取证的程序法特征的综合。不同侦查结构具有其不可取代的独特功能。侦查的事实结构是在观念上恢复、再现可疑（犯罪）事件的发生过程，确定是否应当发动侦查和如何发动侦查的客观基础；侦查的过程结构在于确定每一侦查阶段的特点、具体任务和侦查措施、手段的运用方式；而侦查的规范结构在于标示收集证明待证事实的证据材料的范围、重点、难点、应达到的证据程度和为此所允许采取的查证手段。

该学者还批评到，在我国现行侦查学理论体系中，对侦查活动的描述与分析基本上是常规侦查活动的机械翻版，即初步侦查（初步掌握可疑事件的构成事实）——后续侦查（在相对确定的范围内沿着一定路径排查、确定犯罪嫌疑人）——完成侦查（审查证据、查获犯罪嫌疑人）。在这种侦查流程中，所注重的只是侦查的事实结构和过程结构，而没有赋予侦查的规范结构

① [瑞典] 汤姆·R.伯恩斯等.结构主义的视野：经济与社会的变迁.周长城等译.社会科学文献出版社，2000，中文版前言1、4-5、8.

要素以独立存在的价值，背离了侦查活动作为事实性活动和法律活动的双重基本属性，既制约了侦查学研究应当具有的对侦查规范和刑事法学的相关理论的验证和创新的学术职能的发挥，也直接制约着侦查效能的提高，因为缺少规范结构的指导，侦查的盲目性就会增加。[①]

我们认为，首先应当承认规范结构分析的积极意义。从强调侦查行为法治化的层面来说，提倡规范结构极具深意。在侦查行为结构问题上，强调规范结构有利于提高侦查主体的规范意识，将侦查行为引导至合乎诉讼要求的轨道上来，这也是提高侦查效率的重要途径和保障，毕竟侦查行为是一种法律行为和诉讼行为，必须以法律和刑事诉讼的要求作为自己的引导和归宿。

然而，诚如前述，从行为科学角度来看，侦查规范仅是侦查约束条件的一部分，是侦查行为主体在实施侦查行为之前就必须加以考虑的行为环境因素，也是侦查行为具体运行的平台之一，因此，从行为科学角度分析侦查行为的结构，把规范要素纳入行为环境之中是应有之意，既不意味着可以忽视规范要素的重要性，也不意味着侦查行为主体可以绕开规范要素，仅凭"办案经验和个人注意力来决定证据材料的收集和取舍，而忽视证据材料对于不同诉讼案件以及不同时空条件下的同类诉讼案件在质与量方面上的规范要求往往有所不同的倾向"[②]。相反，任何理性的侦查行为，都必须切实地关注约束条件和可利用资源的局限性，因为这关系到侦查行为的效果和侦查行为责任等问题。我们更需要关注的问题是：在实践中，几乎所有侦查行为主体都知道侦查规范对于侦查行为效果的意义，[③] 但是实践中却时有违背侦查规范的行为，会有突破侦查约束条件的行为。为了更清晰地分析侦查行为主体在侦查行为过程中为什么有时会忽略或规避侦查规范的要求，并为了抑制不利于规范实现的因素，我们在关注规范要素的约束和引导作用的同时，就必须关注非规范要素对侦查行为的影响力以及非规范因素与规范因素之间的协

---

① 张远煌．侦查学学科建设的三大基本理念．江苏警官学院学报，2003（1）．
② 引自张远煌．侦查学学科建设的三大基本理念．江苏警官学院学报，2003（1）．
③ 因为，这是担任侦查人员，获得侦查主体资格的必备条件。

调。为此，即便单纯从规范实现的角度来看，对侦查行为的结构研究也必须突破静态的规范要素描述，而着力于探讨各要素的运动情况。

其次，前引观点中对于事实结构的探讨过于片面，实际上关注的只是侦查行为要素中的行为对象之一部分（而非全部）。换言之，前引观点所称侦查行为的事实结构，实际上只是案件结构，而且还只是静态的案件结构，也没有考虑到随着侦查行为的进展，侦查行为主体所揭示的案件结构可能会发生的变化，直至最后可能会偏离最初的真实。① 侦查行为的事实结构应该是整个侦查行为所有构成要素所形成的结构，它不同于案件事实结构。如果取一个时空点作为横截面来考察，事实结构就是指侦查行为结构各要素所呈现出来的综合样态。如果从整个侦查行为实施过程来看，事实结构就是这个综合样态的变化过程，是一系列综合样态的不间断连接。

最后，侦查的过程结构是一种动态描述。前引观点将侦查过程结构界定为"初步侦查——后续侦查——完成侦查"的时间流程，这反映了多数侦查行为的时间顺序。实行二步式侦查的国家把整个侦查过程分为初步侦查和后续侦查两个阶段，初步侦查阶段主要任务是询问报案人、受害人、目击人及有关群众并初步勘查现场，以便查明案件的基本情况并尽快收集可能与作案人有关的信息，然后写出报告转给负责此类案件的侦查人员；后续侦查则由专门化的侦查人员负责，任务是通过深入细致的调查来查明案件情况，全面收集证据并查缉作案人。② 前述侦查过程结构的描述特别适宜对二步式侦查进行模型化，③ 但这一时间流程只能大致描述某一个案在立案之后的侦查全过程，虽然其以时间为序的表达方法合理，但是仅此无法对宏观侦查行为以及微观侦查行为进行描述（例如，它不能单独解释现场勘查行为、搜查行为、侦查中的逮捕行为等微观行为的行为结构），所以这种关于侦查行为结构的认识不具有典型性。

---

① 参见刘为军.案件结构初论.// 赵永琛，何家弘.侦查论丛（第1卷），法律出版社，2003.

② 参见何家弘.外国犯罪侦查制度.中国人民大学出版社，1995：41-42.

③ 诚然，这种侦查过程结构并不等同于二步式侦查。

我们认为，考虑到侦查行为的多元化和层次性，应当从所有侦查行为的共性出发去概括行为的过程结构，以反映行为的动态发展及其规律。这一过程结构简要描述如下：行为的发动阶段；行为的实施阶段；行为的完成阶段。据此，一个具体案件的侦查行为过程可以大致描述为：接获案件→分配案件→决策→实施（在必要时决策与实施循环进行）→侦查停止。一个微观的侦查行为则可以简要地描述为决策、决策实施、上述过程循环（在必要时）和侦查行为停止。行为各要素在行为各阶段所处的位置是不同的。以内在要素来说，行为动机和行为目标的确立属于发动阶段；行为主体在一定动机的驱使和目标的指引下，采取具体动作或动作组合的阶段，属于行为实施阶段；行为主体的主观需要和目标得以满足和实现或者因受到外界因素的干扰而终止的阶段则是行为的完成阶段。关于侦查行为的动态结构，在本书第四章"证据调查行为的过程描述"中将作出实质性阐述。

比较侦查行为的动态结构，任何一个证据调查行为都要经历一个从开始到结束的动态过程，因此可以建立相同的动态结构。

第四节

刑事证据调查（侦查）行为的类型

与证据调查行为的定义分析一样，证据调查行为分类也可以有多种视角。以下仍以侦查行为的分类进行说明。

一、法学角度的分类方法

由不同的角度，依据不同的标准，可以把侦查行为划分为很多类。例如：

根据行为实施的形态，可以分为公开的侦查行为和秘密的侦查行为；根据行为的动能，可以分为取证类侦查行为、控制类侦查行为、查缉类侦查行为、强制类侦查行为；[1] 根据实施主体，可以分为警察侦查行为、检察机关侦查行为和其他侦查机关侦查行为；以决定和实施机关是否同一为标准，可以分为自决侦查行为和审批侦查行为；根据行为的目的，可以分为获取线索的侦查行为、获取证据的侦查行为和查缉、保全犯罪嫌疑人的侦查行为；根据案件管辖机关和实施机关是否同一，可以分为自行侦查行为和受托侦查行为；以侦查主体是否单一为标准，可以分为单独侦查行为和复合侦查行为；以是否违法为标准，可以分为合法侦查行为和非法侦查行为；以法律是否赋予行为相对人以告知义务为标准，可以分为有告知义务的侦查行为和无告知义务的侦查行为；根据行为是否具有强制性，可以分为任意侦查行为和强制侦查行为。[2] 凡此种种，不一而足。可以看出，这些分类几乎都是从法学角度进行的。

与侦查行为略有不同的是，证据调查行为的分类还可依调查主体的性质不同进行划分。

二、行为科学角度的分类方法

在行为科学上，行为的分类有多种标准，最主要的标准就是行为的功能

---

[1] 参见任惠华.侦查学原理.法律出版社，2002：169.

其中，第二种分类方法存在较为明显的逻辑缺陷，违背了属概念划分中"每次划分必须按同一标准进行"以及"各子项外延必须互不相容"的规则。

[2] 参见郭晓彬，蒋开富.侦查行为的分类及法律规制原则.浙江公安高等专科学校学报，2003（4）.

需要说明的是，该文还以是否有法律明文规定为标准区分法定侦查行为和非法定侦查行为，这种表述显然不严谨。另外，关于强制侦查行为和任意侦查行为的区分标准也有各种不同的学说。

可以参见 [日] 加藤克佳.毒品犯罪侦查.载西原春夫.日本刑事法的重要问题（第二卷）.金光旭等译.法律出版社，2000：148.

和整合（综合）作用：一种分类原则是在几种"功能系统"之间进行区分，这种区分适用于具有相同或相似目的的效应的一组行为模式，然后在每一功能系统内再进行细分；另一类分类原则是基于行为模式的整合（综合）作用。这种行为是按行为等级分类的，从最简单的行为成分到程度最复杂的居间水平的单位直到由许多成分组成的复杂的行为程序。① 依据这些划分原则，在对行为所做的各种划分当中，最为重要和常用的一种分类法将行为分为是个体行为、群体行为和组织行为。② 行为科学在前一分类当中还划分出一类特殊的行为即领导行为。有学者据此也将侦查行为划分为个体行为、集体组织行为和领导指挥行为。③

我们认为，个体行为、群体行为和组织行为是以行为主体为标准进行的划分，需要根据行为主体的隶属关系以及行为的实际承担者在行为中的地位来界定。如果个人在不考虑任何隶属关系的前提下实施特定行为，那么属于个体行为。但是，当行为的实施者具有一定的身份时，决定一个行为是个体行为还是组织行为，最关键的要素不是它的实际实施者，而是要看它以谁的名义进行，为谁的利益进行，最终结果应由谁承担（或共同承担）。否则，所有行为都可以界定为个体行为，因为任何行为包括今后高度智能化的机器人的行为最终都可追溯至具体的个人，可以认为是由个人具体实施的，而群体和组织作为抽象的主体本身并不能有任何动作或动作组合。因此，个人身处群体或组织中，并以它们的名义、为它们的目的而实施行为，最终的行为结果和责任由群体或组织承担，这种行为不是个体行为，而是群体行为和组织行为。侦查行为由侦查组织实施，最终落实到若干具体的侦查人员的行为上，由这些行为综合组成侦查行为。作为一种国家权力行为，不论个体在侦查行为过程中表现如何或者有多大实际作用，侦查行为的结果都将由侦查机

① ［德］克劳斯·伊梅尔曼.行为学导论.马祖礼等译.南开大学出版社，1990：4.
② 虽然这是一种最常见的分类方法，也有的著作上增加了集体行为的表述，或者把群体行为又称之为团体行为。
③ 任克勤.论刑事侦查行为.福建公安高等专科学校学报，2000（2）.

关或机构承受。① 虽然侦查行为过程依赖于侦查人员个体因素的发挥，但是这种个体因素要受侦查组织的意志或目的引导或限制。因此，严格说来，侦查行为并不是行为科学意义上的个体行为，个体行为的表述是不适用于侦查行为的。"只有行为主体的三个部分，即行为的决策者、行为的实行者以及行为的责任承担者都是由同一个个体人担任的行为，才是严格意义上的个体行为"。②

至于群体行为的表述，则要视我们对群体作出何种界定，如果我们将群体的概念解释得与组织相差无几，那么群体与组织已无多大分别；如果我们将群体解释为组织中不具有独立责任能力的多个人的组合，那么严格意义上的群体侦查行为也不存在。对此，后文还将进一步论述。

领导行为也是根据行为实施主体来界定的，但它与个体行为、群体行为、组织行为非属同一层次，而且作为领导行为实际实施者的"领导"本身就是群体或组织身份的一种体现，反映的是群体行为或组织行为的功能，类似于决策行为、决策实施行为的划分。因此，即便侦查组织领导人实施的领导指挥行为，只要属于侦查行为，它就具有组织行为或者群体行为的性质，也可以归类为群体行为和组织行为。

综上，侦查行为是一种组织行为或群体行为。当然，不赞同将侦查行为区分为个体行为、群体行为和组织行为，并不意味着行为科学上的个体行为理论和领导行为理论对侦查行为没有任何借鉴意义。个体行为理论关注的主要是个体因素对组织中的个体的行为的影响。侦查行为虽然不能称之为个体行为，但是，侦查行为毕竟要由侦查人员具体实施，个体因素仍然会在侦查行为过程中发挥作用，因而个体行为理论仍有很好的借鉴意义。

需要说明的是，侦查行为不能作个体行为、组织行为和群体行为的分类，并不等于侦查组织内部不可能存在组织行为之外的其他行为类型。侦查组织内部不同身份之人有很多行为（例如普通的人事管理行为）都以侦查行为的关联行为出现，它们有可能呈现为组织行为、个体行为、集体行为、群体行

---

① 如果出现违法情形，则可能由侦查人员与侦查组织共同承受。

② 张勤，赵玉芹.谈判与行为选择.经济科学出版社，1995：45.

为或领导行为的任何一种。例如，侦查人员在业余自学侦查知识的行为就是个体行为，多个侦查人员自发形成群体参与非业务活动的行为属于群体行为，而侦查组织举办的专项教育培训活动则属于组织行为。关联行为不是侦查行为本身，却对侦查行为有直接或间接的影响。[①]

根据上述推论，检察人员、审判人员的证据调查行为也不可能是个体行为，而当事人及其代理人的证据调查行为则需根据具体情况根据上述关于个体行为、群体行为、组织行为和领导的区分原则加以分辨。

三、具体分类

虽然个体行为、群体行为和组织行为的分类方法在侦查、检察、审判人员的调查取证行为中不适用[②]，但是根据行为科学角度的分类法，我们还是能够对证据调查行为进行如下分类：

一是根据证据调查行为的层次，可以分为宏观行为、中观行为和微观行为。宏观行为是调查组织为宏观调查目标所实施的证据调查行为，例如公安机关实施的专项斗争、全国性或区域性的破案战役。中观行为指个案调查行为，即调查组织或调查人员对某特殊个案实施的证据调查行为。侦查机关的中观侦查行为始于立案，终于案件侦查终结（撤案或破案）。微观行为则是指构成中观行为的各项具体措施，例如个案侦查中的现场勘查行为、讯问行为和侦查实验行为。微观行为往往表现为中观行为的一个步骤或环节。

二是对于微观行为，还可以根据不同标准继续进行以下分类：

1. 从决策学角度，可以分为决策行为、实施行为和评价行为。本书第

---

① 侦查人员、侦查组织这类关联行为对侦查行为的影响值得重视，如何有意识地刺激、鼓励和引导良性的关联行为，也应是侦查行为研究的重大课题。本书第六章论述侦查行为的激励。在激励手段的选择上有时就会考虑到对关联行为的运用或引导，甚至会把允许实施关联行为作为一种激励手段。

② 刑事诉讼中的辩护律师、诉讼代理人以及当事人自己的取证行为可以认定为个人行为或群体行为。

四章和第五章将重点阐述。

2. 根据行为的功能，可以分为反应型调查行为（Reactive Investigation）、先发型调查行为（Proactive Investigation）、预防型调查行为（Preventive Investigation）。这种分类应用于侦查行为，根据米歇尔·D.莱曼（Michael D. Lyman）的界定，反应型侦查行为是指知悉犯罪发生后的侦查行为，例如在杀人、抢劫、盗窃案发生后，侦查人员所执行的收集证据、寻找证人进行询问、找出嫌疑人下落并予以拘捕的侦查行为。而对可能的犯罪活动进行的侦查作为即为先发型侦查行为，其与反应型侦查行为的不同处有二：（1）先发型侦查行为实施的时间在犯罪发生之前；（2）嫌疑人在侦查人员未发觉犯罪前即被锁定。预防型侦查行为则是指逮捕罪犯并积极地加以追诉，可对部分犯罪产生遏制的预防作用。[①] 或者，从侦查行为的功能的另一个角度也可以将侦查行为划分为：发现犯罪以及犯罪嫌疑人、控制（包括缉捕）犯罪嫌疑人；收集、分析犯罪线索、证据；追查赃物，等等。[②] 与这一分类大致相当的另一种分类是：主动型侦查和被动型侦查。[③]

3. 以行为实施的时间顺序为标准，可将微观侦查行为大致划分为五大类（群）："发源行为群"、"上游行为群"、"中游行为群"、"下游行为群"和"回游行为群"。

对于侦查行为而言，这五类依照顺序表现为：（1）以收集情报为始的受理报案、情报检索、查赃、盘诘检查等侦查行为；（2）犯罪发生后的现场处理、调查走访、背景调查等初步侦查行为；（3）锁定特定对象后的跟踪监视、搜索扣押等侦查行为；（4）对犯罪嫌疑人实施拘留逮捕至移送起诉机关的拘留、逮捕、讯问、查证追赃、扩大侦破等侦查行为；（5）移送

---

① See Michael D. Lyman, Criminal Investigation- the Art and the Science （2nd Ed.）, Prentice-Hall, 1999, pp. 15-16.

② 在实行检察指挥侦查原则的国家，侦查机关还有协助检察官起诉之义务，这种协助行为也可以归为侦查行为的一类。

③ [美]詹姆斯·W.奥斯特伯格，理查德·H.华特. 侦查：重建过去的方法. 刘为军译. 中国人民公安大学出版社，2015：590-593.

起诉后的补充侦查行为。在侦查信息化高速发展的今天，发源行为群和上游行为群的重要性日益凸显。①

---

① 这种分类思路来源于美国侦查学教科书。如 [美] 詹姆斯·W. 奥斯特伯格和理查德·H. 华特撰写的《侦查：重建过去的方法》（刘为军译，中国人民公安大学出版社 2015 年版）一书，基本上按照侦查时所处阶段来对侦查措施进行描述。

第三章　刑事证据调查行为的个体基础与组织基础

概述

　　证据调查主体是指证据调查行为的决定者、实行者和责任承担者。研究证据调查行为，证据调查的主体是不能回避的重要内容。前已述及，刑事诉讼中有权开展证据调查活动的主体涵盖了刑事追诉机关、当事人等在内的众多主体。对于当事人及其诉讼代理人、辩护人，其证据调查行为通常以个体行为或群体行为的形式呈现。而追诉机关则有些特殊，例如，在学理上，我们一般将侦查行为的主体界定为侦查机关、侦查机构 ① 和侦查人员，即包含了组织、群体与个体多种情形。在关于证据调查主体的理论阐述上，目前往往注重分析我国有哪些机构具备何种证据调查权以及调查人员应具备哪些素质，侦查学上对侦查主体的研究尤其如此。

　　追诉机关的证据调查行为并不存在严格意义上的个体行为。不过，个体证据调查行为之不成立并不意味着追诉机关的办案人员不能成为证据调查行为的主体。调查主体包含了三个层面：行为的决策者、实行者和责任承担者。前两个角色实际上都是由办案人员单独或共同承担的，而行为责任有时也必须由调查人员和证据调查组织共同承担。当证据调查人员共同实施证据调查行为时，行为主体的表现形式可能为群体或组织。由此，对于追诉机关，证据调查行为的主体包含了证据调查人员、证据调查人员的群体和证据调查组织三个层次。

　　行为科学从不同层次研究人的行为，认为个体、群体和组织这三者是不可分割的整体。如果我们将证据调查组织比喻成一个人体的话，那么个体就

---

① 侦查机关和侦查机构本应是两个不同层次的概念，但是许多侦查学论著以及实践中并未做明显的区分。本书将侦查机构视为设于侦查机关内部的侦查组织之一种，是侦查机关的下位概念。同样被混用的概念还有"侦查部门"，本书对侦查机构和侦查部门的概念不做区分。

是证据调查组织最基本的细胞，而群体则是构成这个组织的各类系统和各种器官。换言之，刑事追诉机关的证据调查人员和调查人员群体都是证据调查组织的有机组成单元。

从法学角度研究证据调查主体，调查取证权的权属是最重要的内容之一。而从行为科学角度探讨证据调查的主体，则更关注主体因素对证据调查行为的影响。在有的著作中，将这种影响因素称之为"行为的基础"，即个体基础、群体基础或组织基础。[①]

不过，基于以下考虑，本书着重探讨个体因素和组织因素对公安机关之侦查行为的意义：

其一，在侦查领域，群体与组织难以区分。到目前为止，对群体还没有形成人们普遍接受的定义，所以一般的表述都只将群体界定为组织和个人之间的人群结合体，是两个或两个以上的个体组成的集体，这些人相互依赖、相互作用，谋求共同的目标以及相同的利害关系。如果我们对组织作出适当的界定，组织的概念将可以包容群体概念，或者通过适当的解释，让群体概念包容组织。例如，有的学者就把群体分为初级群体和社会组织。他们认为，初级群体是指在地缘、业缘、血缘或共同兴趣、共同爱好的基础上，在持续不断交往的过程中自然而然地形成的；各成员之间的关系带有浓厚的感情色彩；成员之间是面对面互动的，同时规模也相对较小。社会组织则是为了达到一个共同目标，经由人力的分工和职能的分化，运用不同层次的权力和职责，以求协同动作并充分调动有关人力资源和智力资源的一种人群结合体。[②]在这种分类中，组织被视为群体的一种，是一种较高层级的群体。我们倾向于对侦查组织做扩大解释，将较为正式的侦查人员群体作为侦查组织来考察。任何为侦查目的而由两个以上侦查人员组成的群体，都可以被当作组织来考察，并依据侦查人员结合的方式和层级，对侦查组织进行自上而下的等级划

---

① 参见 [美] 斯蒂芬·P. 罗宾斯. 组织行为学精要（原书第 7 版）. 机械工业出版社，2003.

  它们分别被表述为"个体行为基础"、"群体行为基础"和"组织结构基础"。
② 张勤，赵玉芹. 谈判与行为选择. 经济科学出版社，1995：46.

分，将整个侦查系统视为一个统一的侦查组织。

其二，我们研究侦查人员群体的目的在于借助行为科学中的群体行为理论探讨群体规模、群体成员构成、角色、地位、规模、目标、凝聚力、士气、领导、人际关系、沟通、解决冲突的能力、群体成员的素质、外部环境等众多因素对侦查行为的影响力。在这些因素当中，有的可以通过对组织的界定纳入组织因素体系，有的则是对侦查人员的普遍要求，可以归入个体因素行列。

其三，影响侦查行为的众多个体因素，会以修改了的方式存在于其他证据调查主体身上，后者的证据调查行为同样会受到类似因素的积极或消极作用，他们的证据调查行为的科学化，同样需要正视这些看似难以琢磨的内在和外在条件。诚然，组织因素的影响是刑事追诉机关所独有的。由于组织构造不同，其他侦查组织、公诉机关、审判机关的组织因素与公安机关内部的侦查组织会有所不同，但是组织因素作用于证据调查行为的方式和机理都是一样的，没有必要赘述。

第二节
刑事证据调查行为的个体基础

如果一定要为侦查行为规定一个最重要的因素，那么非作为侦查行为实际执行者的各层级侦查人员莫属。实践已经证明，侦查人员是侦查中最为活跃的因素，侦查人员侦查能力的发挥程度，往往决定着案件侦查的结局。然而，在注意到侦查人员对侦查行为之独一无二的作用的同时，不可忽视不同侦查人员对于侦查行为之影响。实践中，同类案件由不同侦查人员主侦，在侦破之效率和结局上可能会有天壤之别。如果从中剥离案件外部侦查条件的差别，显现出来的侦查人员的个体因素将是最重要的决定力量。

一个个体与另一个个体之所以能够区分，就在于单个个体的个体因素。这种个体因素可以大致分为一般心理因素和职业因素两部分。对行为有影响的个体因素包含很多方面。从行为科学特别是心理学和组织行为学的既有研究成果出发，考虑侦查行为的实际，构成侦查行为个性基础的个体因素主要是指侦查人员的价值观、态度、知觉、学习、动机、需要、人格、情绪等心理因素。[①] 除此之外，侦查人员的职业素质（或技能）亦是考量的重点。

一、影响行为的一般心理因素及其启示

侦查理论和实践上对于一般心理因素及其对侦查行为的影响已经给予了相当的关注，但从关注的角度来看，主要是一种应然的判断，即要求侦查人员（或优秀侦查人员）应当具备哪些心理特征或其他素质，而很少考虑侦查人员实然的心理因素及它们对侦查行为的实际影响。

例如，韦恩 W·贝尼特等学者指出，优秀侦查人员应该具备一系列智能特征、心理特征、身体特征。在智能特征方面，应当具有获取并记忆各种情报信息和线索资料的能力，能够熟练运用侦查技术手段，心胸开阔、思维敏捷、分析判断客观，善于逻辑推理；在心理特征方面，情绪稳定、思维敏捷、为人正直廉洁、好寻根问底、善于怀疑、有洞察力、谦虚、能够自我约束和具有坚韧的毅力等心理特征。[②] 波尔 B. 威斯顿（Paul B. Weston）等也指出，

---

① 需要说明的是，以上概念在心理学上并不都是同一层次的概念，但由于本书不对侦查人员的个体因素做全面阐述，故不再顾忌概念层次上的逻辑一致性。

② [美] 韦恩 W·贝尼特、凯伦 M·希斯. 犯罪侦查. 但彦铮等译. 群众出版社，2000：14-20.

贝尼特等还认为，至于侦查员的年龄、身高、体重，只要不是过分特殊，对侦查工作来说并不是十分重要。不过，有些身体素质特征仍是重要的。优秀侦查人员应当身体健康，体态适中，有良好的视觉和听觉。由于要花很长时间去完成侦查任务，因此，保持健康体魄和旺盛精力对侦查工作是大有裨益的。除了体态适中以外，侦查人员还要求具有敏锐的听力和良好的视力。

从事侦查职业应当具备超出普通人的观察、发现和记忆能力、从容不迫进行理性思考的深思熟虑的能力、为理性支配的建设性的想象力或者对罪犯（有时也包括对其被害人）心理过程的某种直觉。[①]

詹姆斯·W.奥斯特伯格和理查德·H.华特对侦查人员的素质做了非常详细的列举：

"（一）能力和技能

一名优秀的侦查人员需要具备许多素质，主要包括三个方面：

1.实施侦查活动的能力，包括生理和心理两个方面。

2.掌控复杂侦查活动的必要知识和训练。

3.实现预定目标的必要技能。

（二）心智、性格、态度和知识方面的资格

以下特性列表是根据课堂讨论（包括与许多担任警察的在职学员的讨论）并征询对侦查人员资格条件问题比较感兴趣的警方领导后拟定的。这份列表是可取的，它有助于认定某人是否具备从事调查工作的资格。

1.智力与推理能力。

在大家认可的智力测试中获得平均分以上成绩。分析和关联大量事实的能力。使用与调查有关的先进计算机程序的能力。

2.求知欲与想象力。

不想当然。谨慎对待显而易见的事物。对异常事物（不在应在位置或者与常识不符的事物）的敏感。打破沙锅问到底的精神。对人们行为的多疑天性。警觉。洞察力。当侦探的天赋。

3.观察与记忆。

视觉、触觉、嗅觉、听觉、味觉等五种感官无损、功能完好。思维敏捷、

[①] See Paul B. Weston and Kenneth M. Wells, Criminal Investigation: Basic Perspectives, Fourth Edition, Prentice-Hall, Inc., Englewood Cliffs, New Jersey, at 11.

威斯顿共指明了五个方面的素质，其他包括广泛掌握关于刑法、证据规则、调查理论与技巧、科学支援和实验设备方面的知识，掌握罪犯的相关情况以及罪犯的惯用手法，掌握具有指导性的科学心理学知识。

专心致志。

4. 关于生活和人类的知识。

包括涉及社会所有阶层知识；应对大城市异质群体（heterogeneous population）的知识尤显重要。以下也有所帮助：常识、性格开朗、合作精神、情绪稳定和进行角色扮演的某种演技。

5. 掌握技术诀窍。

必须培训并掌握制定法与判例法知识，以及发现、收集、保管物证和关于物证的调查价值的知识。广泛阅读并主动紧跟本领域当前研究及论著非常重要。

6. 有恒心、坚持不懈且充满活力。

许多想当侦探的人都认为这是一份非常刺激的职业，但更为现实的是，你首先需要有耐心，能够忍受乏味和无聊，并且善于保存体力以继续执行任务。

7. 勇于承认和纠正内心及工作中的偏见与歧视。

例如，基于偏见和歧视，侦查人员可能会对作案人形成"先入为主"的预判。他们会忽略其他事实，比如：长期不断的申诉可能是确有冤情；妓女也可能是强奸案的对象。

8. 敏锐感知人们的情绪；谨慎机敏行事；对他人的信任表示尊重。

9. 诚实、抵制诱惑及腐蚀的勇气和承受上级或其他人的办案压力的。

10. 作证时不要过于热情，不作伪证。

11. 其他特性：体格适中；报告写作技能；良好的公共关系意识，以为将来开拓合作与信息渠道。"①

我国侦查学界对这一问题的表述虽多，但内容大同小异，更强调侦查人员"应当坚持思想基本原则，树立全心全意为人民服务的思想，愿意把自己

---

① [美] 詹姆斯·W. 奥斯特伯格、理查德·H. 华特. 侦查：重建过去的方法. 刘为军译. 中国人民公安大学出版社，2015：10-12.

书中还对犯罪现场专业人员的角色和责任（即能力和相关技能）做出了详细要求。

的全部精力、才智，乃至宝贵的生命献给保卫祖国和人民的崇高事业。……必须具有坚定正确的政治方向，对自己从事的工作应当具有强烈的事业心、责任感和荣誉感，……在思想作风方面，侦查人员应当用辩证唯物主义思想指导侦查办案，……"应当具备良好的心理素质，特别是观察能力、联想能力、逻辑思维能力、记忆能力、交往能力和应变能力。[1] 还有学者认为侦查主体中的个体既要满足《人民警察法》对警察的素质要求，也要同时具备侦查工作所需要的政治、业务和身体素质要求。[2]

显然，上述列举的对侦查人员提出的诸种要求，都是事前要求，而非侦查行为时的心理要素分析。然而，必须承认，恰恰是现实中实际运行的心理因素对侦查行为发挥了至关重要的作用，引导着侦查行为的启动、实施和终结。诚然，由于调查数据的缺乏，本书只能借助行为科学理论的界定，对侦查人员能影响侦查行为之心理要素进行学理上的可能性分析，此种分析的价值主要是指明研究方向并提示需要侦查组织注意之若干问题：

1. 需要。需要是个体和社会生活必需的事物在人脑中的反映，它是个体的一种主观状态，总是反映个体内部生理条件和外部社会条件的某种要求，通常表现为欲望、动机、兴趣等形式。需要同人的行为联系着，是人的行为积极性的心理源泉。需要刺激人去行动，使人朝着一定的方向追求一定的对象目标，以求得自身的满足。需要越强烈，所引发的动机就越强烈，采取的行动就越有力。侦查人员和其他职业人士一样，有着自己的生理需要与社会需要、物质需要与精神需要、内在需要与外在需要，[3] 其需要之产生及内容与其他职业人士相比，除了职业性质所导致的差异外，并无明显的特别之处。一般来说，满足需要有两条途径：一是在工作过程之外满足需要，即这种满足不是在工作本身，而是在工作以后获得的，譬如侦查人员的工资、福利、奖励等；二是在工作过程之内满足需要，也就是说侦查人员借由侦查工作本

---

① 参见徐立根. 侦查学. 中国人民大学出版社，1991：19-20.
   也可以参见其他侦查学教科书的相关部分。
② 参见武汉. 刑事侦查学. 群众出版社，2000：129.
③ 关于需要，本书第六章第一节将进一步阐述。

身就能得到的满足，通常是工作的成就感、自豪感以及对和谐的同事关系、工作环境的满足。

需要与人的积极性有着重要的联系，被视为是推动人们积极从事各种活动的"一切动力因素的基础，它在动力系统中具有决定性的意义"[①]。需要明确的是，侦查行为是侦查人员代表侦查组织实施的行为，因此，侦查行为的启动和实施反映的是侦查组织打击犯罪、获取充分证据查明真相的需要，此种需要是被法律所确定的，不需刻意发掘。我们通常提到侦查需要时，指的就是侦查组织的需要，而它至少从理论上又被认为间接来自于公众的需要，特别是安全需要。但是，侦查人员在满足侦查组织的这类需要时，其个体的其他需要也有可能被带入他所实施的行为中来。例如，侦查人员的奖励与其工作业绩成正比，当侦查人员对奖励有特别之需要时，他对工作也即侦查行为的积极性将较没有这种需要更高。同样地，侦查人员的个体需要未能得到满足时，他对侦查行为的投入也可能会降低，例如待遇过低、经常拖欠工资等，有可能会影响对工作的态度，导致办案漫不经心。因应不同之需要，侦查组织应为不同之处置策略。了解侦查人员的具体需要，了解这些需要与侦查工作之间的关系，并视情况决定应否满足该项需要或者以何种方式满足需要，这是侦查组织内部管理的必要措施。

2. 动机。动机是推动个体从事某项活动，促使他采取行动去满足一定需要的内驱力或冲动。动机是一个解释性概念，用来说明个体为什么会有这样或那样的行为。侦查动机是在刑事案件刺激下，直接推动主体进行侦查活动，达到侦查目的的内部驱动力。[②] 侦查动机不但能引发行为，而且还具有指向性和强化机能，能够选择行为目标，使行为朝着特定方向、预期的目标进行，并根据行为结果对行为进行调节控制。

需要和诱因的多样化，决定了侦查人员发生行为时的动机也是十分复杂的。前已述及，侦查人员个体的需要相比侦查组织而言更显复杂，因此，尽管侦查人员以侦查组织的名义实施侦查行为，但不意味着发生行为时侦查人

---

① 杨明权，韩景卫. 行为科学. 陕西人民出版社，2002：70.
② 参见李锡海. 侦察心理学. 中国人民公安大学出版社，1997：167.

员与侦查组织的动机就是一致的，也不意味着所有参与侦查行为的侦查人员的动机都是一样的。在现实生活中，决定个体行为的往往不是单一动机，而是一个动机系统。因此在研究动机时就有必要区分主导动机和辅助动机、长远的间接动机和短暂的直接动机，[①]特别是注意到动机冲突问题。动机冲突是个体在实现目标时的内心矛盾，它主要由个体内部需要与客观外界之间的矛盾引起。米勒（N. E. Miller）和霍夫兰德（C. L. Hovland）把个体动机冲突归纳为四类情境：第一类称为双趋冲突，个体具有分别追求两个目标的两个动机，但只能选择其一；第二类称为双避冲突，个体具有分别躲避两个目标的两个动机，但又只能躲避其一；第三类称为趋避冲突，个体面对同一目标，同时产生接近和回避两种动机；第四类称为多重趋避冲突，此时，个体面临两个或两个以上的趋避冲突情形。[②]这四种情况在侦查行为过程中都可

---

① 在动机种类问题上，较受关注的是个体的成就动机、亲和动机、权力动机。此三种社会性动机以戴维·麦克莱兰等提出的三类需要相对应（也即成就动机理论）。成就动机是个人追求成就的内在驱动力，包括个体追求有价值的工作以期达到理想目标的内在动力、从事某种工作时自我投入精益求精的心理倾向和在逆境中冲破障碍奋力达成目标的心理倾向。成就动机高者工作和学习都比较积极，能够控制和约束自己，不受不利因素的影响。根据认知心理学家 C. 威克（C. Dweck）的见解，成就动机高低与个体所设定的目标（学习目标或表现目标）密切相关，习惯于不用目标者将习惯于选择不同的工作（See C. Dweck,（1986）Motivation processes affecting learning, American Psychologist, 41, 1040–1048，转自 http://211.100.20.173:8008/edu_class/upload/XinLi/Myweb5/dongjiztjz2.htm（2005 年 1 月 5 日））。成就动机对于侦查人员的攻坚行为极为重要；亲和动机是个体在社会情境中通过人与人交往所表现出来的亲近行为的内在动力或内心欲求，具备亲和动机将对侦查人员进行现场访问等相对温和的侦查行为时发挥积极作用；权力动机是指由强烈地影响他人或支配他人的欲望所促成的、隐藏在个体行为背后的一种内在力量，可分为个人化权力动机和社会化权力动机。两种权力动机都有多种类型，其中有些对侦查工作是极为有害的。例如过于追求权位，在侦查中压制才能胜过自己的其他侦查人员，为显示自己的权威而固执己见，等等，都将损害侦查利益。
② 参见边一民等. 组织行为学. 浙江大学出版社，1998：43-44.

能会出现。① 当出现动机冲突时，个体会经历紧张的内心动机斗争，其结果是强度较弱的动机往往被强度较强的动机取代而产生动机的更替。动机的斗争抉择过程，反映着个体需要水平、认知能力和价值观等诸多因素。

基于动机对侦查行为的意义，为了使侦查人员的动机符合侦查目的的需要，使动机的产生和斗争能够使侦查人员对侦查行为之启动和侦查行为方式的选择朝着良性方向运行，侦查组织有必要采取措施，及时评测侦查人员的行为动机，防范不良动机，从影响动机的因素（主要是需要、兴趣、价值观、理想信念、世界观、抱负水平等心理过程倾向性）入手，鼓励那些有利于侦查利益的动机的产生和维持。

3. 价值观。价值观代表基本的信仰："个人或社会接受一种特定的行为或终极存在方式，而放弃与其相反的行为或终极存在方式。"② 价值观体系代表一个人的思想里各种道德标准的优先次序，个体的价值体系通过诸如自由、快乐、自尊、诚实、服从及平等等道德标准在个体思想里的相对重要性来体现和确定。③ 价值观并不会直接改变人的行为，但却会强烈影响人的态度，因此了解人的价值观体系有助于了解他的态度。对于侦查行为而言，侦查人员价值观中很重要的一项是侦查人员对侦查事业的忠诚度，这种忠诚

---

① 双避冲突，例如寒夜蹲守时侦查人员在坚守岗位等待嫌疑人出现的动机的同时，可能也有想撤退御寒的动机；双趋冲突，例如单个侦查人员在面对多个向多方向逃窜的嫌疑人的拘捕动机；趋避冲突，例如侦查人员面对持有武器正准备逃离现场的犯罪嫌疑人所产生的直接缉捕和跟踪等待支援的动机；在两重的动机的基础上，侦查人员的动机若更加多样化，则呈现为多重趋避冲突。

② M. Rokeach, The Nature of Human Values, New York Free Press, 1973, p. 6.

转引自 [美] 斯蒂芬·P. 罗宾斯. 组织行为学精要（原书第7版）. 柯江华译. 机械工业出版社，2003：18.

米尔顿·罗基设计了罗基价值观调查方法（RVS），设置了两组价值（终极价值观和工具价值观，前者指认可的终极存在状态，反映被调查者一生所追求的目标；后者则指更偏好的行为方式，或者实现终极价值的方法），每组各有18条价值条目。

③ [美] 斯蒂芬·P·罗宾斯. 组织行为学精要（原书第7版）. 柯江华译. 机械工业出版社，2003：18.

度将决定侦查人员在从事具体工作时会否按照他所认为的最有利于侦查组织的方式进行。一般来说，如果侦查人员的价值观与侦查组织的价值观相吻合，这种状况将极大影响他的态度，使他对侦查工作的满意度得到提升。

4. 态度。态度是指个体对一定对象的相对稳定的心理反应倾向，是对某物、某人或某事的评价性感受。[①] 一般认为，态度由认知成分、情感成分和意向成分构成。[②] 态度具有稳定性，其形成需要经过一个过程，但一旦形成就会持续很长时间而不轻易发生改变。虽然态度对行为的决定力并未得到充分的证明，态度与行为之间会出现不一致的情形，但是人们并不能否认态度与行为之间的内在联系。态度通过影响人的知觉的选择性和判断性影响人的行为，不仅决定个体接受或不接受外界的刺激，还决定个体对刺激性质的判断。态度还预定着人的行为，态度本身包含的情感因素和行为意向因素潜在地决定着个体会按照某一方式行动，并最终影响行为效果。

对于侦查人员而言，对工作的满意程度可能是最能影响侦查行为的态度指标。工作满意度是侦查人员个人工作态度的整体反映，侦查人员对所从事的侦查工作越满意，他对工作的投入将越大，工作绩效也将越显著。相反，如果侦查人员对工作的满意度很低，则很难想象他对工作能有多大的积极性，工作的绩效可想而知。导致侦查人员对工作满意或不满意的因素也是多方面的，例如报酬、工作本身（工作条件、工作的多样化、对工作的自主权、工作的挑战性和可预见的工作的成功机会等）、工作奖励（晋升、物质奖励、

---

① 关于态度的定义，理论上主要有三种代表性的观点，有的认为态度是一种评价或情感反应，有的认为是一种与态度对象有关的特定反应的准备，还有的认为是一种包含了认知、情感和意志成分的复合体，是由相互联系的、对态度对象或问题进行理解、感知并有所行动的方式所组成的持久系统。

参见 [美] 伦纳德·伯克威茨. 社会心理学. 张霁明译. 吉林人民出版社，1988：66.

② 所谓认知成分，是指个体对态度对象的观念、信念及知识；情感成分是个体被态度对象所激起的情感的反应，表现为喜怒、爱憎等情感体验；意向成分则是指个体对态度对象所表示出的行为倾向或心理神经的准备状态，表明态度主体准备对态度对象作出哪种反应，采取哪种行为。

精神奖励等）、人际关系、侦查人员个人特点（包括性格、价值观、工作技能等）、工作成效的评价机制等。

5. 气质与性格。气质主要是指个体心理稳定的动力特点，即心理过程的速度和稳定性（如感觉知觉的速度、思维的快慢、注意力集中时间的长短）、心理过程的强度（如需要获得满足或不能满足时情绪体验的强度、意志的积极程度）、心理活动的倾向性（如有人倾向于外部世界，有人倾向于独处的内部世界）。这些动力特点相互联系和相互作用，从而使个体形成独特的风貌。气质具有先天性。随着个体年龄增长、境遇的改变，气质也会发生变化，但与其他心理特征如性格、能力相比要缓慢得多。某一类人所共有的相同或相似的心理特征（主要是对外界刺激的感受性、心理反应速度与灵活度、可塑性、外倾或内倾、兴奋性[1]）构成气质类型。从古至今，学者们对气质类型进行了大量研究，形成了众多的气质类型理论，代表性的理论如阴阳说、体液说、高级神经活动类型说。[2]气质影响个体行为的一切方面，并且使个体不论行为的内容、时间、兴趣、动机如何，都稳定地显示出同样性质的动力特点。

性格则是指个体所独有的，在对现实的稳定态度和习惯化的行为方式中

---

[1] 兴奋性指整个心理反应的产生所需要的刺激强度。

[2] 阴阳说出自《黄帝内经》，将气质分为阴阳两类，又进一步划分成太阴之人、少阴之人、太阳之人、少阳之人、阴阳和平之人五类；体液说源自古希腊著名医生希波克拉底，他提出人体内有血液、黄胆汁、黑胆汁和粘液四种体液，四种体液的不同比例混合使人具有不同气质，四种体液分别占优所形成的气质类型分别为多血质、胆汁质、粘液质和抑郁质；高级神经活动类型说由苏联生物学家巴甫洛夫提出，他认为神经过程的三种基本特性（兴奋和抑制过程的强度、平衡性和灵活性）的独特组合构成了高级神经活动的类型，即强、平衡而灵活的类型、强、平衡而不灵活的类型、强而不平衡的类型和弱型，又分别称为活泼型、安静型、兴奋型和抑制型。参见边一名等. 组织行为学. 浙江大学出版社，1998：59-64.

所表现出来的个性心理特征总和。[①]性格系由多种心理特征构成，通常可以分为四个方面：态度特征，即个体在处理各种社会关系方面所表现出来的特征，主要包括对社会、集体、他人、工作、学习和自己的态度特征；意志特征，即个体为了达到既定目标而对自己行为的自觉调节方式和调节水平方面的性格特征，例如有自觉性或盲目性、主动性或被动性、自制力或缺乏自制力等；情绪特征，包括情绪活动的强度、稳定性、持续性和主导心境等四个方面[②]；理智特征则是个体在认知过程（包括感觉、知觉、记忆、想象和思维等）中所表现出来的特征。[③]基于各种心理特征的不同组合，性格可以做一定分类，但一直以来就没有形成过统一的标准。典型的性格分类如荣格（C. G. Jung）的内外倾说[④]、弗里德曼（M. Friedman）等的 A 型与 B 型说[⑤]、霍兰德（J. L. Holland）的性格—职业匹配理论[⑥]。

---

① 心理学上亦存在人格（personality）之表述，它与性格（character）意义相近。心理特征（psychological characteristic）新近亦多用人格特质（personality trait）代替。参见张春兴. 现代心理学. 上海人民出版社，1994：449、450. 诚然，这是概念本身模糊的问题，国内亦有许多论著对人格和性格加以区分。

② 情绪活动的强度，即情绪感染和支配人的活动的程度以及情绪受意志控制的程度；情绪的稳定性指情绪起伏波动的程度；情绪的持续性指情绪活动持续时间的长短；主导心境则是指人经常地持久地表现出来地一种情绪体验状态。

③ 参见边一名等. 组织行为学. 浙江大学出版社，1998：71-73.

　李锡海. 侦察心理学. 中国人民公安大学出版社，1997：192-194.

④ 参见 [美] 赫根汉. 人格心理学. 何瑾等译. 海南人民出版社，1986：70-71.

　荣格认为人具有内倾型和外倾型两种态度类型，它们与四种心理功能（感觉、直觉、思维和情感）组成成八种不同类型的性格。

⑤ 该说把人的性格特征分为 A 型与 B 型两种。

　参见边一名等. 组织行为学. 浙江大学出版社，1998：75.

⑥ 该说将人的性格类型划分为现实型、研究型、艺术型、社会型、进取型和常规型等六种。See J. L. Holland, Making Vocational Choices: A Theory of Vocational Personalities and Work Environment, 2nd, Upper Saddle River, NJ: Prentice Hall, 1985. 转引自 [美] 斯蒂芬·P·罗宾斯. 组织行为学精要（原书第 7 版）. 柯江华译. 机械工业出版社，2003：36.

尽管性格类型和气质类型的划分都未能将人与人的差别完全包含在内，并且关于性格分类的诸种理论的正确性总是受到怀疑，但是气质和性格的划分至少可以在以下几个方面对侦查行为发挥直接或间接的影响力：首先，可以针对不同性格、气质的人安排适当的工作岗位。侦查行为存在分工，有些工作特别强调细致和耐心（例如现场勘查、文书检验、电子数据鉴定和证据保管），有的特别要求善于辞令（如危机处置中的谈判工作、侦查讯问、侦查询问），等等。显然，根据这些特别要求而为这些工作培养或选配该类心理特征突出的侦查人员，将有助于提高该类工作整体成效。其次，根据性格、气质的差异和互补，为侦查人员的组合配置提供依据。侦查人员办案不是孤立进行的，侦查人员之间需要协调和沟通。性格、气质上相冲突者之间合作难度较大，因而一般情况下不宜将他们硬性搭配在一起。相反，性格、气质上互补者则较易找到共同语言，彼此之间容易沟通和协调，由此可以极大地降低因侦查人员内部不和谐而导致的对侦查行为的负面影响[1]。最后，从侦查管理角度而言，领导者了解下属的性格、气质，也有利于对下属的培养、激励和调度。

　　6. 情绪。所谓情绪，是指个体受到某种刺激所产生的一种身心激动状态。情绪产生的刺激源可以来自外界，也可以来自自身内部（可以是生理性或心理性的），而且同样的刺激，不同的人所引发的情绪状态可能会有很大的不同。虽然个体能够体验情绪状态的出现，但是情绪状态所引起的生理变化与行为反应却不易为个体本身所控制，[2]故情绪对个体之行为极具影响力。情绪有时伴随动机性行为产生，有时本身就可被视为动机，直接促动个体的行为活动即所谓的情绪性行为。[3]积极的情绪是事业的催化剂，可以使人蓬勃向上，

---

① 诚然，这只是就一般情况而言的。在实践中，由于有侦查组织的强力约束，性格冲突者的冲突会隐藏起来，并不一定会表现为显性的摩擦。纯粹从侦查行为的意义来说，把性格相冲撞者组合在一起可能会激发他们之间的竞争，如果控制得当，良性的竞争将有助于开拓侦查思路，有利于侦查行为的实施。

② 参见张春兴. 现代心理学. 上海人民出版社，1994：533.

③ 参见张春兴. 现代心理学. 上海人民出版社，1994：537.

精神振奋，有助于提高工作效率；而消极的情绪则使人颓废、失望、烦躁，阻碍工作的开展。

在侦查过程中，很多侦查人员都掌握着利用侦查对象的情绪来实现自己的侦查目的的技巧，例如在讯问中激怒被讯问人、分化同案犯以获取有价值的口供，在询问时调动被询问人对被害人的同情或对作案人的愤怒以促使提供真实案件信息。又如，测谎仪应用的一大理论基础就是，情绪状态下个人不能控制其身心变化。不过，尽管近些年公安机关已经高度关注警察的心理健康问题，公安部先后下发《公安民警心理健康服务中心建设指导意见》和《公安民警心理危机干预指导意见》等文件，各地纷纷成立相应心理健康服务机构，在重大灾害后及时派出心理学专家为灾区警察提供心理辅导，但侦查人员在侦查行为过程中的情绪反应则相对较少受到研究者的关注。有学者已经指出，当前警察队伍中反映出来的少数警察违法犯罪和非理智行为，如刑讯逼供、酗酒滋事，或因精神崩溃导致自杀或自伤，在处置突发事件中应变能力较差而付出生命代价等问题，都与消极的情绪有着密切的关系：不良的心境是严重影响警察的工作效率和身心健康的重要心理因素；消极的激情是少数警察自控能力减弱，乃至陷入犯罪泥潭的"罪魁祸首"；消极的应激情绪是警察丧失应变能力，甚至造成人身伤亡的重要原因。[1]产生消极情绪的原因各种各样，不切实际的需要、管理者的不良情绪、不良的工作环境都可能成为消极情绪的来源。[2]就最后一种因素而言，对侦查人员来说，侦查对象的态度或情绪也是一个激发自身情绪的重要诱因。

基于情绪对于侦查之作用，在侦查管理和侦查行为决策时必须正视情绪的影响，在评价侦查人员行为时，也不能假定它是完全理性或应当是完全理性的行为。正确理解情绪的作用，将有助于提高对侦查人员行为的解释和预测能力。也正因为情绪的影响力，因此侦查组织应当设法将个体的情绪从工作场所中剔除出去，或者着力于情绪的引导和约束，提供不良情绪宣泄的正

---

① 郝唯茂．论警察消极情绪的影响及调节．公安教育，2003（8）．

② 参见涂晓春．情绪管理——人力资源管理的新内容．理论月刊，2004（11）．

当途径。而对于侦查人员个体而言，自我调节情绪，也是一项必备的技能。①

以上只是对侦查人员个体心理因素中的若干因素做了简单探讨。实际上，影响侦查行为的心理因素还很多。由个体心理因素对侦查行为的影响，亦可得出如下结论：

第一，在侦查系统推行心理评估机制，在侦查人员的准入制度中增加心理测评合格的条件，并对侦查过程中遭遇心理问题的侦查人员提供心理咨询、治疗服务，以此间接提高侦查行为之效率。目前，在公安机关警察招录环节已经增加心理测试环节，但对侦查人员招录不具针对性。②

第二，在侦查行为具体工作的分配上，应有意识地考虑实际承担行为的侦查人员的心理状态与该工作性质所要求之心理素质的符合性。③在必要时，应确立心理状态异常者对某特定侦查工作的回避制。

第三，侦查人员自身亦应有意识地加强心理素质培养和心理健康维护，保持健全心理品质。

二、职业素养——核心能力、胜任力、学习能力及其意义

一般心理因素并未完全体现出侦查行为的特殊性，因为任何个体实施任何行为都要受到这些因素的影响，并不因为他的身份、职业等不同而能避免，或者说，正是因为他是人，有心理，所以就要受到心理因素的制约。不仅如

---

① 情绪的调节方法很多，例如转换认识角度、自我暗示、合理宣泄、转移注意力、降低期望值、升华（即将情绪激起的能量转移到对人、对己、对社会有利的方面）。
② 侦查人员的招募或者侦查人员的选拔程序是一个非常值得关注的问题，美国全国司法研究所（the National Institute of Justice）曾发不过研究侦查人员遴选过程的研究成果。参见 Bernard Cohen and Jan Chaiken, Investigators Who Perform Well, Washington, DC: U.S. Department of Justice, September 1987.
③ 这种思路与行为科学上的权变理论是相吻合的，这种理论基于"复杂人"假设，主张所要完成的工作的性质和做此种工作的人的需要之间要相适应。所谓权变，就是根据具体的人的不同情况，灵活采取不同的措施。
参见边一民. 组织行为学. 浙江大学出版社，1998：23.

此，个体因素因人而异，难以对他们进行整齐划一的约束。对侦查组织来说，上述心理因素大多只能以各种方式进行引导，而难以直接强求。但是，有一类个体因素，侦查组织却有可能为之设定最低标准，并进行量化考核，这就是侦查人员的职业素养（通常也称为业务素质）。一般认为，素养是在先天遗传的基础上，受后天教育的影响，通过个体自身的认识和实践，逐步形成的相对稳定的身心发展的基本品质或者潜能。它既有天赋条件，更有教育的、社会的、文化的和实践的等后天的影响，因而是先天固有品质与后天文化养成融合的结果。[①] 侦查人员的职业素养则是侦查人员从事侦查工作所应具有的知识技能等特质。一般而言，适格的心理因素亦应视为是职业素养不可或缺的组成部分。

前已列举，侦查理论上对侦查人员的职业素养通常以侦查人员应然的政治、思想、业务、身体等方面的素质作为要求。此种概括无疑是正确且非常有必要的。但是，在侦查分工越来越明确的今天，对侦查人员素质之要求也应根据不同侦查岗位、不同侦查工作等有所变通并得以量化。为此，两项新的相互关联的指标即核心能力与胜任力必然要浮上水面。与此同时，因应侦查行为科学化之需要，侦查人员职业素养务必与时俱进，学习能力亦应得到强调。

（一）核心能力[②]

社会分工日渐细化，以及侦查工作所涉及的知识在纵向和横向两个角度都呈现激增之势，所以我们并不能强求所有侦查人员都必须是专家型或通才型的人才。以专业素质为例，并不是说每一个侦查人员都一定要成为有关专业的学者、专家。在实际工作中，侦查人员之间存在分工，分工在很大程度上实现了个体间的能力互补。例如，就决策者和领导者来说，并非要求他们

---

① 参见薛禄辰，王军.知识、能力、素质——论公安人才的培养目标.云南公安高等专科学校学报，2000（1）.

② 能力原本应属于个性之一部分，是观察能力、思维能力、记忆能力、应变能力、操作能力、识别能力、控制能力、判断能力、创造能力等所构成的能力结构。

事必躬亲，而只要求他们做到能够明确各项侦查决策的内容，能够识别其他专业人才的优势和不足，善于使用各种专家的力量，并且在进行综合研究时能够听懂各种专家的语言，能够协调各方面的矛盾并作出决策等。

我们认为，应当根据侦查人员在侦查机构和具体案件侦查中所处的岗位，确立不同侦查人员必须具备的核心能力，并以是否具备核心能力作为考核侦查人员的重要指标。所谓核心能力，就是指"一组可以影响主要工作（角色及责任）表现并能通过众所接受的标准去评断的知识、技能及态度的总和"，[①] 它是一种后天组织学习而来，并通过继续学习而与时俱进的能力组合。

目前，由于缺乏各种资料统计和分析，尤其是缺乏对来自实战部门的侦查人员的大量第一手访谈资料，我们很难精确描述在现阶段不同职位的侦查人员应具备的核心能力，而只能从理论上进行大致的说明：

对于侦查组织的领导人员而言，其主要职责是领导管理、工作管制、专案勤务、人际沟通和督导考核等，对其核心能力要求主要在于法学素养、危机应变能力和领导统御能力；对于侦查小组的负责人而言，其主要职责是领导管理、侦办刑事案件、内部工作管制和对外沟通等，对其核心能力要求主要在于法学素养、领导统御、危机处理能力、刑事案件侦办技巧等；对于普通侦查人员[②] 而言，其主要职责是具体侦办刑事案件，是刑事外勤一线工作的实际实施者，因此对其核心能力要求主要在于法学素养、刑事案件现场处理、侦讯技巧、基本的刑事技术知识等；对于刑事技术人员 而言，其主要职责是从事侦查所需的各种技术鉴定工作，因此，其核心能力主要在于专业技术能力、现场勘查能力、法学素养、危机处理能力等。除此之外，根据对

---

① See Anntoinette D Lucia and Richard Lepsinger, the Art and Science of Competency Models, San Francisco, Jossey-Bass Pfeiffer（1999），p. 1.

② 侦查技术人员包括两种，一种是刑事科研人员，从事刑事科学技术研究工作，他们通过科学技术的开发、引进和推广以及新的科学技术理论、方法的创造，为侦查实践提供新的资源；另一种是刑事技术人员，他们运用刑事科学技术方法，发现、提取、鉴定案件侦查中涉及的书证、物证和其他需要依托刑事技术的证据。这里所指的主要是后一种技术人员。

侦查人员的进一步细分，在侦查的领导岗位、侦查技术人员和普通侦查人员之外，还可划分出侦查情报人员（专门从事刑事情报的收集、储存、分析、检索，通常包括案件资料统计人员、情报系统管理人员、阵地控制人员和特情管理人员等）和侦查调研人员（专门从事侦查工作各方面情况的调查、分析和研究，总结侦查工作的经验教训和犯罪情势的新发展，为侦查决策提供依据）。对于这两种侦查人员，情报和资料的统筹能力是其核心能力的最为重要的组成部分。

（二）胜任力

与核心能力不同，胜任力的考察往往以同行中的优秀者为维度。[①] 胜任力（competence）概念在学术与管理领域引起人们的广泛关注，源于美国学者戴维德·C. 麦克兰德（David C. McClellend）1973年发表的论文《测量胜任力而非智力》。该文从挑战传统的智力概念和人们对其信念出发提出了胜任力概念，试图据此找出导致那些绩效优异者和绩效平平者之间差异的最显著特征。[②] 该文发表之后，胜任力问题引起了人力资源和组织行为学领域许多学者的研究兴趣。通常人们所接受的胜任力定义是指绩优者所具备的知识、技能、能力和特质。[③] 但也有研究者认为胜任力是指工作情境中员工的价值观、动机、个性或态度、技能、能力和知识等关键特征，并非任何知识、技能、能力、价值观等都形成胜任力，构成胜任力必须满足三个重要特性：（1）与工作绩效有密切的关系，甚至可以预测员工的未来工作绩效；（2）与任

[①] 有的论著将胜任力可以划分为基本能力和区别能力两种，前者是指某项工作所需的最基本的知识技能等，后者指绩优者区别于绩劣者的那些因素。就此界定来看，核心能力已被包含在胜任力之中。

参见解冻等. 试论基于个体胜任力的组织胜任力. 科学经济社会，2003（2）.

[②] 章凯、肖莹. 胜任特征分析与人力资源管理. 江淮论坛，2004（2）.

[③] P. R. Sparrow, Orgdnizational competences: Creating a strategic behavioral frame work for selection and assessment, In N. Anderson and P. Herriot（eds.）, International Handbook of Selection and Assessment, New York: John Wiley & SonsLtd. 1997.

务情景相联系，具有动态性；（3）能够区分业绩优秀者和业绩一般者。[①]

由上可见，胜任力乃是针对特定职业人士而建立的绩优者评价标准。研究胜任力之意义在于通过胜任特征分析，建立胜任力模型，以此作为评价职员与组织、工作之匹配程度，并以此为基础通过激励、培训等手段有效开发和利用胜任力资源。在我们看来，侦查人员的胜任力就是特定的侦查组织环境、文化氛围和工作活动中，绩优者所具备的有利于有效工作的个体特征和可预测的、指向工作绩效的行为特征。从外延看，胜任力包含了侦查人员素质的几乎全部要素。如果说核心能力只是界定了不同类型侦查人员的基本要求的话，那么，构建适当的胜任力指标或特征，也就是构建了优秀侦查人员的评价标准。但是，需要注意的是，胜任力关注的不是侦查人员具有的知识体系或其他素质，而是侦查人员取得工作绩效实际需要的素质。

胜任力可以使用胜任特征来描述并建立模型，例如我国有学者通过研究，对通信业管理干部建立了包含十项胜任特征在内的胜任力模型：影响力、组织承诺、信息寻求、成就欲、团队领导、人际洞察能力、主动性、客户服务意识、自信和发展他人。[②]侦查人员胜任力模型的建立依赖于对其胜任特征的系统分析。不过，一般来说，影响侦查人员胜任力的主要有侦查人员的个体特征、行为特征和工作情境。其中，个体特征主要包括知识、技能、社会角色、自我概念、人格特质和动机等六个层次。[③]行为特征则是指在相似情境下能实现绩优效果的关键行为。行为特征可以看作是一组个体特征在特定情境下的组合与运用，在相似的情境下这种行为特征可能反复出现。同时，胜任力是在一定的工作情境中表现出来的。现有的研究已经发现，不同职位、

[①] 参见陈民科.基于胜任力的职位分析及其应用.人类工效学，2002（8）.

胜任力也是有类型划分的，即优越表现和有效表现两种：前者是高于平均水平的统计学结果。"在一般的动作情境中，约有1/10的员工可以达到这种水平"；后者则是指最小可接受的工作表现，低于该水平则被认为不能胜任该工作。

参见解冻等.试论基于个体胜任力的组织胜任力.科学经济社会，2003（2）.

[②] 时勘，李超平.企业高层管理者胜任特征模型的评价.全国工业心理学与认知工效学会议论文集，2000：13.

[③] 杨东涛，朱武生.基于胜任力的人力资源管理研究.中国人力资源开发，2003（3）.

不同行业、不同文化环境中的胜任力模型是不同的，这就要求我们应该向对待核心能力一样，将胜任力概念置于人—职位—组织匹配的框架中。这可以从两方面来理解：一方面，侦查人员所拥有的素质及其组合结构直接指向任务目标，在诸如价值观、动机、态度、文化等个体因素方面能够满足特定工作和岗位的要求；另一方面，个体的内在特质与侦查组织的基本特征和要求之间有一致性，符合所属组织的发展需求。

侦查人员胜任力指标关系到侦查绩效管理、侦查人员准入、晋升和培训等诸多侦查管理领域因素，对侦查行为的间接影响不容忽视。唯其具体内容并非纸上谈兵所能获得，仍有赖于大量的数据分析，不是本书所能完成的。[①]不过，目前关于警察胜任力的研究，可以为今后的侦查人员胜任力研究提供有益参考。[②]

（三）学习和学习能力

随着社会形势的发展，犯罪情势的变化对侦查水平将提出更高的要求，而侦查人员知识结构和侦查技能的更新依赖于不断的学习。所谓学习，是指个体在特定情境下经练习或反复经验而产生的行为或行为潜能的比较持久的变化。[③]学习对于侦查人员和侦查组织的意义是显而易见的：对个体而言，学习帮助他适应并控制工作环境；对组织而言，通过对组织成员系统地学习强化及提供回报，可以塑造成员行为使之逐步接近组织所期望的标准。

基于学习本身的重要性，作为侦查人员的职业素质要求，学习能力将发挥决定性作用。学习能力即对学习技术的掌握能力和学习方法的运用能力，包括了更新既有专业知识的能力、学习新知识的能力和综合各门学科知识的

[①] 尽管本书无法完成侦查人员胜任力的建模，但其建模与人力资源管理领域中的胜任力分析在原理和方法上是一致的。

参见项成芳.胜任力的理论与实证分析.南京师范大学，2003届硕士毕业论文.

[②] 参见张瑛.警察胜任力模型建构与培养策略研究.湖南师范大学2015届博士毕业论文.

[③] 陈琦，刘儒德.当代教育心理学.北京师范大学出版社，1997：80.

能力。[①]学习能力的高低往往只能依靠学习结果的评估来判断。为此，侦查组织通常根据自己的判断对侦查人员进行新知识的培训和考核。当然，在职培训和学校教育并非获得知识并展现学习能力的唯一途径，在实践中，上级指导、同事传授、自我摸索等都是非常重要的学习方式。对于侦查组织而言，问题不在于侦查人员是否不断的学习，而在于对侦查人员的学习放任自流还是（通过给予奖励和设立榜样等）有意识地进行引导。

第三节

刑事证据调查行为的组织基础

侦查组织是侦查行为主体的基本表现形式。建立组织的目的可以简单表述为办事——办成个人无法办到的事情。与其他社会结构相比，组织的优势在于：更具持续性，能够在一段时间内一贯并连续地支持一系列具体行为的实施，能够在参与者不停变动的情况下，保持体系的稳定性；更具可靠性，善于一次又一次地用类似的方法完成类似的事；更具可控性，组织内的规范和规则为行为提供了指导和合法性，并为参与者对其过往行为的评价提供了

---

① 程婧.学习能力是知识时代成功的保证.广西民族学院学报（哲学社会科学版），2002（3）.

当然，理论上对学习能力的概念存在争议。

参见张仲明，李红.学习能力理论研究述评.西华师范大学学报（哲学社会科学版），2004（4）.

理性基础。^①一旦建立组织，个人就将置于组织之下，侦查人员就成了侦查组织的成员，要受到组织制度和其他成员等各方面的约束，同时也享受到组织所带来的各种便利。侦查组织作为侦查行为的主体，其内部权力配置、结构设置等都将影响组织行为的方式和效率。组织建设的好坏，将对其组织成员产生深远的影响，并将最终影响个案侦查行为。我们探讨侦查行为的组织因素，就是要把侦查组织纳入到侦查行为研究范畴，明确侦查组织要素对侦查行为的意义，从而通过推动组织的变革来实现组织行为的最终改进。

一、组织

组织是一个较为复杂的概念，可以从不同角度去解释和理解。从静态上看，组织是一个实体，是为了某个目标按照某种规则组成的；从动态上看，组织是指该实体的活动过程，即为了实现组织目标，合理确定组织成员、任务及各项活动之间的关系，对资源进行合理配置的过程。动态的组织又称为组织过程。本书所采用静态的组织概念，是"有相对明确的边界、规范的秩序（规则）、权威级层（等级）、沟通系统及成员协调系统（程序）的集合体；这一集合体具有一定的连续性，它存在于环境之中，从事的活动往往与多个目标相关；活动对组织成员、组织本身及社会产生结果"。^②组织可以根据不同标准进行分类，例如按照组织的性质可以分为正式组织和非正式组织；按照组织运用权力和权威的程度可以分为功利性组织、规范性组织和强制性组织。

侦查组织是为实现侦查目标而由一定侦查资源按照特定组织规则建立的集合体。构成侦查组织的侦查资源包括：

1. 实物要素，即用于侦查工作的可感知的物质形态，主要由侦查工作场

---

① 参见 [美]W. 理查德·斯格特. 组织理论（第 4 版）. 黄洋等译. 华夏出版社，2002：21-22.

② [美] 理查德·H·霍尔. 组织：结构、过程及结果. 张友星等译. 上海财经大学出版社，2003：35.

所、设备、警械、监禁场所及其设施、专业技术设施、制式服装、教育训练场所及设施、侦查人员的给养及福利设施等组成。

2.意识要素，即作为一个整体的侦查组织的精神形态，表现为与侦查有关的社会意识，内容主要是有关侦查工作的理论、政策、法律、制度、纪律、道德、业务知识与技术、工作计划与方案等。

3.信息要素，即侦查组织内部蕴涵的信息内容，主要包括敌情、社情、治安状况、犯罪档案资料、侦查科技情报、侦查组织内外交流的信息、保卫对象的情况，等等。随着信息化的发展，信息的获取、存储、传输、分析研判和应用的形式都在发生巨变。

4.侦查人员。四种资源当中，最为重要和最具活力的因素当然是侦查人员，故侦查组织在很大程度上也可以定义为侦查人员的集合体。

从现状看，我国现有的侦查组织可以大致划分为两大类别：固定组织和临时组织。固定组织是依照法律法规明文规定而常设的侦查机关或机构，它又分为若干层次：居于第一层次的是整体侦查组织，是由全国的侦查资源根据垂直领导体系而整合为一体的庞大的侦查系统，如公安部统辖的侦查系统、最高人民检察院统辖的侦查系统①、安全部统辖的侦查系统；居于第二层次的是依照级别划分的侦查机关，如公安部、厅（局）、局、分局等；居于第三层次的是附设于侦查机关之下的常设性侦查机构，例如刑侦局、刑侦总队、支队、大队、中队以及这些侦查机构下设的专业侦查队伍或常设性办案小组。临时组织是为特定侦查任务而临时组成的组织，如专案组或跨区域的联合侦

---

① 随着我国各级监察委员会的成立，检察院的侦查权和侦查系统集体转录监察委员会，监察委员会成为新的调查机关，相应地，检察院是否继续承担侦查权，以及承担何种侦查权，有待《刑事诉讼法》修订时作出安排。监察委员会的调查权与原检察院的侦查权略有不同，本文不讨论监察委员会的调查权问题。

查小组。[①] 为了与习惯用法吻合，并为了使侦查组织的层级性得以突出，后文中并不强行将侦查机构、侦查机关等名称统一为侦查组织的表述。

固定的侦查组织亦是经专业化而形成的组织。根据 G. 苯韦李斯特（G. Benveniste）的界定，专业化应包含六大要素：（1）使用的技巧是基于特殊的科技知识；（2）必须具有高等教育程度或训练资格；（3）专业能力必须经过测试，设定了专业人员的资格；（4）有专业团体的存在；（5）有专业伦理与行为规范；（6）心存服务大众的责任感与承诺感。[②] 侦查组织的专业化特性，业已符合这六大要素，在内部分工上，乃基于理性和效率的原则出发，通过法律规范使组织成员与侦查工作之间环环相扣，以期达到专业分工、层级节制、职责分明和依法办事等理想化境界；而在获取外部资源方面，乃基于侦查组织对于社会而言，具有存在之正当性。

二、组织结构及结构设计

组织结构是各种组织理论关注的核心问题之一。所谓组织结构，就是组织内部各有机组成要素或各部分之间所确立的关系形式，是各种组织管理形式的统称。

根据弗莱蒙特·E.卡斯特等学者的界定，组织结构通常包含下列具体内容：第一，正式关系与职责的形式——组织图加职位说明或职位指南；第二，向组织各个部门或个人分派任务和各种活动的方式（差异化）；第三，

① 值得注意的是，在组织内部存在并发展着一类非正式工作群体（小组），成员们非正式地聚集在一起，建立并发扬一套准则和观念，成为大的组织文化中的子文化。这些非正式的小组在组织结构图中根本就不存在，而且不受管理层的控制，但在鼓励成员配合组织政策和程序来促进组织绩效抑或通过妨碍预定组织目标而不利于组织进程方面发挥着重要作用。

参见 [美]Duane P. Schultz 和 Sydney Ellen Schultz. 工业与组织心理学——心理学与现代社会的工作 . 时勘等译 . 中国轻工业出版社，2004：204.

② G. Benveniste, Professionalizing the Organization, San Francisco, CA: Jossey-Bass, Inc, 1987, P. 32-44.

协调各个分离的活动与任务的方式（一体化）；第四，组织中的权力、地位和等级关系（职权系统）；第五，指导组织中人们的活动和关系的经过计划的正式的政策、程序和控制方法。[①] 有学者则将组织结构简洁地定义为"根据不同的标准将人们分配到影响不同社会角色之间关系的社会岗位上"。它的第一层含义是专业分工，即人们在组织中被分配不同的任务和工作；另一层含义是组织分等级，对于每一个人就任的职位，均有规章在不同程度上对就职者的行为方式作出规定。[②]

L. 波尔曼（L. Bolman）和 T. 蒂尔（T. Deal）等认为，组织结构的基本假设有六项：组织存在是为了完成既定目标；存在最适合环境的组织结构；唯有结构与环境契合，组织才能发挥最大效能；专业化可以提高工作表现；协调与控制是组织效能不可或缺的要素；组织发生问题主要是结构设计不当所致。[③] 由此可见，组织结构的设计是组织效能的瓶颈，也是组织行为整体效应的决定性因素。

侦查组织结构是侦查组织要素之间以及要素系统内部的相互联结和组合方式，或者说是以侦查目的为导引的侦查资源管理配置模式。侦查组织结构本身并不直接决定个案的具体侦查人员，也不直接决定具体的侦查行为方式，但是它决定了物质资源的调配和侦查人员的配置，[④] 决定了在一个案件发生之后，由哪个机关的哪个部门管辖，出动哪个警种和多少警力，这个部门的反应能力如何，所派警员是否能够达成目标等问题。

---

① [美]弗莱蒙特·E.卡斯特、詹姆斯·E.罗森茨威克.组织与管理——系统方法与权变方法.李注流等译.中国社会科学出版社，1985：232-267.

② Peter M. Blau 语，转引自 [美]理查德·H.霍尔.组织：结构、过程及结果.张友星等译.上海财经大学出版社，2003：56.

③ L. Bolman and T. Deal, Reframing Organization: Artistry, Choice and Leadership, San Francisco, CA: Jossey-Bass, Inc, 1991, P. 48.

④ 侦查人员依据其职类、年龄、级别、专业水平、所属部门等，可以划分为职类结构、专业结构、层级结构、年龄结构、部门结构等内部结构。以上几类侦查人员应当建立一个科学而合适的比例关系。

参见任惠华.侦查学原理.法律出版社，2002：152.

在组织结构领域存在众多的学说和理论。传统组织结构理论中关注的重点是组织内部的分工、专业化、部门化等，而现代组织结构理论更重视组织成员的心理发展和激励，把组织结构的设计看成是改善员工心理状态、提高激励作用的重要途径。[①] 不过，组织理论上的发展趋势并不表明传统组织结构领域的问题已经受到冷落。事实上，具体到组织结构设计时，考虑的关键因素还是传统领域的那些核心问题。例如，有学者指出，组织结构的设计应当考虑工作专门化、部门化、指挥链、控制幅度、中央集权化和地方分权、以及正规化。[②] 诚然，这些问题的具体解决方案已经在传统理论基础上取得了重大的进展，实际上隐藏在这些名词背后的更多的仍然是人的因素。基于上述考虑，尽管其他资源的组合方式也非常重要，但是侦查组织结构中侦查人员系统的人事安排与配合以及各侦查组织之间的协调与沟通机制仍是最为关键的。实际上，也唯有考虑到这些问题，才能正确阐明侦查组织中的权威、责任、分工、专业化及各侦查组织之间相互依赖的关系。为此，以下拟就侦查组织结构设计中的分工整合、正规化和权力配置机理进行阐述。对于正在摸索和推进中的侦查体制改革而言，继续深化这方面研究的意义是不言而喻的。

（一）分工与整合

分工的目的在于提高效率，具体做法就是把整体工作目标划分成几个部分，透过专门化的方式，让每个部门（或个人）各司其职，针对工作范围做最大的发挥。侦查专业分工与工作专门化有所不同，后者的实质是将工作分成若干步骤，每名独立的员工执行其中的某一步，而不是一个人完成整个工作。

[①] 关于传统组织结构理论（科学管理的组织结构理论、古典组织结构理论和新古典组织结构理论）和现代组织结构理论（行为学派的组织结构理论和系统权变的组织结构理论）的主要观点和分歧，参见边一民等编著的《组织行为学》。

[②] See R. L. Daft, Organization Theory and Design, 7th ed., Cincinnati: Southwestern, 2001.

从侦查组织的实际来看，分工具体表现为水平分化和垂直分化两种。系统权变的组织结构理论指出，外部环境对组织内部结构和管理起着决定性作用。[①] 水平分化所考虑的常常是环境因素，组织面对的环境越稳定，需要分化的程度就越低。反之，则水平分化的程度可能越高，以应付环境的变化与需求。我们认为，侦查组织之所以要实行水平分化的主要原因在于：（1）随着组织日益庞大和组织任务日渐复杂之需要，必须分设部门，将繁杂的工作分门别类交付不同部门，以适应现实需要。这种做法亦能将工作性质相同的行为加以归类，交给适合的专门人才，实现侦查人员的专业化。（2）有助于确立合适的管理幅度，便于管理，使组织内各部门及其主管人员能够妥善运用管理技能并有效指挥其下属。（3）可以明确必须让各部门的职权和责任关系，提高组织效率。（4）水平分化同时是组织水平扩张的必要过程。

组织结构的专业分工将导致组织内部门数量不断增加，从而使控制幅度扩大，而控制幅度扩大的结果，常造成监督困难、各部门自行其是且难以沟通协调。垂直分化则有利于解决这类问题。组织结构的垂直分化在正式侦查组织内建立了一个层级节制体系中，所划分的每一层级在权力、影响力、威望、地位和待遇等诸方面均有不同，造就了一套金字塔形状的指挥命令系统。显然，垂直分化在缩小控制幅度的同时，将增加对组织成员的控制，较易保证政令上通下达，但是成员的自主性和自由度也将相对减少。而且层级过多，还可能出现组织（特别是较高层级与较低层级之间的）沟通问题。并且，因为对侦查人员控制程度提高，将导致他们对外界的敏感度降低，易形成官僚与僵化的组织文化。

分工的目的在于提高工作效率，但因为整体目标的分割以及不同部门之间各司其职，因而水平及垂直部门之间能否有效沟通就成为问题所在，由是各部门将有整合之必要，以此保证侦查组织的完整性，并以整体性模式完成组织目标。从实践来看，侦查组织结构整合的主要途径与一般行政组织相似，

---

① 参见边一民等. 组织行为学. 浙江大学出版社，1998：365.

主要有以下几种：（1）领导；（2）协调；（3）沟通；（4）监督。①

（二）正规化（formalization，也有学者译为"正式化"）

正规化，是指侦查组织成员持有的书面或法定的工作规范与作业流程。正规化在组织中居于核心位置。规章、程序、惩罚办法等的确定，使组织内部的许多行为被预先决定。侦查组织的行为不是随机的和任意的，而是在一定程度的正规化的指导之下为实现侦查目标而进行的，因而正规化也是侦查组织的一个重要特征。

正规化不仅是一个抽象的概念，还显示了决策层对组织成员或下属部门的态度。如果决策层认为后者有能力作判断、有能力自我控制，那么正规化程度就会较低，反之则会认为需要大量规则来指导后者的行为。也就是说，正规化涉及组织对成员的个人控制，它"还具有伦理和政治意义"②。

我们认为，正规化的实质是组织对个体进行控制的机制。正规化所订立的规章与程序可在高度严格到极端松懈之间变化，这些变化存在于组织规定覆盖的整个行为范围内。对侦查人员而言，正规化具有双重效应：一方面，它能够激发个体的能力，因为正规化的程序或规则对人们完成工作可以起到协助作用，例如，通过制定现场勘查细则，可以使侦查人员的勘查行为标准化，最大限度地避免因个体差异而对现场造成不应有的破坏或漏掉重要的痕迹、物证；另一方面，它也具有压制性，因为人们将被迫遵守组织制定的强制性规定。我们通常会注意到前一作用而忽略后一作用，因为，在实践中，更大的呼声是为侦查行为制定更详细的细则，而不是主张规则的概括化或抽象化。

如果组织正规化程度极低，给予成员太多的行动自由，则成员的行为可能会变得反复无常且与组织无关,他们将会把自己的工作标准带入组织当中。但是，正规化程度过高也并非幸事。米歇尔·克罗泽（Michael Crozier）曾指出，

---

① 参见张润书.行政学.台湾地区三民书局，2000：153-155.

② [美]理查德·H.霍尔.组织：结构、过程及结果.张友星等译.上海财经大学出版社，2003：72.

"非人性化的规章对组织中的每个成员的所有职能进行极其细致的界定。它们规定了在所有可能事件中需遵循的行为规范。同样非人性化的规章决定着每个职位的人选以及应当遵循的职业模式"。① 如果在侦查组织实行这种正规化，则达到了追求侦查规则细化的"理想境界"。但是，这种达到极端的正规化会创造出一个"恶性循环"：规章变得比组织目标还重要，人们为了遵守规章而遵守规章。由于规章规定了决策类型，决策者在遇到前所未有的情况时往往制定更多的规章，为将来应付同样的事项做准备。规章也变成了下属的安全保障，他们不再有动力追求更大的自主权，变得越来越不能发挥主观能动性。事实上，他们寻求减少自由度。②

侦查组织亦是如此。由于侦查组织与环境的长期互动，导致产生越来越多的正式规范，甚至导致每发生一类问题就多一项组织规定，规范越聚越多，最终将造成组织反应的僵化。有学者曾就严密完整的法规对执法人员的负面功能作出过较为完整的阐述：人员养成被动和依赖的工作态度；目标移置，遵从法令本来视为方法，却转化成本身的目的；工作行为僵化，呈现高度服从、拘泥于法规条文；固守官样文章、形成机械主义现象和官僚化的老古板；平行单位相互牵制，受限于法规过于复杂，养成组织内"会稿"之风，造成意见分歧与矛盾；为协调各单位会签之意见，诉诸会议途径，造成会议泛滥；增加时间、费用成本；由于专业人员训练与分工，促使人员改变环境时而导致行动无法适应，产生训练无能的现象；受限于层层法规的限制，不得不利用非法的手段，钻法规漏洞、贿赂关说，造成行政上的腐败；抹煞人员的潜能与智慧。③

可见，过高或过低的正规化程度都是不太合适的。在正规化的两个极端之间应取多大的程度值，这才是问题的核心。然而，组织对其成员的控制程

① 转引自 [美] 理查德·H.霍尔.组织：结构、过程及结果.张友星等译.上海财经大学出版社，2003：77.

② [美] 理查德·H.霍尔.组织：结构、过程及结果.张友星等译.上海财经大学出版社，2003：78.

③ 参见姜占魁.组织行为与行政原理.台湾地区三民书局，1993：252-255.

度究竟应多大,究竟应实现多大程度的正规化? 组织和个体会有各自的看法,而不同研究者的结论也可能不同。我们认为, 至少有以下两项可被认为是合理的: 一是依侦查行为性质而实行不同的正规化程度。有些侦查行为, 例如案件受理行为、侦查终结行为, 更多表现为手续性或程序性业务, 适合标准化操作, 正规化程度自然应高一些。有些业务需要侦查人员灵活应对, 正规化程度应低一些, 即便规范化, 也主要是一些原则性的规定, 例如讯问和询问的具体方式问题, 除了一些禁止性规定外, 不应有太过详备的实施细则。而有些行为, 只要不突破法律原则, 组织本身基本上不会另行规制, 正规化程度应更低, 例如在多个概率相近的侦查方向间的选择行为, 这类行为更多地应体现侦查人员自己的智慧, 有时还要用到直觉和灵感, 对其加以正规化并无多大意义。基于上述考虑, 以侦查行为性质对侦查组织内部进行分工后, 所设立的各部门之间的正规化程度应有所区别。二是不同的组织结构层级, 正规化程度应有差别。一般来说, 等级越高, 正规化程度越低。临时设立的侦查组织的正规化程度则应视设立时情形而定, 并且因其自身所处层级的不同而不同。

(三)权力配置

侦查权是侦查所表现出来的一种权能。从实际存在的侦查权现象出发, 完全可以在多种角度上对侦查权进行界定。[①] 但不管如何概括, 对侦查权的完整理解, 总是和侦查行为相联系, 且至少应当能够回答以下三个问题: 一是哪些主体可以实施侦查行为, 即侦查主体的外延; 二是侦查主体可以实施哪些侦查行为, 即侦查权的内容; 三是侦查主体可以在何种条件下实施限定的侦查行为, 即侦查权运行的条件。以上问题, 都关系着侦查权的配置, 并且包含着配置的两大最核心问题: 谁是最合适的侦查权主体以及应赋予侦查权主体的权力限度。[②]

权力配置有两层含义: 一是侦查组织应享有何种权力, 这种意义上的权

① 张步文. 刑事侦查权研究. 中国检察出版社, 2007: 27-35.
② 刘为军. 论侦查权的合理配置. 犯罪研究, 2010(6).

力配置的实质是侦查权在内容上的限制或扩张；[①] 二是存在于侦查组织内部部门之间、层级之间、个人之间，以及侦查组织之间的权力关系设置。本书所指的是第二种含义的权力配置。常识告诉我们，权力对于侦查组织（乃至任何组织）的运作是非常重要的，组织成员的行为也深受其相对权力位置的影响。权力是决定组织内资源配置的关键性因素，如果采用了不恰当的权力形式，组织的效率就会比不采用这种权力形式的效率要低。

组织的分工就已经蕴涵着权力配置，无论是水平分化还是垂直分化，要使每一部门或层级形成流畅的工作体制，就必须进行一定的权力配置。一般而言，侦查组织内部的权力配置分为分权（Decentralization）和授权（Delegation of authority）两种。分权是将权力依据组织上下体系进行某种分配，让每一层级都有其本身的职责，并形成严谨的监督、控制机制。授权则是组织领导人员为了简化工作流程，推动工作顺利开展之需要，而将自身享有的权力授予下属，由下属负起授权范围内的职责。至于如何有效分权和授权，则需根据众多的因素来确定。一般认为，这些因素应涵盖以下内容：管理者的理念、部属的理念、环境因素、组织规模、人际关系以及成本因素。[②]

由于侦查组织的权力重新配置也是组织变革的重要方式，我们将在"侦查组织变革"部分进一步阐述。

三、组织变革

现代组织理论认为，组织是一个开放的、复杂的权变系统，这种系统处在与外部环境、内部子系统的动态的互动中，组织必须不断进行变革，调整

---

① 诚然，侦查组织虽然是侦查权的独享主体，但是并不意味着侦查组织只享有侦查权，相反，要保证侦查权得以正常行使，侦查组织还必须享有一定的其他权力（如行政权，假使认为侦查权不是行政权的话）。

② 参见姜占魁.组织行为与行政原理.台湾地区三民书局，1993：214-217.

和完善自身结构和功能，提高灵活性和适应能力。[①] 侦查组织蕴含着许多权变因素，如环境、人员、组织目标等，任一因素发生重大变化都可能导致原有组织结构部分不合理，从而要求对相应的结构进行相应的变革。

（一）侦查组织变革的动因及程序

从理论上讲，当影响组织结构的因素发生变化时，组织就要进行相应的变革以适应这种变化。引起侦查组织变革的因素来自组织内外：

1. 内在动力。侦查组织变革的内在动力主要体现在：第一，侦查组织目标的选择和修正。对于固定组织特别是宏观意义上的侦查组织来说，目标的修正在于侦查法治化诉求以及犯罪情势发展所引发的对侦查科学化的要求，侦查组织必须通过获取更多的资源、调整内部结构等方式获得更大的侦查能量。对于临时侦查组织来说，组织结构更改（例如重新划分任务组）的原因在于原有目标已经实现，需要寻求新的目标，或者在实施原定目标的过程中发现目标有错而需要修正，或者原定目标无法实现而需及时转向新的方向和目标。第二，组织中权责体系、部门体系等进行的调整，例如部门重新进行划分或合并。从目前的趋势来看，基于侦查进一步专业化的需要，侦查专业部门还可能在现有的基础上继续增多。第三，新的技术方法或管理方法的应用，将改变侦查组织的部分行为模式，提高效率，从而需要对所涉及的侦查人员重新定位和调整。第四，组织内部主流观念的变革。

2. 外在动力。主要是环境因素，特别是法律、政策、文化和犯罪情势、民众诉求等。它们主要通过让侦查组织修正目标的形式发挥作用。

以上并不足以概括侦查组织变革的全部动力。例如，马奇和奥尔森就曾指出，"组织变革的主要动力是组织外部环境的变革标准或价值观，也常受花言巧语和政府的有效性和效率增加的需求的驱使"。[②] 或许可以认为，侦

---

① 参见 [美]W.理查德·斯格特.组织理论.黄洋等译.华夏出版社，2002：52-55.

② 转引自 [美]迈克尔·L.瓦休等.组织行为与公共管理（原书第3版）.刘铮，张斌涛译.经济科学出版社，2004：255.

查组织的变革有时也依赖于一些偶然性要素的推动。

根据组织行为原理，组织的变革将经历四个环节：动因、动机、选择和目标。上述动因将激发变革的动机，再经由目标选择、途径选择、方式选择和时机选择，实行变革，实现组织的协调发展，确保组织对环境的适应能力。[①]侦查组织的变革可套用此程序。

（二）全国性侦查组织改革

我国侦查组织一直在进行改革，尤其是公安机关的改革动作最大、最引人注目。由于公安机关承担了绝大多数案件的侦查管辖权，因此其改革的成效关系整体侦查目标的实现。

公安机关现行侦查组织的总体规格设置是 1997 年 6 月公安部召开 "石家庄会议"之后的成果。此后，公安部相继在青岛、洛阳、厦门、天津等地召开有关侦查改革的会议，大致完成了全国的侦查改革部署。公安部提出的侦查改革，其内容涉及甚广，基本精神主要有下列方面：在体制改革方面，要建立覆盖社会面的责任区刑警队，改革侦查、预审分设的工作体制，实行侦审一体化；在侦查队伍建设方面，要通过破案责任制、聘任制、竞争上岗制和工作激励机制，提高刑警战斗力；在快速反应机制方面，要使指挥调度工作科学化、程序化、着重完善以 "110" 为龙头的诸警种联合作战的快速反应机制，强化硬件建设和巡逻堵卡手段，提高应对突发事件的反应速度和控制能力；强化三大专门手段即侦查技术、刑事秘密力量和技侦手段的建设；强化三大基础工作即情报工作、阵地控制和刑嫌调查工作。[②]

自提出全国性的刑侦改革之后，我国公安机关侦查组织形成的总体格局

---

① 参见边一民等．组织行为学．浙江大学出版社，1998：413.

② 参见程琳，赵永琛．刑侦改革研究报告．中国人民公安大学出版社，2002：12-17.

是: 公安部设有刑事侦查局①、经济犯罪侦查局、治安局、禁毒局等侦查机构。各省侦查机构统一实行队建制, 省级设刑警总队（有的设刑事侦查局）和相应的经侦、禁毒等机构。在各地（市）级, 则设相应的警察支队。各县（市）级的侦查机构按照刑警大队、责任区刑警队和探组三级设置。有的大队下设区中队和直属中队。各侦查机构既服从所属公安机关的领导, 也接受上级公安机关对应机构的领导。公安机关内部的刑侦、经侦、禁毒、治安等部门的侦查管辖权依据案件种类进行划分。② 除了上述上下对应的侦查机构外, 在"大刑侦"格局下, 整个公安系统的其他机构事实上都可以成为侦查机构的支持部门。诚然, 以上只是总体的格局, 各地改革进度和认识不一, 因此彼此之间会有差别。不过, 许多省市公安机关纷纷利用刑侦改革之机, 将侦查机构升格, 配备相应的行政管理干部。

刑侦改革取得了重大成就, 但是它仍有一系列问题尚未解决, 更加优化的组织结构模式仍然还处于探索阶段。对公安机关刑侦体制的批评集中在以下几个方面:

首先, 在机构设置和职权划分上不够严谨、科学: 第一, 虽然侦查机构的总体规格已经呈现, 但是许多公安机关在机构设置上还缺乏统一序列和统一规格的现象。以税务侦查工作为例, 不但存在管辖权界定不清的情况, 而且在具体办案机构设置上也比较混乱, 税侦处、侦查科、打击涉税犯罪办公室、驻国税（地税）公安办公室, 不一而足。③ 机构设置的无序状态, 一定

① 在这里, 需要注意刑事侦查一词的含义在学理上和实践运用中的差别。在公安机关内部设立的刑事侦查机构, 实际上只负责一部分案件（主要是传统刑事案件）的侦查工作。它与经济犯罪侦查、禁毒、治安等部门是平行的侦查机构。因此, 这里的刑事侦查只是指的一部分刑事案件的侦查。而在学理上, 刑事侦查与侦查是一个含义, 所谓经济犯罪侦查、毒品案件侦查等都只是刑事侦查（或侦查）的一部分。上述词义上的差异有时容易造成混淆。

② 关于公安机关的机构设置, 参见《公安机关组织管理条例》（2007年1月1日起实施）第二章"公安机关的设置"。

③ 参见徐震. 涉税犯罪案件侦查机制研究. // 赵永琛, 何家弘. 侦查论丛（第1卷）. 法律出版社, 2003: 374.

程度上损害了执法的效率。第二，有些地方公安机关过于追求与上级机关机构设置的对口，导致机构设置越设越多，工作越分越细，层次过多，职责不清，导致警力分散、边缘工作相互推诿、一线警力严重不足。① 第三，许多省市公安机关将侦查机构升格，但各地实际运行机制存在差异。有的地方将刑侦局或总队定位为办案实体，下设刑侦、经侦、禁毒、情报、技术等处室，各处室直接参与办案。有些刑侦部门的权限则限于指挥、协调。

其次，受公安机关的双重领导体制制约，侦查机构在行使权力时也容易遭受多方牵制。

公安机关的管理体制以块为主，即以所属政府和党委的管理为主。"以块为主"有其合理性。这是因为几乎所有地方公安机关承担的大多数警务都是地方性的，公安机关由地方政府领导，有助于公安机关的警务活动更贴近基层，反映地方对警务活动的需求。从地方自治权和民主管理角度上来说，地方的领导也有助于公安机关接受其警务服务对象所在地的民意的监督，有助于警务活动的透明化和民主化。

然而，一方面，由于我国总体警力不足，分工又细，使有限的警力呈散在状态，而"以块为主"的管理体制导致警力再分散。长期以来，警务活动（包括侦查活动）是按照行政区域确定的，公安机关人民警察的责任和实绩也是由"块"来决定和评价的，从而形成了地方公安机关之间划地而治、警力分割的局面。尤其是在辖区相邻的接合部，往往成为警力真空地带，无论是治安案件还是刑事案件，只要是一道之隔、一水之分，也互相推诿扯皮，即使上级公安机关协调甚至下令，也消极应付。特别是在侦破跨区域的案件和处理涉及多个地区的群体性治安事件过程中，由于相邻区域间缺乏协调配合意识，往往各自为政、各行其是。即使按照上级公安机关指令出动警力，也需请示地方党政领导研究批准，往往影响快速出警和统一行动，很难展现公安机关整体行动的高效性和及时性。②

---

① 侯钟山．公安管理体制改革势在必行．云南公安高等专科学校学报，1999（1）．
② 参见王杰．论改革地方公安组织领导体制的必要性．辽宁公安司法管理干部学院学报，2000（3）．

另一方面，公安机关管理体制的"块"状结构背后所隐藏的更为严重的隐患是，一旦被侦查的案件涉及地方与地方之间的利益冲突或者地方利益与国家利益的冲突时，地方政府或党委的强势干预可能会给案件侦查（尤其是经济犯罪案件的侦查）制造极大障碍。①换言之，"以块为主"的管理体制可能会促进刑事执法中的地方保护主义。例如，受狭隘的地区利益观和部门利益观的驱使，有些地方党政领导片面认为不论是什么赃物，只要到了本地就是本地的利益，外地公安机关追赃就是侵害本地利益，而一些犯罪嫌疑人则因为利用非法所得为本地办了一些"好事"，被认为是"有功之臣"保护起来。有的地方公安机关受命于当地领导，在查办案件时打外护内，少数地方的个别领导或警察甚至充当犯罪的保护伞。这种地方保护主义使地方与地方之间形成了执法壁垒，严重破坏了国家法制的尊严和统一。②

不仅如此，"以块为主"的领导体制也导致了公安机关职责不清，助长了滥用警力的现象。从外部来看，由于同级政府统管公安机关的人、财、物，因而地方政府并不区分什么是刑事执法权和行政执法权，经常随意动用警力，甚至以刑事执法权来解决行政管理领域的问题。

最后，在公安机关内部诸警种、各部门的协调方面，还存在一些亟待解决的问题。

在侦查机构与其他警种的协调方面，不但公安机关内部不同侦查机构

---

① 我国现行的"条块结合，以块为主"的管理体制是在计划经济时代形成的。当各地经济发展、经济利益均衡时，在局部利益、整体利益与公安执法价值取向上相对和谐统一，这种管理体制是具有适应性的。但是，改革开放以来，各地经济差距拉大，与此同时，"诸侯经济"、地方利益不正当扩张、地方保护主义和部门保护主义盛行以及"地方权力"腐败等现象的出现，都使得这种管理体制显得有些不合时宜。在经济犯罪侦查中，这一点尤显突出。例如涉税犯罪案件的侦查中，由于办案主体具有相当程度的地方性，决定了刑事执法行为难以坚决、彻底地贯彻落实，因为，有些税务案件（例如骗取出口退税、虚开增值税专用发票等）实际上主要是中央财政的损失，对地方财政没有直接影响，某些情况下甚至对地方财政收入有益。

② 参见程小白. 我国经侦工作面临的矛盾及其协调发展对策. 公安大学学报，2000（4）.

（例如刑侦部门与治安部门）在管辖权上还存在矛盾，而且治安、内保、户政、交警、巡警等部门从事的日常警务难以在需要时实现与侦查的对接。例如在打击利用公路快速逃跑的犯罪嫌疑人方面，有的地方之所以打击不力，很大原因就在于交警、巡警和治安、交通部门未能真正建立起配合侦查部门打击犯罪的协调机制有关。

在基层责任区刑警队与派出所的关系上，类似的矛盾显得更为突出。例如，派出所与责任区刑警队在工作上各自为政的现象比较普遍，未能发挥改革时所预期的相互配合、侦防互补的整体效益，情报交流也不是特别通畅。实际上，虽然按照规定，派出所辖区内发生的案件，派出所要配合侦查机构的工作，但是到底配合到什么程度，各地几乎都没有合理的界定。[①]

总而言之，刑侦改革所取得的成就引人瞩目，但是改革还不彻底，尤其是现行的侦查体制未能完全解决跨区域犯罪侦查中的协调和合作问题。

（三）"大侦查体制"改革

近年，为了解决机构重叠、职能分割、职责交叉、政出多门、多头管理等问题，实现警力资源使用效能最大化，我国公安机关都在探索有效的体制改革措施，"大部门制""大警种制"应运而生，成为改革的方向和目标，一些地方也在根据中央部署积极开展试点工作，对公安机关内设机构开展合并重组，调整侦查体制，形成了各具特色的"大侦查体制"。这一轮改革动因主要有：一是随着侦查机构不断因专业化细分而导致警力稀释，在侦查人员编制无法大幅增加的情况下，警力的聚合使用出现问题；二是原有侦查体制长期运行后带来的机构层级多，职能交叉重叠等问题在"案多人少"的新时期已经显现疲态；三是侦查手段和侦查基础工作重复建设，且标准不统一，自动关联性差；四是警务技术特别是信息化技术的发展，为侦查机构的综合化改革创造了条件。"大侦查体制"改革的目的在于整合现有警务资源，提高执法规范化程度，提升侦查效率。

---

① 参见程琳，赵永琛. 刑侦改革研究报告. 中国人民公安大学出版社，2002：62.

以下为部分地区机构合并改革的情况：①

2003 年吉林省辽源市公安局率先进行体制改革探索，将市区的 3 个分局及其所辖的 19 个派出所整合为 8 个新的次级公安机关———警察署，实行正科级建制，行使县级公安机关的职权；每个警察署配置警力 50～80 人，设三队一组，即刑警队、治安队、户籍队和保障组，实行三警联勤机制。

2004 年 4 月，江西省新余市公安局进行警务体制改革，将 4 个城区公安分局及其所辖的 31 个派出所撤并为新的次级公安机关即警务局，承担除经济犯罪侦查以外的原城市公安分局的所有职能。城区警务局下设三队一室，即刑事警察大队、治安警察大队、社区警务大队和综合办公室；农村警务局下设两队一室，即刑事警察大队、治安警察大队和综合办公室。

2004 年 4 月，江西省萍乡市公安局对下辖的安源、湘东、开发区 3 个分局进行警务改革，分局机关均设两科一队，即政秘科、法制科、刑侦大队（承担原刑侦、经济犯罪侦查、禁毒部门的职能）；分局所辖派出所设三队一室，即治安巡防队、案件查处队、社区警务队和内勤室。

2005 年 1 月，黑龙江省大庆市公安局推行警务改革，主要模式如下：一是垂直管理，变条块结合、以块为主改为条块结合、以条为主，市公安局对各公安分局实行人、财、物的直接管理；二是减少层次，把市区 70 个派出所和 10 个公安分局合并，按照辖区实有人口 10 万人左右、警力 100～150 名左右，重新设置为 20 个公安分局；三是整合机构，新的公安分局内设三队一科，即社区警务队、治安巡防队、刑事侦查队和法制综合科，其中，刑事侦查队由原刑警大队、国保大队、经侦大队、禁毒大队、刑事技术大队整合而成。

2010 年 2 月，河南省公安厅推广新乡公安改革经验，在全省范围内撤销城市公安分局，新成立的城区派出所设四队一室，即案件侦办大队、治安

① 参见彭玉伟. 大侦查体制改革及其实践介评. 山东警察学院学报，2016（5）；
毕惜茜，刘明辉. 公安“大侦查”体制改革研究. 山东警察学院学报，2017（1）；
毕惜茜，赵旭辉. 公安侦查体制改革的理论与实践. 山东警察学院学报，2016（3）.

管理大队、交管巡防大队、社区警务大队和警务综合室；城郊农村派出所设三队一室，即案件侦办大队、交管巡防大队、社区警务大队和警务综合室。同时，将省辖市公安局内设机构整合为四部七支队，即警令部、监督部、政治部、警务保障部、国保和反恐怖支队、治安和出入境管理支队、犯罪侦查支队、网安和技侦支队、交管支队、监所支队、特警支队。

2011年6月，湖北省黄石市公安局借鉴大庆市公安局的改革经验，撤销城区派出所，将原6个分局、28个派出所整合为7个新的分局，下设综合警务、社区警务、治安巡防、刑事侦查四个警种。其中，刑事侦查警种承担原公安分局刑侦大队、经侦大队的职能，对口市公安局的刑侦、经侦、禁毒等业务部门。

2014年初，江苏省泰州市公安局医药高新区分局启动大部制改革试点工作，构建"大指挥、大侦查、大基础"格局，将17个内设机构整合为三队两室：三队，即案件侦办队（原刑侦、经侦、禁毒部门）、治安防控队（原治安、巡防、内保、信访部门）、维稳服务队（原国保、出入境部门）；两室，即指挥保障室（原110指挥室、网安、办公室、警保部门）、政工监察室（原政工、法制、纪检、督察部门）。

2014年12月，宁夏回族自治区中卫市公安局进行机构改革，将原18个内设机构重新组建为四部四局二支队三所：四部，即政治部、警务保障部、警务监督部、指挥部；四局，即刑事侦查局（原刑侦、经侦、禁毒支队）、治安管理局、技术侦查局（原技侦、网安支队）、交通管理局；二支队，即特警支队、国保支队；三所，即看守所、强制隔离戒毒所、拘留所。

2015年初，浙江省金华市浦江县公安局进行大警种制改革，将原24个内设机构合并精简为三处二中心二分局二大队：三处，即政治处、纪检监察处、警务保障处；二中心，即指挥中心、执法督察中心；二分局，即刑事侦查分局（由原刑侦、经侦、网警、禁毒、案审整合而成）、治安管理分局；二大队，即交通警察大队、国内安全保卫大队。

2015年9月，浙江省嘉兴市公安局南湖分局秉持"按警种设置部门，按职能设置专业"的思路进行大警种制改革，将原32个内设机构整合为1个监督部门（执法执纪监督中心）、3个综合部门（政治处、警令处、警务保障处）、4个执法执勤部门（国内安全保卫局、刑事犯罪侦查局、治安管理局、交通管理局）、1个直属部门（拘留所）。其中，刑事犯罪侦查局由原刑侦大队（包括刑事科学技术室）、经侦大队、禁毒大队、网警大队整合而成。同时，梳理刑事犯罪侦查局19项主要职能，再根据这19项职能确定内部综合管理、专业研判、刑事科学技术、大要案侦查、经济犯罪侦查禁毒、网络安全监察、案审八个专业，并专门设立有组织犯罪侦查、食品药品环境领域犯罪侦查两个专业侦查队，以及四个片区刑侦队。

各试点地区都意识到侦查组织改革势在必行，但显然各部门对"大侦查"体制改革的理解和认识不统一，尽管部分改革取得成功，并在侦查效率的提升方面显现出重要成绩，但总体而言，普遍存在如下问题：合并后的警力资源如何配置缺乏科学性论证（有的地方改革仅仅是部门间的简单物理相加）；配套方案和措施未跟上；许多地方的新体制运行不畅，与上级考核体系等难以对接，等等。而更多的地方公安机关仍在观望，等待中央提供综合改革的政策方向甚至具体方案。

也有一些地方公安机关不改变现有侦查组织内设机构，而是采取了新设机构的做法，即在合成站理念指引下，采取设立合成侦查队模式（如苏州市公安局）、执法办案管理中心模式（如北京市公安局）、警务实战合成中心模式（如湖南怀化市公安局）。虽然模式之间存在很大差别，但核心都在于在不改变现有侦查组织内设机构前提下，将各警种资源统一置于新的机构内使用，同时为其他警种工作提供支撑。

其中，执法办案管理中心本身只是个办案场所，其本意并非合成作战，而是执法规范化，但以"整合资源，源头管理，合成作战"为特点的"一站式"执法办案管理中心，逐渐开拓出案件集中审理、全程闭环、全程监督的执法办案新模式。在"一站式"执法办案管理中心的办案模式下，法制、预审、刑侦、情报、网安等部门派员驻扎在中心，合成的资源几乎拓展到公安机关内部所能提供的所有资源。这些部门提供24小时前置支撑服务，合成战在个案调查中的应用链条延长至正式侦查之前，客观上使案件在包括前期情报线索研判、受理案件、立案和侦查在内的办案全程均能及时获得所需要的各种侦查手段、情报信息、法律咨询等方面的全方位支持。在执法体制改革的大背景下，作为一个新设机构的"一站式"执法办案管理中心并为触动现行体制，几乎没有改变公安机关现有内设机构构架，而是以具体案件作为引导，通过各警种、各部门资源的前置和办案过程中的即时支援，完成了办案资源的优化整合，与以机构、职能合并为特色的大部门制、大警种制改革有异曲同工之妙。由于各地大部门制、大警种制改革尚处于探索阶段，尚未形成成熟模式，但无论如何改革，都不应以牺牲执法专业化为代价。在找到适当的部门及警种整合方案之前，完全可以通过类似于建立执法办案管理中心的机制调整来减少过度专业化的弊端。①

值得期待的是，在 2018 年的全国公安厅局长会议上，赵克志部长强调要着眼塑造公安未来，以自我革命的精神推进一场以提升效能为核心、以服务基层为重点的警务体制变革，重塑警务组织形态、警务流程形态、警力配置形态，推动重心下移、警力下沉、保障下倾，努力建设符合新时代要求、适应国家治理体系和治理能力现代化的现代化警务管理体制。警务管理体制改革要坚持自上而下，加强顶层设计，从部省两级公安机关开始积极稳妥推进。可以说，新的侦查组织变革已经启动，但其具体方式及成效仍有待今后观察。

（四）英美侦查体制的发展动向及其借鉴价值②

近些年来，西方发达国家的侦查体制总体比较稳定，大规模和颠覆式的调整并未出现。但是，为了应对新的犯罪态势，特别是犯罪的跨区域、跨国发展，一些国家的侦查体制也在进行微调，其中尤以英美最为明显。英国和美国都属于分权式侦查体制，强调警察的地方自治，中央警务机关与地方警察之间没有明显的领导与被领导关系，警察的经费一般也由地方承担。相比于实行集权式侦查体制的国家，实行分权式侦查体制的国家要实现体制变革往往更为艰难，但其侦查体制的调整因而也更值得关注。

---

① 参见刘为军.以"技术＋制度"实现执法公正与效率双赢.人民公安报，2016-5-29.

② 参见刘为军.英美侦查体制的发展动向及其启示.山东警察学院学报，2016（5）.

1. 英美侦查体制的发展动向。英国的侦查制度经历了从民众侦查到官方侦查、从业余侦查到专业侦查、从职能分散到职能集中的发展进程。大伦敦警察厅成立后，应中央要求，各地政府参照大伦敦警察厅模式建立自己的警察机构，在全国范围内展开了警察组织（包括侦查组织）的标准化建设。经过一百余年的发展，在21世纪以前，英国基本上形成了三个层级的侦查组织构架，即中央侦查管理机关、地方侦查机关和专业侦查机构。其中，英格兰和威尔士的侦查管理大致受内务部、地方警务当局和警察局长三重制约，是一种相互独立、近于"三角"的体系。为积极应对跨区域犯罪和有效支援地方侦查机关，英国内务部于20世纪60年代中期组建9支跨区侦查队，分别驻扎在曼彻斯特、德拉姆等地，主要用于打击惯犯和职业罪犯。不过，这些侦查队在管理体制上并非绝对由内务部节制，它们在全国范围内的行动由设于苏格兰场的全国警察局长联席会议指挥，但非全国性行动则由所涉及区域的地方警察局长联席会议指挥。而且，跨区侦查队的侦查人员也并非内务部直接派驻，而是从各地方警察局遴选。跨区侦查队成立后，英国内务部于1978年在各队设情报站，与设在苏格兰场的全国犯罪情报资料中心共同构成一个完整的情报信息系统。进入1990年代后，英国内务部首先将9支跨区侦查队合并为6支，扩大了部分侦查队的行动范围，并在全国范围内增设44个按照统一标准建设的分支机构，以支持侦查队的跨区域行动。设置分支机构的做法，恰恰说明了在侦查权走向集中化的道路上，不可忽视基层工作的价值。脱离基层的配合和支持，缺乏基层在情报收集、行动支持等方面的有力支撑，跨区侦查队的行动将举步维艰。随着《1997年警察法》的颁行，英国国家层面的专业警务机构也在增长，其中具有侦查职能的主要是国家犯罪情报局和国家犯罪侦查队。国家犯罪侦查队正是通过整合上述6支跨区侦查队而建立的，相当于在跨区侦查队基础上组建了正式的全国性专业侦查队伍，使原先需要通过全国警察局长联席会议协调指挥的全国性侦查行动得以通过独立侦查机构直接进行。根据《2005年严重有组织犯罪与警察法》组建的严重有组织犯罪侦查局进一步整合了国家犯罪侦缉队和国家犯罪情报处，负责预防、侦查和打击英国境内的严重犯罪，包括毒品犯罪、走私犯罪、贩卖人口、涉重型枪械犯罪以及洗钱犯罪等。基于《2013年犯罪与法院法》

授权，国家打击犯罪局正式成立，下设边境警务指挥部、经济犯罪指挥部、有组织犯罪指挥部、国家网络犯罪处、情报与行动指挥部和大量专业团队等具有侦查职能的机构。国家打击犯罪局享有广泛职权，有权独立开展侦查和预防行动，也可以支持和协调相关行动，并已经建立横跨警察、执法部门、其他公共部门、私营企业和国际社会的多机构伙伴关系，可以为合作伙伴在传递刑事诉讼文书、追缴资产以及预防和阻止犯罪活动等方面提供专家、技术、情报等方面的支持。当然，从侦查体制角度来看，国家打击犯罪局最值得关注的权力，在于它有权在整个英国开展行动，并且可以直接向英格兰和威尔士警察部队和执法机构的负责人下令，要求后者为支援国家打击犯罪局或其他合作伙伴而采取专门行动任务。

美国的法律制度脱胎于英国，但又形成了自身鲜明的特色。警察机关是美国最主要的执法机关，同时也是司法体系的重要一环，分别隶属于联邦、州、县、市镇的政府。目前，美国联邦政府主要部门均有自己的执法机构，隶属关系复杂，职能多样。其中，仅司法部就设有联邦调查局、缉毒署、监狱管理局、联邦法院管理局和联邦法警局。其中，联邦调查局是美国最重要的侦查机关之一。州一级警察机构是20世纪初发展起来的，刑事管辖权包括对跨市犯罪案件、在州属水域或州属财产土地上发生的犯罪案件、在无市镇警察局的地方以及某些州属高校内发生的案件。在市镇层面，由于绝大多数犯罪是在市镇界内实施的，市镇对此有直接的侦查权，因此市镇警察是美国最主要的警察力量，人数约占美国警察总数的四分之三。美国的侦查体制正如美国的整个政治体制一样，一直保持着较强的稳定性。不过，近些年来，美国社会各个领域的快速变革都直接推动着执法工作的全方位发展，而侦查领域尤为明显。其中，在侦查体制方面，最值得关注的是美国国土安全部的组建。2002年11月19日，美国参议院通过了《国土安全部法案》。根据这一法案，美国成立了一个由海岸警卫队、移民和归化局、联邦调查局和海关总署等22个现有联邦政府机构或其组成机构合并而成的内阁级机构。国土安全部在成立后又经历了多次机构调整，目前拥有工作人员24万余人，下设管理、国家保护与项目、科技、情报与分析、政策、合作与参与、国籍与移民、海岸警卫、海关与边境保护、移民与海关执法、联邦应急管理、特勤、交通运输安全管理、人权与公民自由、健康事务、联邦执法培训、行动合作等诸多部门。国土安全部对美国涉及国内安全的有关机构与职能的重大调整，加强了负责国土安全的各机构之间的合作与协调，逐步改变了职能分散、缺乏统筹的状况，是1947年美国国防部建立以来美国规模最大的政府机构重组。目前国土安全部已经作为一个实体介入或主导案件侦查。不过，组成国土安全部的机构庞杂，且运行时间相比其他机构并不长，与其他机构的职权界限也不明晰，在诸如网络安全等领域与联邦调查局等机构还存在各种争议，但能够看到的趋势是，随着国土安全部职能理顺，其在美国涉及国家安全相关领域的侦查及执法方面将发挥越来越关键的作用。

2.英美侦查体制发展的特点。细致分析英美侦查体制的发展动向，可以看到一些可供我们参考或借鉴的特点。

第一，侦查体制的"集权化"趋势明显。英美侦查体制的集权化主要表现在两个方面：一是以各种手段强化中央机关权威；二是进行机构整合，减少机构数量，形成侦查合力。从英国来看，地区侦缉队、国家侦缉队、国家打击犯罪局等机构的成立和重组，地方警务当局的虚权化，严重有组织犯罪侦查局和国家打击犯罪局的相继成立，以及通过全国性的警察计算机信息系统以及各年度《警察法》对警察管理机构的完备表述，最终形成了事实上的集权化警务制度。以美国现有侦查机构的规模、类型和功能，尽管短期内显然难以建立一种适用于所有机构的理想的组织和管理方法，但机构整合和侦查权统一化的努力及尝试从未间断。为了应对新情况而成立的国土安全部近些年日益壮大，而联邦调查局也凭自己的出色表现，已经事实上成为各州及地方警察部门的技术和信息中心，而且是大要案侦破的权威和代表国家对外警务联系的唯一单位。

第二，侦查体制变革兼顾地方与国家双重需求。虽然英美侦查组织体系呈现出一定的集权化趋势，但不可否认，在集权的同时也有着分权或者强化地方权力的迹象。英国内务部《国家警务计划（2004－2007）》就提出要"强化地方责任"。几乎在筹建国家打击犯罪局的同时，英国也在加大对地方警务的关注力度。2011年，英国议会通过了内务部提交的《警务改革与社会责任法案》，明确要求强化地方侦查力量，通过各种计划或项目强化基层警务资源。从侦查体制角度来看，这部法案最值得关注的地方在于，它规定在伦敦以外的每个警区设一名具有法人资格的警察与犯罪专员，对警察权力的控制从警务当局（各警区的地方当局被该法废除）转移至经选举产生的警察与犯罪专员。美国现行政治制度对要求集权化和整合的改革呼声总体上是抗拒的。因此，在侦查资源的整合上，联邦政府的"集权"动作是分步骤、有策略地实施的，甚至是以一种近乎"取悦"地方的方式进行的，除了少量的机构整合外，更多的是通过项目或计划方式，向州及地方执法机构提供资金、技术和培训支持，从而引导各地执法机构采用相似的执法标准，协助或根据联邦执法机构的要求打击暴力犯罪、毒品犯罪或实现其他执法目的。显然，这是一种极为照顾地方警务需求、谋求中央与地方共赢的温和方式，以实现联邦系统对地方事务的更广泛参与。

实际上，虽然有应对跨区域、跨国或者网络威胁的需求，但是侦查机关应对的绝大多数案件仍然是地方性的，地方侦查机关必须反映本地警务需求。而且，站在地方自治权和民主管理角度，扩大地方自主权也有助于侦查机关接受其警务服务对象所在地的民意的监督，有助于警务活动的透明化和民主化。

因此，目前正在进行的侦查体制变革必须同时满足国家和地方两个层面的需求。在这个意义上，侦查体制的调整既要有国家层面自上而下的集权，又要给予地方一定自主权。也因为如此，一国侦查体制调整，不是要形成所有地方千篇一律、与国家层面侦查机关高度对应的侦查体制，而是要同时兼顾国家需求和本地特殊需求。反映到具体机构设置上，功能和职能由国家层面确定，而机构的具体设置则由地方根据本地实际来确定，应当是一种比较好的选择。

第三，效率和公正始终是侦查体制调整的主要考量指标。侦查体制涉及的核心问题是侦查权的重新配置。改革侦查体制，需要明确侦查权配置的科学标准。从各国侦查体制的调整来看，虽然推动某一机构设置的具体原因和历史背景各不相同，但都离不开对侦查效率和侦查公正的双重诉求。仍以英国为例，建立全国统一的侦查组织是为了更好地应对打击犯罪的需求，是提高侦查效率的重要手段。但我们同样能够看到，在建立统一组织的同时，也会通过配套的机构调整和机制建设，来强化对侦查组织的监督和控制。

从侦查效率来考虑侦查体制的变革，就必定要考虑侦查机构调整的经济性，保证配置之后的侦查权行使合乎经济原则。在决定对某些机构进行整合或拆分时，必须审查待授权机关的机构设置、人员配备和行动力量，必须将侦查权赋予那些最有利于侦查权行使的机关或机构。从这个意义上看，侦查体制的集权化与侦查的专业化是并行不悖的。侦查职能在历史上有一个逐渐从一般化转向专门化发展的过程，许多国家除了负责一般犯罪案件侦查的机构以外，也成立了大量的专业性侦查机构。侦查体制调整时，不能忽视侦查职能专业化的需求，即便整合成统一的侦查机构，该机构内部仍然应尊重侦查的规律，实行适度的专业化细分作业。换言之，体制的变化不是单向寻求某机构侦查权的扩大或缩小，如有需要，完全可以对同一机构同步进行扩权与限权。

从侦查公正诉求角度来看侦查体制的变革，就必然要面对侦查组织集权后需要面对的外部对其办案公正性的质疑。因此，在进行机构整合时，必须将对侦查权的制约因素纳入考量范围。基于任何权力都有自我膨胀的特性，对那些权力已经过度膨胀且难以限制的机构不应再添附新的权力。在决定赋予或扩大某个机构的侦查权之前，应审慎考虑权力配置后运行趋势，考虑如何对其侦查行为进行监督和制约，考虑这种监督和制约能否落实到实处。

第四，信息技术的发展在一定程度上弥补侦查组织整合不力的不足。信息技术的发展，已经为改变侦查组织指挥模式和管理模式等提供了技术基础，从纵向上至少可以实现自上而下的扁平化管理，从横向上可以打通不同警种或部门之间的信息壁垒，实现各侦查主体之间的情报信息共享。目前，几乎所有发达国家都已建立比较完善的各类可供侦查使用的数据库和情报信息共享机制。例如，在美国，对地方警察机关并无领导权的联邦调查局通过建立强大的情报信息共享机制（比如著名的司法部执法信息共享计划）和情报主导警务的 CompStat 模式①等，事实上打破了美国传统警务的运作模式，实现了警务资源的更有效配置。

在侦查体制调整过程中，机构的整合往往会遭遇众多人为或非人为的障碍因素。当机构整合变得遥遥无期时，信息技术的应用，特别是打通各部门、各警种数据库之间的壁垒，实现较为统一的信息采集、检索和应用标准，或许可以成为机构整合的替代或者有益补充。不仅如此，新技术的应用还能极大增强侦查人员的侦查能力，使其在个案侦查时降低对其他机构资源的依赖，从而可能会降低侦查资源整合和侦查体制调整的需求。当然，前景无限美好，只是对于许多执法机构来说，现实并不尽如人意。

3.英美侦查体制发展动向的借鉴意义。我国公安机关侦查体制的变革势在必行。虽然我国现有侦查体制的"集权化"程度远高于英美，侦查资源、侦查人才的调度效率和区域侦查协作的成效对比英美也毫不逊色，但是，总结英美在侦查体制自我完善中的经验，至少有以下几个方面是值得我们在进行"大侦查体制"设计时思考的：

首先，侦查体制的调整应当坚持侦查权的中央事权属性，适宜自上而下进行垂直领导，以及横向并相对独立于公安机关其他职能部门。为获得公安机关其他部门对个案侦查的支持，可以适度赋予侦查职能部门在个案侦查时对其他职能部门的指挥权。

其次，侦查体制调整过程中应当赋予地方公安机关更大的改革自主权。为了避免先前各地公安机关比照公安部机关模式设立内设机构带来的弊端，

---

① Compstat 是一个面向目标的战略管理流程，它使用计算机技术，运营策略和管理责任来构建警察部门提供打击犯罪、控制犯罪等服务的方式。这种新的模式为警察组织明晰了组织战略，作为战略领导者的管理人员集中指挥其部门，使其部门能够发起和重塑其活动，以满足其组织运转的环境需求。简单地说，Compstat 是一些新的旧东西。它是一个总体管理过程，允许保留过去的积极因素，即强大的行政领导，同时创建一个足够灵活，以应对今天警察部门面临的动态变化的环境。

Walsh W F. Compstat: An analysis of an emerging police managerial paradigm[J]. Policing: An International Journal of Police Strategies & Management, 2001, 24（3）: 347-362.

应当鼓励各地公安机关以本地打击犯罪的实际需求为主要依据，合理设计其内设机构。从"大侦查体制"角度考虑，应尽可能实现带有侦查职能的部门的横向整合，但整合后的侦查部门仍应根据本地常见案件类型或其他标准进行内部专业化建设。换言之，机构的整合与侦查的专业化应当是并行不悖的，只不过其专业化细分应以地方实际需求为基础。

最后，侦查体制调整应当兼顾侦查机构多项职能的整合，特别是侦查职能与预防职能、服务职能的整合，以这些职能的综合发挥作为考核要求，而非单纯追求按照专业化细分后的各类型案件的打击效果。

（五）其他建言

综合对当前侦查改革的现状分析及分析意见，我们认为，当前的侦查改革实际上主要就是侦查组织结构的变革，特别是侦查组织的分工和整合以及组织管理方式的变革。改革涉及的广度和深度都相当可观。不过，我们认为，根据组织变革的一般原理，要使组织变革并实现最初的、侦查组织的特性以及我国侦查组织结构的现状，在目前已经进行的改革的基础上，还有以下几个方面特别值得注意：

1. 应重视侦查组织文化在组织变革的两面作用，在组织变革的同时注意完善侦查组织内部软环境。组织文化是在组织长期发展过程中形成的，对组织的存在和发展起着巨大作用的，以价值观念为核心的组织精神、行为方式和思维模式等的集合体。每一组织均有自己的文化，"文化对于组织，犹如个性之于个体。"① 侦查组织文化与警察文化具有一定的同质性。② 我国

---

① ［美］迈克尔·L·瓦休等. 组织行为与公共管理（原书第3版）. 刘铮，张斌涛译. 经济科学出版社，2004：252.

② 之所以得出这一结论，是因为通说的观点往往也把警察文化定位为警察群体的共享价值观体系。例如，有学者认为，"警察文化是指由警察群体在长期的警察实践发展过程中，所共同创造、共同拥有的具有警察特色的物质形态、精神意识及其行为方式的复合体"。（引自张兆端. 警察文化与新时期警察管理. 江苏公安专科学校学报，1995（3）. 有的学者直接认为警察组织文化是狭义警察文化的子项之一。

参见张会文. 警察文化——走向21世纪的时尚观念. 公安教育，1995（3）.

有许多学者曾对警察文化进行过较为深入的探讨，① 故本书不再重复这种讨论，而只探讨如何通过组织文化的变革来促进组织的变革。

曾有学者指出，警察文化具有强大的功效，包括：对执法等硬性行为起到重要的补充作用；对警察群体的凝聚力起到重要的推动作用；对警察队伍素质的培养和提高起到至关重要的作用。② 实际上，侦查组织文化的积极意义并不止于此，它还具有导向、激励、创新、约束和效率等功能。此外，侦查组织文化对组织变革也可能会产生消极作用：首先，组织文化具有一定的稳定性，它如果不适应组织变革的要求，就会成为组织变革的阻力。其次，组织文化对组织成员的个性的限制。组织文化如果过分强调对组织成员的共同价值观和共同行为的塑造，则易限制组织成员的个性，有可能使组织失去活力。缺乏多样化的行为互动，会影响组织的活力和绩效。再次，为了增强组织的活力，组织文化引进竞争机制，使组织成员能够各尽所能，充分发挥自己的能力和潜力，但是这种竞争机制并不能涵盖组织的所有成员，这样就导致人们都想去"重要部门"，而不愿意从事不被看重的工作，进而影响组织的协调发展。③ 同样地，如果组织文化过度强调侦查人员之间的竞争，又有可能会对侦查合作产生负面影响。

为此，在酝酿组织变革时，决策层应充分注意到组织文化在组织变革中的正负面效应，通过一系列有助于良好侦查组织文化建设的措施，发挥文化对组织变革的积极意义。我们认为，这类措施可以有：以开放型的体制取代

---

① 参见王大伟，付有志．世界警察理论研究综述．群众出版社，1998：98-113；创造具有时代精神的人民警察文化：警察文化论文集．中国人民公安大学出版社，2002．
② 参见张春祥．对警察文化建设的几点思考．公安学刊，2004（3）．
③ 参见高霞，张俊娟．浅析组织文化主要理论对组织行为的影响．绥化师专学报，2004（2）．

传统僵硬的、封闭式的管理体制。① 开放型的体制将鼓励各侦查部门和侦查人员的个体活力，有利于他们以默契的配合来补充僵硬的行政协调；营造"以人为本"的氛围，使侦查人员的尊重、理解等精神需要得以满足；在侦查组织的重大决策上，积极鼓励侦查人员的民主参与，等等。

2. 完善侦查组织之间以及组织内部的协调和沟通机制。

协调与沟通都是侦查组织结构整合的重要方式。

（1）协调。由于侦查分工愈加精细，组织内部分化的程度日趋细密，组织结构也愈加复杂，为了使各分支机构以协调一致的步伐达成共同使命，除了通过共同的领导之外，还需以协调来整合各分支机构的关系。在此方面，最值得关注的是上下级侦查组织的协调、区域间侦查协调合作以及同一侦查组织内部不同机构的合作。

在上下级侦查组织的协调方面，目前最值得注意的是中央与地方之间双重侦查管理体制的改革问题，涉及的是中央集权与地方分权的权力配置。在"条块结合，以块为主"的领导体制下，各地方侦查组织的人事、财政决定权均在地方，侦查系统内部下管一级的体制无法得到有效贯彻。实行"以条为主"的领导体制，即主要由侦查机构自身以及上级侦查机构进行管理和领导，则可以保障侦查机构上下级之间法令的上下通达，有助于提高侦查效率，避免地方的不当干涉。② 这种做法也可以有效体现侦查组织垂直分化的优势。

---

① 有论者曾提倡封闭式侦查管理机制，即确定领导，精选办案人员，建立专案组织机构，将案情、侦查意图、方案、进展情况信息，最大限度地限制在一定的时空内，对内、对外完全封闭的管理方法。此种封闭式侦查管理机制是指对外封闭，对组织内并不封闭，因此并非这里所说的传统的封闭式体制。

参见河北省冀州市人民检察院调研室.封闭式侦查管理机制刍议.人民检察，1996（7）；曹广柱.大要案侦查管理机制刍议.河北法学，1996（1）.

② 需要说明的是，虽然很多论者主张改革现行领导体制，但是也有论者认为现行领导体制，既符合我国国情，符合集权与分权相结合的科学管理原则，又与世界警务改革的趋势一致。从世界范围看，这是一种比较完善的模式，在新形势下有必要坚持。

参见王大伟，付有志.世界警察理论研究综述.群众出版社，1998：383.

实行"以条为主"的领导体制，有以下几点内容需要引起我们的思考：

一是各级侦查机构的经费应由中央财政予以保障。侦查机构担负着日常性的打击犯罪的任务，必须有充实的经费和足够的物质条件作支撑。虽然我们不应追求超越经济发展水平和超过现实需要的装备条件，[①] 但是由国家财政统一单独编制预算，至少可以保障经济欠发达地区的侦查机构经费不致过于紧张，实现各地侦查机构在物质装备、工资福利等方面的统一标准，避免各地侦查机构因待遇、装备条件等差距过大而导致的不平等现象，加速侦查机构现代化步伐。实际上，在实行集权式警察体制的国家，警察机关经费的主要承担者往往都是中央财政。在实践操作中，可以结合各地公安机关上报的警务计划等来确定其预算，并结合该警务计划的落实情况来决定下一年度预算。中央一直致力于解决政法机关经费问题，并已经取得相当程度的进展。自 2008 年起，中央及有关部委先后出台《中央政法委员会关于深化司法体制和工作机制改革若干问题的意见》、《关于加强政法经费保障工作的意见》和《政法经费分类保障办法（试行）》，推行政法经费保障体制改革，"政法经费保障将由先前地方财政承担、'分灶吃饭、分级负担、分级管理'的体制转变为中央和地方'明确责任、分类负担、收支脱钩、全额保障'的体制，并建立分类保障政策和公用经费正常增长机制"。[②] 至 2011 年 3 月，据公安部有关负责人介绍，作为政法经费不足问题最为突出的公安部门，在改革实施后，基层公安机关经费保障水平显著提高，从根本上扭转了过去缺少经费的困难和被动局面，公安机关维护社会稳定、打击犯罪、服务社会的能

---

① 1976 年，安德逊在其著作《从人力资源到观念的转变》中提出了无增长改善论，认为警察所需的资源远远超出了社会经济能力所能允许的范围。大幅度提高警察开支，负担庞大的警察队伍是无益的、危险的。警察现代化应当偏离强调提高警察比例和装备高度现代化的美国模式。社区警务是警察现代化之后警务改革的必然方向。但就我国目前之现状来看，有必要实现警察（包括侦查人员）、警察资源在质量上和数量上的同步增长。

参见王大伟.英美警察科学.中国人民公安大学出版社，1995：276.

② 徐昕，卢荣荣.中国司法改革年度报告（2009）.http://www.aisixiang.com/data/39677.html，2014-11-5.

力和战斗力明显提高。[①] 在中共十八大特别是十八届四中全会通过《中共中央关于全面推进依法治国若干重大问题的决定》之后，司法体制改革加速，可以想见，政法机关的经费将得到更充分保障。

二是要（通过公安系统的内部领导体制）实现国家在侦查机构设置、人员录用、干部任免、装备配置、工资福利等方面统一安排。换言之，要实现国家在侦查人员人事管理以及资源调度上的标准化和统一化。人事管理的条状管理和统一化，有助于提高侦查机关的整体水平特别是专业化程度，更重要的是，这样做也可以使对侦查人员的管理和指挥更加直接、有效，可以极大提高具体的警务行动的效率和成效，有助于抵消地方保护主义、地方权本位乃至地方权力腐败的不利影响。

三是实行统一的培训标准。要实现执法的统一化和标准化，人员素质是重要保障。除了准入制度的统一化外，培训标准的统一化和标准化也是一个重要因素，通过统一和标准化的培训，各地各级的侦查人员将比较容易在执法时形成共识，有益于营造职业共同体，直接或间接地增强不同执法人员在执法中的协调能力。[②] 实现侦查管理体制"以块为主"向"以条为主"的转变，更多地借鉴了以集权为特征的警察体制的优点。不过，需要说明的是，"以条为主"并不意味着公安机关完全放弃"块"的领导或者说要弱化"块"的

---

① 李恩树．中国初步建立政法经费保障体制 力避政法机关为钱办案．法制日报，2011-3-11.

② 也有学者主张我国公安机关侦查体制不宜进行大的变动，而应该在以分散为主、以集中为辅的侦查体制不变的情况下，局部强化集中统一性，理由如下：一是侦查体制应同整个公安体制保持一致，如果侦查工作在体制上失去了行政机关和公安机关的双重依托，其工作的开展乃至资源的保障将面临重重难以想象的困难；二是我国侦查体制的设计应同国际范围内集中制侦查体制与分散制侦查体制相互融合的趋势相一致；三是侦查体制的设计应遵循明晰中央事权和地方事权、分级负责的原则；四是对那些易于出现地方保护的特定类型案件的侦查，比如对黑社会性质组织犯罪的侦查、对重大经济犯罪的侦查、对跨区域犯罪的侦查，可通过上管一级、部厅督办或直办等形式强化集中统一性；五是可以通过建立健全区域协作、部门协作机制，弥补分散体制在侦查协作上的弊端。

领导：一方面，上交中央的权力并非警务的全部，并且主要是通过公安机关的内部管理来促使执法方面的统一化；另一方面，必须有地方监督和民主管理的存在。在实行"以条为主"的管理体制之后，不但不应弱化地方对侦查机构的监督力度，甚至还要加强，促进公安机关的民主建设。不过，监督的方式应有所改变。例如，地方政府应当仍然享有对公安机关人事、财政等方面的建议权、提请异议等权力。还可以考虑借鉴意大利等国的做法，允许各级议会对警察机关实施监督，警察机关有义务向议会提交年度报告，接受议会质询，等等。

在同级侦查组织的侦查合作方面，主要应着重于建立和完善规范化的区域间合作机制。在新的犯罪态势之下，侦查合作已经成为跨区域犯罪侦查成败的关键。在实践中，侦查协调和合作的途径主要有二：一是请求方直接与被请求方联系，要求提供协助；[①] 二是通过共同的上级机构进行协调。对于第一种合作途径，其成功与否完全取决于被请求方的态度。第二种途径具有较强的执行力，但是上级侦查机关人力资源有限，显然很难完全满足实践中大量案件需要协调的要求。而且因为上级机关的介入多了一道审查程序，可能会在一定程度上损害侦查合作与协调的效率。我国并不缺乏侦查合作协调的成功范例，其中有些案例中显现出来的侦查机构之间的合作甚至可以几近完美。不过，个案的成功和辉煌并不能掩盖侦查合作在整体上的失范状态和

---

① 在这方面，以案发地与案犯籍贯地同时展开侦查的"相对侦查"工作模式值得关注。所谓相对侦查，即有大量流动人口城区的公安机关，在对本地区流动人口及犯罪情况进行调查研究的基础上，选择流动人口犯罪情况比较严重、犯罪人员籍贯地又比较集中的省、市、地区的公安机关作为合作伙伴，以共同订立的工作制度为保障，建立长期有效机制，对两地发生的跨区域流窜犯罪案件，各自发挥自己的优势条件，齐心协力展开侦查的一种工作方式。相对侦查具有思想、制度（制定协作规范、警方高层会晤、信息交流、开展共同打击、互派工作组、首席联络官等制度）和信息技术方面的保障。此种方案是一种比较成功的直接合作模式，但从其具体制度设置来看，成本较高。

参见马振川，傅政华，徐立根.论相对侦查.// 郝宏奎.侦查学论坛（第3卷）.中国人民公安大学出版社，2004：373-382.

不确定性。为此，在改革侦查机构领导体制，打破各地区的侦查壁垒的同时，有必要建立规范性的跨区域侦查合作协调机制。曾有学者建议设立类似于美国联邦调查局的跨区域侦查机构。我们认为，由于存在强有力且实行集权式领导的上级机关，因而没有必要在各平级侦查机构之上再单独设协调机构。不过，在上级机关内部组建常设协调机构的确可行。可以考虑由各下级侦查机构向上级侦查机构派驻联络员（类似于欧洲刑事警察组织联络官），负责具体的侦查协调和合作事宜，并形成一个联络员网络。当有争议时由上级侦查机构作出决定。一旦整个联络员网络运转之后，随着联络机制日渐成熟以及联络员相互熟悉，整个协调和合作的范围将扩大，效率也将大幅度提高。以联络员网络为依托，还可以完善各地侦查机构相互通报案情、嫌疑人情况等情报信息的机制，为完善信息情报网络系统奠定基础。[1]

2010 年以来，我国各地公安机关根据公安部的统一部署，开始强力推进自觉的区域警务合作，并初步建立了包括泛东北、环首都、西北、泛西南、苏浙皖沪、中部五省和泛珠三角在内的七大警务合作区。2014 年 12 月，公安部召开全国刑侦工作会议，提出要积极创建打击犯罪新机制，并要求各地区、各部门、各警种着力形成工作合力。在此背景下，如何使区域警务合作特别是区域侦查协作成为一种常态，并长期稳定运转，仍是摆在公安机关面前的重大课题。总体来看，现有合作的无偿性和无条件性、地方保护主义严重阻碍了区域警务合作的进一步发展；现行区域警务合作欠缺包括责任机制在内的完善的配套机制，致使合作执行力不足。要推动区域警务合作走向深入，必须构建区域警务合作规范体系，持续推进警务合作区建设和需求密集地区"点"对"点"合作，建立警务合作利益补偿机制和激励机制，确立有效的区域警务合作督促机制和责任追究机制，并构建区域警务合作争议解决机制。[2]

出于侦查的实际需要，完善侦查组织与其他组织特别是其他警种的合作

---

① 参见何家弘. 刑事司法大趋势. 中国检察出版社，2005：463-478.
② 参见刘为军. 打击犯罪新机制背景下的区域警务合作研究. 中国人民公安大学学报（社会科学版），2015（6）.

也十分重要。各地大侦查体制改革以机构合并方式来解决部分涉及侦查职能的警种之间的合作，除此之外，可以在侦查机构与其他警察机构（尤其是治安、交通管理、巡逻等部门）之间建立一种定期和不定期的信息通报制度和诸警种共享的情报信息网络。另一方面，应当建立适当的诸警联动、协调配合的机制。在目前的实践中，各地的诸警联动方式主要有以下几种模式：一是责任区刑警队建立民警昼夜值班制，随时接受"110"的指令出警；二是建立以侦查为龙头，诸警种密切配合的快速反应机制；三是建立以"110"为龙头的多警种联合作战快速反应机制；四是派出所与刑警队情报交流、协调作战、共同负责。后者特别重视犯罪侦查与防范的结合，重视派出所与刑警队之间的情报交流。① 各地的联动机制几乎都处在进一步探索阶段，目前也还没有一个统一的最低标准或规格去衡量各种模式的得失。除了警力联动机制外，信息资源的共建和共享更为重要。当前，如何打破各警种之间的信息壁垒，避免出现信息孤岛，已经是摆在侦查组织面前的关键性问题。

（2）沟通。协调主要是在组织层面上发挥作用，而沟通则主要是指侦查组织成员与侦查组织、其他成员之间的交流过程。能否建立流畅无阻的信息沟通渠道，是衡量侦查组织决策层管理水平和领导能力的重要标志。对于决策层而言，组织与成员之间的沟通，可以获取关于成员的信息，掌握侦查人员的需求、各部门之间的关系，为决策提供参考；有助于建立和改善人际关系，增进组织成员之间的感情和相互了解；可以有效改变下属的工作态度。尤其是在组织内推行新的政策时，决策层与下属的及时沟通，便于了解政策的不足，减少抵触情绪，激发合作行为。对于侦查行为而言，侦查组织与侦查人员、侦查人员之间的沟通亦是减少侦查内耗、增加侦查人员默契程度的有效手段。

侦查组织中的沟通有两种：第一种是工具式沟通，主要目的是传递信息，包括侦查情报、侦查知识技能等；第二种是满足需要的沟通，其目的是通过表达情绪状态，接触心理紧张，求得组织或其他成员的同情共鸣，确定与对

---

① 参见程琳，赵永琛.刑侦改革研究报告.中国人民公安大学出版社，2002：74-79.

方的人际关系，满足个人精神上的需求。第一种沟通已经得到重视，情报网络的建设就是一种体现。第二种沟通却并未引起充分的关注。然而，侦查组织是高度官僚化的组织，在这类组织中，权力（power）或权威（authority）①是层级分明的。准军事化的权力配置体系使得第二种沟通尤其是普通侦查人员与决策层的沟通相对较难。我们在本章第一节已谈到侦查人员心理因素等个体因素对侦查行为的影响。为此，如要在侦查改革时贯彻人本思想，体现以人为中心的管理思维，就必然要重视如何建立和完善第二种类型的沟通机制。我们认为，根据组织行为学中关于沟通的理论，可以通过下述方式使侦查组织内部呈现良好的沟通氛围：拓宽沟通渠道，对侦查组织除具体侦查行为的指挥之外的其他业务尽可能实行民主化管理，给侦查人员以更平等的地位，即便是侦查行为，也应在决策时正确对待异议；建立制度化的沟通网络，采取务实的态度推进上行沟通、下行沟通、平行沟通与斜向沟通；提高侦查组织领导人的信任度；实施沟通技术培训，此种培训不但有助于润滑组织内关系，提高侦查人员的合作水平，也有助于提高侦查时侦查人员与侦查对象的沟通质量，等等。

无论沟通还是协调，本质上仍是侦查组织内部不同机构和人员之间的互动，这种互动的有效性还有赖于彼此之间达成高度信任，也即形成"信任机

① 根据马克斯·韦伯（Max Weber）的界定，权力意味着强迫或胁迫，权威并不意味着强迫或胁迫，相反，它对其作用对象实行"终止审判"。人们遵循指令或命令是因为其作用对象认为这些指令或命令应该被遵循，从而对权威的服从是自愿的。韦伯将权威分成合理合法型（rational-legal）、个人魅力型（charismatic）和传统型（traditional）。现代组织中的权力关系大多是合理合法型，形成基础是"加高级别的官员有权对下属行使权力"。

参见 [美] 理查德·H·霍尔. 组织：结构、过程及结果. 张友星，刘五一，沈勇译. 上海财经大学出版社，2003：125-126.

制"。① 此种信任机制的建立不但要靠侦查人员和各部门之间长期合作经验的积累，更重要的是靠制度、文化等来推动。

3. 重视内部牵制机制的建设。前面已经对侦查组织结构设计的权力配置问题进行了简单的论述，可以看出，权力配置在很大程度上是服务于侦查效率的，即如何选择一个最能体现侦查组织效能的组织结构。② 不过，从实践来看，不受制约的权力是可怕的，任何组织在授权与分权的同时必然会考虑对所赋予的权力的制约。为了保障组织获得侦查权及实施侦查行为的合法性或正当性，在赋予某个组织以侦查权的同时，就必须考虑到如何对其侦查行为进行监督和制约，考虑到这种监督和制约能否落实到实处。③ 监督和制约既可以由外部机制确立，如上级机关、立法机关、检察机关等的监督，亦可由内部自我监督取得一定的成效。

侦查组织变革的一个总的趋势是进一步中央集权化，这是效率导向的表现，必然使权力向组织的领导层或各层级的领导人集中。为了避免因为这种集中所导致的不利影响，有必要关注内部牵制机制的完善。所谓内部牵制机制，就是指以提供有效的组织并防止错误和其他非法业务发生为目的的业务

---

① 借鉴学者对信任维度的阐述，可以认定，侦查组织内部的信任也有三个维度：一是基于个性特征的信任，即指由先天的因素或后天的关系决定的信任；二是基于制度的信任，即在给定的制度背景下不得不按照别人预期的那样去做，典型的就是由法律维持的信任；三是基于信誉的信任，即主体为了长远的利益而自愿地选择放弃眼前骗人的机会。

参见张维迎. 信息、信任与法律. 北京三联书店，2003：9-11.

② 这一点在直接赋予某机构侦查权（而非重新组建一个新的机构）时体现得最为明显：在理论上，侦查行为是一项经济活动，受制于侦查资源的有限性，必须遵循效率理念，力求以尽可能少的资源投入获得尽可能大的侦查收益（主要是侦破率），因此侦查组织权力配置时必须以组织效率为导向，保证配置之后的侦查权行使合乎经济原则。为此，在决定赋予某个部门某项侦查权时，必须审查待授权部门的设置、人员配备和行动力量，必须将侦查权赋予那些最有利于该项侦查权行使的部门。

③ 从这个意义上来说，侦查权不应过度赋予那些权力已经过度膨胀且难以限制的机关。

流程设计。^①最严格的内部牵制机制是以任何个人或部门不能单独控制任何一项或一部分业务权力的方式进行组织上的责任分工。每项业务通过正常发挥其他个人或部门的功能进行交叉检查或交叉控制。设计有效的内部牵制能够使各项业务能完整正确地经过规定的处理程序。

即使纯粹从侦查行为本身而言，内部牵制机制也是一项很好的预防潜在侦查错误和纠正现实侦查错误的方法。由于具体侦查行为的方式具有高度不确定性，因此侦查组织内部的牵制机制不可能达至如此严格的程度，否则侦查组织将丧失其灵活机动性。前面论及的正规化即内部牵制的一种表现。除此之外，发展侦查人员、各侦查部门之间的适度竞争机制和相互监督机制，亦能取得内部牵制之效果。内部牵制机制于协调与沟通而言或许会成为一种障碍，^②但这应当被视为是必要的。

以上远不足以说明侦查组织变革的全部内涵。在我们看来，侦查组织变革涉及的问题仍是组织目标、管理层次与管理幅度、权责体系、职位设置的合理化以及组织结构的功能优化。在本质上，这是一场效率与法治的角力，是科学化与法治化的携手并进。

---

① 转引自万亮. 内部控制及其影响下的审计博弈分析. 南京大学 2004 届硕士论文。
② 内部牵制机制的最大伤害可能就是使侦查组织有丧失系统完整性的危险。侦查组织需要各部门之间彼此合作，朝向组织共同的目标努力，组织承受不起因部门或成员间过度牵制和竞争而带来的破坏。

第四章

刑事证据调查行为的过程描述

行为过程反映着行为的运动特征，是动态结构的外显。宏观、中观（个案）和微观行为各有其特点，行为过程必然会有差异。不过，三类行为也并非没有共同点和内在联系，宏观行为由若干个案调查行为构成，而微观行为又是在个案调查行为过程的框架内运行，因此个案调查行为具有承上启下的功用，宏观和微观调查行为的特征能在个案调查行为过程的模式中得到相当程度的反映。为了表述的方便，本章所论述的行为过程主要指个案证据调查行为过程。

分析证据调查行为过程可以有多种立场或视角：一是从行为主体的角度探讨应如何开展调查；二是从行为对象的角度探讨行为对象会如何理解并应对证据调查行为；三是从整个证据调查行为系统的角度探讨系统中各主体的互动是如何形成最终的结局的。从我国证据学和侦查学研究的现状来看，基本上都是以第一种立场为基点的，或者可以认为，我们的证据学和侦查学在证据调查行为研究上仍然是"以我为主"的单一视角。在本书中，我们选择了第一个和第三个视角对个案调查行为过程进行初步讨论，以期运用决策学、公共管理学和博弈论等方面的理论或知识揭示调查行为过程的一般模式和特殊模式，并对调查行为过程的基本特征进行描述，以期从中探讨行为改善的基本途径。以下就以侦查行为为例探讨证据调查行为过程的一般模式和特殊模式。

第一节

刑事证据调查行为过程的一般模式

证据调查行为的一般模式，也是证据调查行为的一般步骤。有学者已经非常经典地对此进行了说明，即就大多数案件来说，证据调查过程都应当包括明确调查任务、分析已知证据材料、提出证据调查假设、收集证据材料、审查运用证据等基本步骤。① 不过，我们认为，要更加精确地表述证据调查行为的行为过程，还是要回到行为的本体上来，即从抽象意义上对行为的开端描述至结束。

一、概述

侦查行为的一般模式也即普通程序，是指绝大多数侦查行为都会经历的步骤和环节。因个案之间的差异，侦查行为的选用和实施也就会有先后顺序和轻重缓急之别，致使个案侦查行为呈现为若干微观侦查行为。因时间先后所产生的顺序安排，表现为对各种微观侦查行为组合的选择。因此，所谓侦查行为的程序，亦可认作侦查行为的模式。

众多学者对侦查行为过程作出了形式上很不一致的描述。例如，詹姆斯·N.吉尔伯特套用逻辑的推论法则，认为侦查的科学步骤应为：陈述问题（如何查出嫌疑犯身份？如何找出嫌疑犯所在？如何进行有效的拘捕？如何发现赃物？）→形成假设（动机是什么？有无特殊知识？使用何种犯罪方法？）→观察和实验（评估假设的结果。如果假设错误的话，则驳斥假设以另一假设继续实验）→解释资料（解释最后观察和实验的结果）→作出结论（所要陈述的问题获得了解答吗？所获证据支持假设吗？侦查方法的每一步骤都符合法律规定吗？对所获资料的解释对于起诉嫌疑犯而言足够吗？）。②

国内学者的描述大同小异，一般都认为侦查遵循着侦查决策（此前可能有现场勘查和立案程序）、调查取证、对重点犯罪嫌疑人的侦查、破案和侦查终结的顺序。③ 我国台湾地区有的学者将侦查行为流程概括为六大步骤：

① 何家弘.证据调查.法律出版社，1997：95.

② See James N. Gilbert, Criminal Investigation （4th. Ed.）, Prentice-Hall, 1998, pp. 53-56.

③ 张玉镶，文盛堂.当代侦查学.中国检察出版社，1998：470-496.

需要说明的是，该书中使用的表述是"侦查的一般方法"而非侦查行为过程或程序，但实质是一样的。

犯罪之发生与处理；犯罪现象之了解；犯罪资料之研析；侦查方向之决定；行动与侦讯的配合；案情检讨。[①] 也有学者循此思路将侦查行为流程具体化为：发生犯罪→发现犯罪→情报收集（包括受理案件、现场处理、查访相关资料）→集中资料（包括资料检查核对、刑事科学鉴识）→案情研判（"七何"）→发掘线索→侦查计划（包括专案小组、侦查分工、侦查部署）→侦查行动（包括情报部建、根据监视、搜索扣押、拘提逮捕、查证查赃、约谈侦讯）→认定证据（包括情况证据、证物证据、文物证据）→侦破刑案→移送审理。[②]

上述列举，只是为了说明侦查行为过程描述角度的多样化，并不表明这些描述之间有实质性的差别，因为不管如何描述，都不会改变实践中侦查行为过程的客观样态，学界的讨论只是要对侦查行为过程作出解释并寻找更合理的行为模式。我们认为，从决策学的角度，可以把复杂的个案侦查行为过程进一步概括为任务（案件）分配、侦查决策、决策实施和侦查行为停止四个阶段。侦查决策和决策实施是侦查行为的实际运行阶段，侦查行为停止则是侦查行为的结束阶段。其中，侦查决策和决策实施可以是一个循环往复的过程。

二、作为行为起点的任务分配

微观侦查行为的起点是任务的分配，[③] 即有权主体指定或依规则确定具

① 林吉鹤.犯罪侦查理论.台湾地区"中央"警察大学，1998.

② 郑厚.犯罪侦查学.作者自印，805.

③ 任务的分配固然是侦查行为的起点，但是，侦查人员是否实质性进行侦查行为决策和实施侦查行为，仍是未知数。实践中，侦查人员对案件存在选择性，此种选择的标准，对侦查行为的实质启动具有决定性影响。对于这一问题，我们已经进行过较为深入探讨，本书不再展开。

参见刘为军.论案件侦查的选择性.山东警察学院学报，2013（4）.

体侦查人员来组织实施某项具体侦查行为。而从个案侦查行为来讲，侦查行为始于立案之后，案件分配是立案之后的第一阶段，它决定案件侦查的实际承担者，或者说，案件分配将构建起最小层级的侦查组织。案件分配将对案件侦查结局产生重要影响，因此也是需要慎重考虑的。为便于阐述，同时考虑案件分配的重要性，我们以案件分配为例来分析任务分配问题。

案件分配制度长期未能引起人们的关注。在实践中，由于案件总量较大，案件分配通常由领导指派或者侦查人员主动申请并由领导批准，只在重特大案件或者疑难案件的侦查才会谨慎选择侦查人员，而且一般的考量因素多为侦查人员的工作量和各自的业务能力、特长。

案件分配制度的本质是侦查权的配置问题，针对的是案件发生的管辖和主管，即由哪个机关进行侦查，该机关又以何根据将其交由哪些具体的侦查人员进行侦查。对于具体侦查行为来说，管辖权早已法定，因此主要考虑的是交由哪些具体的侦查人员来实施侦查的问题。换言之，谁才是最合适的侦查人员？应当搭建何种类型和规模的微型侦查组织？

法律和规范极少关注这一分配流程。在实践中，案件具体由谁主侦，主要有以下几种确定方式：一是轮班制，即对本机关内部进行分工，侦查人员分成若干组，每组轮流值守24小时，值班期间的报案由该组负责。这种做法在基层刑侦中队较为常见。由于刑侦中队一般下设探组，而一个探组少则两人，多则四五人，一般要求协同办案，因此，这一机制实际上也确定了具体案件的具体侦查人员。[①] 二是指派制，即某些案件由上级或本单位领导直接确定办案人员。指派制又分成多种具体形式，有的由领导亲自担任专案组负责人，有的由上级机关派员主办，也有的由各级侦查机关组成联合专班，负责人由领导指定。三是以"破案招标""搭档包干""点警制"等制度来确定侦办人员。[②]

虽然每日案件数量不一，案件性质各异，但是从月度、季度或全年来看，

---

① 需要说明的是，探组受理案件时通常也会有分工，虽然探组名义上共同办案，但是每起案件的主侦人员会有不同。主侦人员的而确定通常也实行轮班制。
② 后文激励机制部分，还将对这几项制度进行更深入评述。

各探组基本能保证受理案件的总量、案件性质等大体相当，因而也是一种比较公平的分配模式。但是对于一些比较重要的案件，特别是侦查机关列入优先侦查事项的案件，采用这种方式并不可靠，此时，指派制是一种比较好的选择。

不论是何种确定方式，其本质都是为了更好地侦破案件。因此，从理论上讲，案件应交给最合适的人来侦查。不过，谁是最合适的人选，法律和规范上并无任何限定，均依赖于侦查机关负责人自己斟酌。有学者在研究不同单位之间"碰线"或"踩线"时提出了关于线报协调沟通的裁夺标准，依序为：（1）谁最深入；（2）谁最先取得；（3）谁最有能力清查。双方踩线时，通常以最先、最深入者为主，如果是深入程度相同者，则由最先者主办，其他协办。若是同时接获同一线索，则由最具清查能力，或是具有地缘关系者主办。若是共同清查，便依该线索的清查对象来分配；是否会就此引发争执，需视双方单位主管能否配合而定。①

我们认为，这一标准虽然不是针对案件分配而定，但是它所实际确认的两项隐含内容值得我们关注：一是谁最先接手该案件；二是谁最擅长该类案件侦查，最熟悉该类案件侦查背景。尽管对侦查人员而言，每一起案件都是新的，但是同类案件有其共同规律，而每个侦查人员都有其优缺点，最适合的做法无非是让侦查人员以其之长，功案件之短。为此，侦查人员的心理状态、气质类型均应纳入决策基础信息行列。诚然，侦查人员已承接案件数量也属考虑要素，在侦查事项上，决不能简单地采取"能者多劳"的做法。

总之，案件的分配需要综合考虑侦查人员的个人能力与已有负担、侦查人员组合形成的合力、案件侦查的周期以及将要耗费的资源等众多因素，并不能单纯根据领导人的主观好恶决定，更不应简单地交付侦查组织之外的其他人员。

关于案件的具体分配，仍需今后根据实证资料，做进一步的深入研究。

---

① 林燦章，林信雄．侦查管理——以重大刑案为例．台湾地区五南文化出版公司，2004：251.

三、行为决策

决策原是管理科学中的一个特定术语。对于决策的定义和内容，争论很多，[①]但几乎都承认决策是一种决定和选择过程。我们认为，决策就是对未来实践的方向、目标、原则和方法所做的选择和决定，它是人类的基本活动之一。对决策行为进行研究，发掘其中的规律性，从而对我们的行为加以指导，也是我们发挥主观能动性的重要表现。

在侦查行为过程中，侦查人员经常要在各种情形之间作出决定，从两个或多个备选方案中进行选择。毫无疑问，这些决策往往都是瞬间的反射行为，决策者或许并未经历有意识的深思熟虑。例如，侦查人员在决定现场勘查的顺序时，他可能不需仔细考虑就选择从内到外或者划分区域的方式进行。这些决策虽然并不需要多少思考，但它仍然是一个决断过程。而且，当人们面对新的或重要的决策时，往往会深思熟虑，开发尽可能多的备选方案，权衡利弊，追求最佳的行为效果。可以说，侦查决策的成效对于侦查结局具有根本性的意义。

（一）侦查决策的决策理论前提

人们在丰富的决策活动基础上总结概括出了诸多决策理论，较有代表性且对侦查决策有借鉴意义的主要有博弈论、效用理论、随机性决策理论、模糊决策理论、有限理性理论等。[②]

博弈论研究处于竞争状态的各方为了战胜对手而采取的对付对方的策略，它制定的决策主要是针对竞争对手的策略或方法。依据博弈论，通过运用数学模型的推理形式，可以帮助处于对抗性竞争状态下的各方在各自策略（方法）集合中选取最优策略，以使自己获胜。

效用理论认为人们是用效用期望值而不是损益期望值进行决策的，策略

---

① 参见杨宗辉，刘为军. 侦查方法论（第二版）. 中国检察出版社，2012：118-119.

② 参见冯之浚. 软科学纲要. 三联书店，2003：44.

（方法）的效用不是策略（方法）本身决定的，而是由策略（方法）和决策者共同决定的，效用是策略（方法）和决策者的函数，即：策略的效用＝f（策略，决策者）。决策由决策者承担，决策者个人的主观因素不能对决策的过程发生重大影响。但是，决策者的个人性格、当前处境以及对未来的展望等条件的不同，决策者对选择机会的反应也会有所不同。依据效用来决策实质上代表着决策者对风险的度量。在效用理论中，效用是一个相对的尺度，可以用来度量决策分析中的各种可能结果，使之能在数量上进行比较。从方法论角度看，该理论可以为解决较复杂的决策问题提供基础。[①]

随机性决策是指未来事件是否发生不能肯定，但知其可能发生的概率的情况下的决策，又称为"风险性决策"。随机性决策的决策方法很多。例如，根据决策标准与所使用方法的不同，可以分为依期望值为标准的决策方法、以优势原则为标准的决策方法、以意愿水准原则为标准的决策方法。此外还有网络决策法（包括决策树网络法和动态规划网络法）、马尔可夫决策法等。

模糊理论是为解决决策时的模糊目标提出的。解决这类问题的有力武器就是模糊数学在决策中的应用。模糊论奉行两个原则：一是不相容原理，认为精确性与复杂性互相排斥；二是取大取小原则，认为取大取小应视具体情况而定。模糊论告诉人们，思考问题并非唯精确是好，要把利取最大害取最小作为方法的灵魂。模糊论现在已经被广泛应用到各个领域，成为人们解决模糊性问题的重要决策工具。模糊决策可以分为单人、多人、单目标、多目标、单级、多级等各种类型。

有限理性理论源自赫伯特·西蒙，有限理性即人的理性行为是受限制的。

---

① 效用理论上的效用是指决策者对于利益和损失的独特兴趣、感觉或反应。效用函数最直观的表现就是效用曲线，在主要按照效用理论进行的决策分析中，具体就是利用效用曲线来选择最优方案，即以损益值为横坐标，以效用值为纵坐标画出的曲线。曲线因决策者类型而有所不同。一般而言，保守型的决策者对利益反应比较迟缓，而对损失则较为敏感，他对肯定能得到的某种收益值的效用经常大于他对带有风险的同等收益值的效用。依理可推之进取型和中间型的决策者的效用曲线。

有限理性理论是在批驳"理性——经济人"假设①的基础上提出的：首先，人的知识是有限的，人们很难掌握全部信息，很难对复杂多变的现实情况有完全的了解和对未来发展有准确的预测，因而往往需要在缺乏完全了解的情况下，在一定程度上根据主观判断进行决策；其次，人的能力是有限的，这就限制了人们识别问题的准确性、设计方案的完善性和穷尽性、评价方案的精确性和实施的正确性；再次，人在影响其决策的价值观和目标观念上是受限制的；最后，决策环境的高度不确定性和极度复杂性，在不明确的环境下难以做到理性的抉择。总之，现实生活中的个人或组织的决策，都是在有限理性的条件下进行的。

侦查决策是侦查决策人员对将要采取的侦查行为所做的决定，它与普通决策行为之间存在许多相同之处，因此，上述决策理论所描述的现象在侦查决策中也可以得到体现，因为侦查行为本身就包含着不确定性、随机性和模糊性，并由具备有限理性的决策者根据侦查对象特点做出判断。当然，实际的决策者不一定遵守决策理论所确定的规则，就如实际的思维不一定遵守逻辑法则一样。我们考察一项决策是否合理，也不能仅仅根据其是否自觉遵循或违背了决策规则，而应当同时综合考察具体决策行为的动机、决策者的相互关系和影响。这种考察态度恰恰是应用决策理论的一个基本前提。

（二）侦查决策的基本要素

根据决策理论，无论什么决策都至少有（1）决策者、（2）决策目标、（3）决策变量（用以达到目标的手段）、（4）环境变量、（5）决策后果、（6）决策变量、环境变量与决策后果间的关系和（7）对决策后果的评价与选择。②这里所指的决策后果是指将要发生的后果而不是已经取得的后果，

---

① 传统经济学理论假定了"理性——经济人"模型。这种人在行动过程中既具有"经济"特征（即以最合理的方式追求最大限度的利益），同时也具有完全的"理性"，具备丰富、透彻的关于所处环境的知识，具有稳定的、条理化的价值观，并有很强的计算能力，能够在备选方案中计算出最佳方案。
② 参见黄孟藩. 现代决策学. 浙江教育出版社，1998：18-19.

因此，并没有把实施行为纳入决策行为范畴之内。我们认为，对于侦查决策而言，基本的构成要素有：

第一，备有多个可供选择项或方案选择。如果只有一个选择，就不存在决策问题。只有一种方案或策略而没有选择余地的"选择"称为"霍布森选择"，通常只有在情况相当严峻时才会出现。在实践中，许多人认为只有一条路可走时，未必是真正的"霍布森选择"，而可能是没能充分发现新的道路。为了发掘更多的可供选择项，可以考虑借助他人的智慧来弥补个人的智力不足。

第二，明确方法的条件效果，即明确在一定客观条件下实施方法时可能会出现的结果。正确的侦查决策以正确的认识到方法的条件效果为前提。从理论上讲，误判条件效果，必然会使决策出现失误。

第三，明确方法实施时的客观条件。侦查决策是侦查实行行为的先导，决策和执行之间往往有"时间差"。[①] 构成一个良好的决策的必不可少的前提就是，明确将来的客观条件，也即决策主体在实施所确定的方案时将遇到的能够影响行为效果的外部条件，例如案情的变化、犯罪嫌疑人的反侦查行为等。为了明确既定方案实施时的客观条件，就引出了调查收集情报资料和预测等问题。资料、情报的收集工作，其重要性毋庸置疑。在多数案件侦查中遵循的以现场勘查为起点的一般侦查模式中，现场勘验、现场分析结论以及现场信息与既有情报资料的比对，就是一个资料收集过程。

预测在侦查决策中也是非常重要的，没有对将来情况的判断，就谈不上科学决策。需要注意的是，侦查预测与侦查假设既有联系又有区别，假设是侦查人员根据已有的案件信息以及以往的侦查经验和一定的科学知识，对案件需要查明的问题所做的假定性说明。预测则是侦查人员根据掌握的案件信息和其他信息对侦查情势[②] 的发展所做的推测。侦查预测和侦查假设都带有

---

① 诚然，在侦查中，这种时间差有时可能是瞬间的，尤其是在应对紧急情况之时。
② 这里所说的侦查情势，是指对案件侦查具有意义的各种条件与状况及其携带着的动态信息之间的相互联系、相互作用而形成的混沌体系。

参见杨宗辉. 侦查学前沿问题研究. 群众出版社，2002：6.

推测性质，但二者在推测的顺序上有所区别。假设主要从已知结果来推测原因，例如根据已知现场的各种痕迹去判断造成各种痕迹的原因并进而描述作案人在现场的行为过程。而预测则主要是从已知情形去推测未来的发展趋势和可能性，例如根据现场勘查所掌握的犯罪嫌疑人的心理特征去推测犯罪嫌疑人将会采取的下一步行动。假设会影响侦查人员的侦查预测行为，而预测则会深刻影响侦查决策过程。

第四，明确把握侦查决策的目的。决策的本质就是为了选取达到一定目标的尽可能好的策略。因此，在决策活动中，目标必须是始终牢记的。目标的含糊和漂移，都将导致对行为的选择的变换，并在最终结果上偏离侦查人员原先的期望。例如在侦查涉嫌黑社会性质组织犯罪案件时，侦查人员发现其中某个犯罪嫌疑人涉嫌侵占巨额财产，于是将侦查重点转向侵占案件的侦查。这种侦查重点的变化和侦查目标的多元化，必然影响一开始的侦查决策，从而促使侦查行为出现重大调整。诚然，正如前文所提到的，侦查目的（目标）是多元和多层次的，因此，对侦查目的的把握也可能随时出现变化，从而影响原有决策的结果认定。从这个意义上来说，侦查决策时也应当考虑到具体（微观）侦查目的可能出现的调整，使侦查方案具有一定的包容性，能够在侦查情势出现变化、侦查目的发生改变的情形下仍然能够在一定程度上适应侦查的需要。

上述四个方面的问题——多选择、条件效果、未来客观状况和决策目标构成了一个侦查决策的四个基本要素。若不具备其中的任何一个条件，都难以成就科学决策。

（三）侦查决策的行为类型

侦查决策的类型很多，因为侦查行为所要解决的问题、所涉及的要素也是多种多样的。不同的决策类型有不同的性质和特点，也反映着不同的决策思维和观念。侦查决策的类型较为复杂，在实践中也没有一个固定的划分方法。在具体的决策活动中，究竟应采取何种决策类型，几乎完全取决于所要解决的具体问题本身。下面我们从几个方面对侦查决策进行类型划分：

1. 按照决策主体的数量，可以将侦查决策分为个人（单一）决策和群体决策两种。

个人决策是靠个人权力来保证的决策类型，没有一定权力的个体是不具备进行决策的条件的。个人决策的质量取决于决策者本人的素质，包括其认知能力、思维能力、反应能力以及其学识、品格等。个人决策的优点是及时、迅速、果断，但也容易导致决策的主观性、随意性和片面性，毕竟个人的能力是有限的。

以群体或集体为决策主体来进行的决策活动称之为群体决策，或称之为集体决策。由于较为复杂的侦查活动大都涉及大量的信息与变量，因此，集中侦查人员群体的集体智慧和优势，进行民主化决策，是极有必要的。与个体决策相比，群体决策有助于消除决策的随意性和片面性，有助于通过侦查人员的不同观点和意见的对比分析，打开思路，扩大视野，全面收集和分析解读各种信息材料，充分考虑各方面的要求。不过，与个人决策相比，群体决策也存在弊端，例如可能花费较多的时间，特别是意见不一致时，容易造成决策过程的拖延，不能迅速果断作出判断，从而错过最佳时机和条件。为此，应当注意群体决策的方式和方法，既充分发挥集体智慧，又避免议而不决、决而不行。在群体决策中，有以下几点是应当引起注意的：一是要注重信息共享，让所有决策者都掌握足够的共同信息，避免不必要的分歧；二是要进行民主讨论，允许不同意见畅所欲言，甚至鼓励不同意见的争论；[①] 三是要及时决策。不管分歧多么大，都必须把握侦查的时效性，不能过度拖延。一般情况下，在充分民主讨论之后，应及时作出决策，由案件侦查的负责人果断作出决策。在有的情况下，也可以考虑以多数意见决定侦查方法。实践中，由于侦查行为的保密性、时效性等要求，决策群体人数不宜过多，但是为了尽可能发挥群体决策的优势，就有必要在决策群体的构成上采取措施，实现成员在知识结构、性格、气质、决策风格、年龄、性别、所处阶层等方

---

① 头脑风暴法（智力激励法）是群体决策方法的最为民主的形式，它以小型会议的形式，鼓励与会者自由奔放地发表意见，严禁批评，而且以谋求意见（设想）的数量为主，并给予与会者利用他人意见（设想）来开拓自己思路的机会。

参见杨宗辉等.侦查学.群众出版社，2001.

面的互补和合理分布。①

由个体决策和群体决策各自之优劣决定，二者的适用领域有所区别。对于案情简单、明确或者案情紧急，主侦人员素质较高、经验丰富的案件，个体决策是有效的，而对于疑难复杂或者案情并不紧急的案件，则群体决策不失为较佳选择。此外，对于同一起案件来说，不同侦查阶段的决策方式也可以是不同的，例如需要进行现场保护、需要紧急处理案件的危急情况时，领导或者初抵现场的侦查人员个人的及时决策非常重要。

2. 按照侦查决策的问题结构和程序，可以分为程序化决策和非程序化决策。程序化决策是一种定型化的决策，是指可以依照固定程式和方法进行的决策，其所要解决的问题是结构良好的问题。程序化决策中的程序主要是由习惯经验或标准化程序或制度规定获得。在技术方法领域，程序化决策最为常见。非程序化决策所要解决的那些结构不良、未曾发生过或未曾处理过的问题，它们难以用常规程序和方法进行决策，决策时无固定模式可循。非程序化决策常因决策者个人之知识、直觉判断、经验与对待风险的魄力等不同而有所不同。因此，为了保证非程序化的决策的质量和稳定性，如果事情不紧急，通常都宜采用群体决策方式。

在侦查中，决策是否程序化与侦查人员是否遇到过类似案情有很大关系，同样一个案件，让甲侦查需要非程序化决策，让乙侦查则可能进行程序化决策。程序化对于决策效率有着重要意义，这也是实践中成立各类案件侦查专门队伍的理论依据之一，由同一支队伍来处置同类案件，可以实现大体上的程序化运作。诚然，由于侦查资源的有限性，不可能针对所有类型的案件都成立专门的侦查队伍。

3. 按照侦查决策的环境和决策结果的确定程度，可以分为确定型决策、风险型决策和不确定型决策。需要选择的行动方案的结果和未来的侦查情势

---

① 参见［美］J. Edward Russo. 决策行为分析. 安宝生、徐联仓译. 北京师范大学出版社，1998：138—140.

除了群体结构外，群体成员之间在权力、权威和信息沟通方面的相互影响也是值得重视的。

密切相关，以方案选择为主要内容的决策过程也因侦查情势的不同发展趋势而有所区别。在确定型决策中，未来的侦查情势完全可以预测，人们知道将来会发生什么情况，可以获得精确可靠的资料和数据作为决策的依据。而风险型的决策中，未来侦查行为面对的侦查情势有几种可能的状态和相应后果，侦查人员得不到有关侦查情势发展的充分可靠信息，但是可以预测每种状态和后果出现的概率。不确定型决策则不但难以估计某种侦查情势出现的概率，而且连可能出现的状况和相应的后果也无从知晓。

4. 按照决策结果的心理预期效果，可以将侦查决策分为最优决策和满意决策。所谓最优决策，就是指通过主体的决策行为，能够获得客观上最佳的侦查方案的决策活动。但是，最优决策在很多时候是不可能实现的。因为要求最优，就势必要求掌握一切情况，分析一切可能性，这不仅不太可能，还要付出昂贵的代价。而且，为了追求尽可能多的信息，势必要花费大量的时间，这又与及时决策相矛盾，容易丧失良机，反而影响决策的效果。更何况，侦查情势总在变化，时间拖得越长，需要了解的新情况就越多，如果仍然片面地追求所谓最佳决策，则可能永远都得不出决策结论。

为此，根据现代决策理论，除了少数情况下可以进行确定型决策以外，多数时候不是去追求最优化，而是去追求满意化，即在此时、此地、此条件下，可以满意地解决现实矛盾，就可以决策了。所谓满意决策，就是比拖延不解决更有效益，能够在现实的条件下求得一个让人满意的结果。当然，依据满意决策所获取的方案行动，在取得一定成效之后往往还会出现新的矛盾，这时需要再度进行新的满意决策。

满意决策为实践中许多侦查决策行为提供了解释模型，比较符合侦查行为的实际。事实上，我们在谈到侦查决策的最优化时，谈到的往往是指侦查情势限定之下的最令侦查主体满意的方案。① 这一判断与"行动科学"上的满意性原理相合。满意性原理认为，在决策中，最优方案存在的可能性微乎其微。许多问题，无论是技术问题还是社会技术问题，人们面对的绝非在两种解或多种解中进行选择的问题，而是面对目标直接"设计"出一个方案来。人们这样做，只求这样的设计是"令人满意的"。追求"满意解"是人类的特点，是由于人的理性的有界性，人只能根据现有信息寻求某种合意方案。② 卡尔纳普亦曾指出，在不确定情形下，人们无法搞清方案中出现各种可能结果的概率分布时，他们需要一些不必知道概率的方法。人们往往根据自己的主观愿望建立不同的评价标准，但选出来的方案还是符合人们所认为的那种

---

① 这里存在一个主客观标准互换的问题。在最优化的决策中，评价是否最优的标准至少在理论上是客观的，是以是否客观上最有利于侦查为标准的。而在满意决策中，评价标准是主观的，决策者（或者评价者）对方案的满意程度是唯一标准，尽管这种满意事实上也包含着决策者（评价者）对该决策结论"最优"的判断，也就是说，主体总是将自己认为最优的方案视为最满意的方案，或者说，主体把最满意的方案视为最优的方案。

② 参见潘天群. 科学方法论导论. 中央编译出版社，1999: 189-191; [美] 赫伯特·西蒙. 人工科学. 武夷山译., 商务印书馆，1987: 119-120.

人的理性的有界性即人的判断与实际效果之间的不一致性，它源自行动科学中的理性原理。根据理性原理，人的理性有界性特征是由以下几点造成的：一是人的背景知识不是完全的，这样的背景知识中或者有错误的东西，或者缺乏相关的知识；二是对外界信息的把握能力或获取能力是有限的，从而不能获得足够的信息供判断之用；三是由于计算能力的有限性，即使足够的信息与足够的知识，由于计算能力有限而不能作出合理的判断。

参见潘天群. 科学方法论导论. 中央编译出版社，1999: 186.

最好方案。① 据此可以看出，在不确定的情况下，选择何种行动方案，取决于决策者对未来的估计是乐观还是悲观，取决于决策者倾向于谨慎还是冒险，这也表现出个人对已有信息的分析、个人的经验和魄力是解释和评价行动不可不注意的因素。这同时也说明，不管侦查情势是否预知和确定，最佳方案的决策都表明决策行为极大地依附于决策者自身，尽管在不同条件下所体现出的侦查人员或者侦查组织之色彩的程度可能会有所不同。

　　除上述分类外，还可以根据侦查决策之目的，将决策活动分为求同决策和求异决策；根据决策主体的角色，分为领导决策和专家决策；根据决策所要解决的问题的层次和性质，分为宏观决策、中观决策和微观决策，或者称之为战略决策、管理决策和具体业务决策。②

（四）现代决策思维及其对侦查决策行为的意义

　　为了使侦查决策行为以及决策结论更具科学性和可靠性，侦查行为主体

---

① 卡尔纳普认为，人们在不确定情形下选择行为方案时主要有五种评价标准：1. 极大极大（Max-max）准则（乐观准则）。这种方法的基本思想是假定每种方案选择后总是遇到最好结果（条件收益值最大或条件损失值最小）而最优方案又是遇到这种最优结果后的各方案中最优的。2. 极大极小（Max-min）准则（悲观准则）。这种方法假定采用某种方案总是遇到最坏的结果，因而按此准则来选择方案一般不用冒较大的风险。3.a- 乐观准则（折中准则）。它设想既非悲观，也非乐观，而是各取依前两准则所得之一部分结果作出相应的折中考虑。4. 极小极大（Min-max）准则（后悔准则）。通常，人们在选择方案过程中如果舍优取劣就感到后悔。后悔的本质是一种机会损失，而应用极小极大准则就是另一种期望达到最高效用的方法。5. 拉普拉斯准则（Laplace 准则，或称等可能性准则）。当人们看到各种自然状态出现的概率无法进行预测，就会自然而然想到可以按照出现的概率相等来计算。如果有四种自然状态，就假定每种状态出现的概率都是 1/4，算出各种状态将会出现的概率之后，再取概率最高的作为行动方案。

　　参见易江. 行动与行动说明. 同济大学出版社，1992：62-65.

② 在任何一个组织体中，这种宏观、中观和微观的决策都是存在的，它们在决策权、决策所依据信息的完备程度、风险程度、决策主体、决策程序和决策分析等上均有较大差别。

应当尽可能地使自己的思维纳入理性轨道。根据现代决策理论，结合侦查实践，我们认为，现代侦查决策思维可以表现为以下几个方面：

1. 目标审查。在侦查决策时首先要审查决策目标是否正确，是否符合当时的评价标准。偏离目标的决策方案再精美完善，运用了再多的科学方法也无济于事。在决策中，方案和措施可以改变，但是目标是既定的，否则就是另一个决策了。过度沉湎于某个方案，顽固坚持自己喜欢或熟练的某些措施，而忘记最终要实现的根本目标，是一些侦查人员在决策时易犯的毛病。

客观而言，由于侦查资源的有限性，为了全局利益，在个案侦查决策的目标审查阶段还可能存在一个价值判断的问题。侦查人员可能会有选择地对某些案件进行精心决策，而对某些案件则有意识地放弃决策。[①] 与此同时，侦查决策目标可能具有模糊性，这就需要侦查人员确立阶段性目标，一步步导向最终目标（即最终目标的清晰化和最终实现）。

2. 区别思考。侦查决策的类型很多，对于不同的决策类型，侦查人员应有不同的思维方法。以确定型、风险型和不确定型侦查决策为例。对于确定型决策来说，由于结果确有把握，决策就应该根据已有的信息选择最佳方案，并全力去实现最佳结果。对于这种决策，基本的思考原则就是果断选择和实行。对于风险型决策来说，由于要冒一定的风险，决策者就必须考虑：选择最有希望（而不是确定无疑的）方案；准备应变方案以应对意外；在侦查行为实施过程中不断搜集信息，使信息量足够大，直至能将风险型决策转化为确定型决策，等等。对于不确定型决策来说，由于决策时掌握的信息严重不足，条件不成熟，决策的后果不确定，因此在决策时要注意不可盲动，不可过于自信，最好能够多方案并进，并将主要力量集中在信息的反馈上。

3. 把握全局。全局是一项决策的灵魂。侦查决策要把握全局，这可以从两个方面来理解：

一方面，侦查决策要着眼于侦查全局，服务于整个案件甚至整体案件的

---

① 从法理的角度来说，侦查机关对于社会利益和每一案件的被害人都负有保护义务，因此无权拒绝侦查任何案件，但是，侦查资源本身的有限性会迫使在实践中不得不有所选择，所不同的只是选择的方式而已。对此本书第六章还将进一步讨论。

侦破。对于那些涉及面较宽，涉案者较多，案件背后可能存在隐案的案件来说，强调这一点非常重要。为此，在侦查决策时必须充分考虑到宏观侦查决策以及以往的侦查决策，彼此之间要相互协调，相互配合。

另一方面，从单个的侦查方法决策出发，决策本身就应该是系统的展开，成为一项系统的设计。侦查人员在接受或决策一个方案时，必须是一个较为完整的方案，而不能只采纳方案的一部分。当然，侦查人员可以采纳各个方案的合理部分，但也必须综合成一个新的完整的方案之后，才能被接受。[①]

4. 重视异议。决策者对于决策过程中的不同意见要予以足够的重视，因为不同意见实质上等于提出了更多的可选择方案，争论能激发人的想象力和创造力，而且不同意见之间互攻他（方案）短，各扬己长，能够充分展露各种方案的利弊，便于取长补短，最终提高决策的可靠性。从决策负责者的角度来说，重视不同意见，还可以避免偏听偏信，避免自己的思维定式。就决策的实施而言，经过充分展现各种矛盾和分歧的决策过程所得出的结论也更容易为大家所遵循。因此，重视异议的决策过程也是一个统一决策认识的过程。[②]

5. 重视决策中非理性的个体因素与决策风格。前已述及侦查人员个体因素对侦查行为的影响。决策中重视非理性的个体因素和决策风格，正验证了个体因素在决策过程中的作用。侦查人员的个体因素如情感、意志、需要、

---

① 本书第二章第二节"侦查方法的类型"中提到了缺损方法和完形方法的分类。需要注意的是，缺损方法并不等于非系统的方法。我们认为，从系统角度来看，缺损方法也是一个完整的方法系统，只不过是并非所有要素都齐备而已。事实上，缺损方法是不确定型决策或风险型决策的产物。从某种程度来说，缺损方法的大量存在正好说明了系统的开放属性。

② 重视异议的决策过程还是一个民主化的决策过程。由于侦查的特殊性（尤其是其时效性和权力性），人们更看重领导人或者案件的主要负责人对侦查的绝对权威。我们认为，即便强调负责人的权威，强调上级对下级的领导地位，也不妨碍决策者在决策过程中发扬民主作风，正确处理上下级以及不同分工之间的关系。我们强调侦查决策的民主化，主要就是要强调在重大决策时必须听取和尊重其他侦查成员甚至专家的意见。

兴趣、信仰以及潜意识等，它们对行为的影响通常都是以非理性形式出现的。这些因素的产生及其内容和强度都具有自发性特征，它们的独特之处，决定了其对决策过程的影响也是必然的。①

从认识论层面分析，非理性因素不是一种按步骤、分阶段的严格遵循逻辑顺序认识事物的认识形式，而是那种一瞬间完成对事物本质认识的认识形式，例如直觉、灵感等，它们都具有突发性、随机性、瞬间性和创造性等特点。这类因素在决策时主要通过类型化、直观化和整体化的方式来弥补理性思维之不足：所谓类型化，是指经验的类型化，由于非理性因素的参与，决策者不必把握决策对象的全部细节，而只是将以往的经验归纳为一些类型，把不同的经验类型存储在头脑中，当面对某种决策情境时，决策主体会从以往的经验中寻找解决问题的方案；所谓直观化，是指在非理性因素的参与下，主体对决策对象的反应是直接的，类似于条件反射式的快速反应；② 所谓整体化，是指决策在直觉等非理性参与下，决策主体在反映问题时并不完全按照理性分析模式进行，往往可以直接把握问题的整体。凭借这种整体化功能，决策主体可以在纷繁复杂的事物中把握问题的关键。

从人性论层面分析，非理性因素是指人的需要、情感和意志等因素。这些因素对侦查人员的影响是潜在的。适度的需要（例如对成功的渴望）、有控制的情感（对犯罪的谴责和对被害者的同情）以及坚韧的意志对侦查决策具有肯定意义。但是，欲望过于强烈，往往容易急功近利；情感过于强烈，容易在决策分析时具有倾向性；而意志过于坚定，则容易固执己见。可见，人性论意义上的非理性因素深刻地影响着决策主体对决策环境的认识以及对决策方案的决断能力。

可见，非理性因素对决策的作用并不都是负面的。"把理性分析和直觉结合起来，二者对制定决策来说并不冲突，实际上可以提高决策的有效性。随着管理经验的增加，把直觉过程置于理性分析之上的信心也应不断增

---

① 非理性因素对侦查行为全过程的影响是全面的，而不仅仅局限于决策阶段。
② 这种直观建立于决策主体对情况非常熟悉，而且又有较强的决策能力的基础之上。

强"。① 侦查行为主体在进行决策时既要充分发挥非理性因素对理性因素的诱导和补充作用，又要充分发挥理性因素对非理性因素的定向作用，避免非理性因素介入侦查决策带来的消极影响。

个体因素的考量，使得我们重视侦查决策中的个体差异和决策风格问题。几乎所有的人都把自己的个性及其个体差异带到决策中，其中决策风格的差异与决策制定尤其相关。组织行为学研究定义了个体制定决策的四种不同风格：命令型、分析型、概念型和行为型。这四种决策风格所基于的共识使人们在两个维度上存在差异：一是思维方式不同，一些具有逻辑性和理性思维的人，处理信息的过程是连续性的。相反，一些靠直觉和创造性思维的人，把事物看成一个整体来接受。二是对不明确性的容忍度。一些人总是需要在组织信息时，采用使不确定性降至最小的方法，而另一些人却能够同时思考多个想法。命令型风格的人是有效率和逻辑性的，追求理性，对不确定性的容忍度较低，决策速度快，注重短期效应，但关注效率结果的同时，在决策中利用最少的信息并且几乎不考虑备选方案。相比命令型决策者，分析型决策者对不确定性有较大的容忍度，适应和应付新环境的能力强，期望获得更多的信息，并考虑更多的备选方案。概念型决策者眼界非常开阔，并考虑很多备选方案，着眼于长远目标，并且善于找到创新的方法来解决问题。行为型决策者则善于和其他人合作，对同事及下属的工作绩效表示关心，接受别人的建议，善于理解沟通，尽量避免冲突，并寻找可接受的方式。② 决策风格与决策者的性格有着密切的联系，这种分类犹如将人的性格和气质类型化一样有所偏颇，但也有一定的参考价值。决策人员的决策风格应当成为决定其应否参与决策和参与何种案件侦查决策的一个因素。换言之，这应是决定侦查人员工作分工的依据之一。

除了上述五个方面的因素之外，决策者受侦查组织约束的程度等都是研

---

① [美] 斯蒂芬·P.罗宾逊.组织行为学精要（原书第7版）.柯江华译.机械工业出版社，2003：131.

② 参见 [美] 斯蒂芬·P.罗宾逊.组织行为学精要（原书第7版）.柯江华译.机械工业出版社，2003：124-126.

究侦查决策时应予考虑的因素。

（五）侦查决策的基本程式

从侦查行为的阶段性来看，其正确与否，关系到整个侦查的进程和结局。在现代决策思维指引下，了解和把握侦查决策的基本程式对于科学决策是极为重要的。我们认为，典型的程序化的侦查决策大致可以表述为以下基本程式：

1. 分析侦查情势，发现问题，确立目标。分析侦查情势主要是分析案情，因为侦查行为对于己方状况相对较为清楚。案情的分析主要包括现场分析、侦查开始阶段对案情的分析和侦查过程中随时可能进行的案情复析。在实践中，分析案情的主要方法有辩证分析法、心理分析法、逻辑推理法、直觉判断和灵感推理等。在案情分析中，侦查人员的主要任务是发现问题和确立需要通过侦查行为加以解决的目标。

2. 拟订侦查方案。侦查方案也即侦查计划，《公安机关办理刑事案件程序规定》第 165 条对全案侦查计划的内容进行了概括：对案情的初步分析和判断，包括对线索来源可靠程度和涉嫌的范围的测定；侦查方向和侦查范围；为查明案情需要采取的措施；侦查力量的组织和分工；需要有关方面配合的各个环节如何紧密衔接；侦查所必须遵循的制度和规定；如属于预谋犯罪案件，还应当提出制止现行破坏和防止损失的措施。不过，以上规定主要是针对疑难、复杂、重大、特别重大案件而言的，对于一般案件并无如此严格要求，但通常也须具备以下基本内容：立案的根据；对案情的分析判断；侦查的任务和措施；侦查力量的分配；有关工作制度；附分段侦查计划。

从学理上看，侦查方案包括侦查途径的选择、侦查措施的选用和侦查工具的确定。首先，选择侦查途径，即是从人到事、从事到人还是从人从事同步进行。^①其次，选定侦查途径后，还需要考虑可以适用的侦查的策略手段。例如对于从人到事的案件，考虑是否根据已有证据限制犯罪嫌疑人人身自由（如拘留、逮捕、监视居住等），并通过讯问等正面接触手段获取进一步的线索和证据；又如采用外围调查为主，待证据充分之后再限制嫌疑人之人身自由，等等。侦查中可以选用的策略手段非常之多。虽然法定的侦查措施是有限的，但是这些侦查措施的组合使用特别是各侦查措施的具体适用形态在总量上却是相当可观的。因此，在侦查决策过程中，侦查行为主体必须充分发挥创造性和想象力，罗列出各种有价值的策略手段。最后，侦查策略手段之适用离不开侦查工具，侦查决策时还应当把侦查时所需适用的侦查工具纳入考虑范畴。需要注意的是，侦查工具的选用应当与案件的性质和严重程度也即案件侦查的实际需要相适应。

3. 在拟制方案的基础上进行比较，对风险进行评估，最终选择最满意者。上述侦查途径和侦查策略手段之选择在客观上已经为侦查方案的拟定提供了丰富的素材，侦查人员可以依托这些素材从各种不同角度和多种途径尽可能组合出多种方案。每种方案都要精心设计出方案的细节并对方案实施结果进行估测，最后由领导对比各方案，权衡利弊，选取其一，或者综合成一。当然，在方案的选择上，有的方案很明显优于其他方案，有的方案可能根本行不通，很容易排除，但也有的方案很难简单判断是否可行。此时，负责人的决断能力和决策风格将显现出价值。有时，作为决策过程的一部分，所确定的最终方案还存在"试点"问题，即根据需要，在侦查情势允许的情况下，

---

① 对于已发案件，往往采用从事到人的途径，从现场可疑痕迹、可疑物品入手，从控制赃物入手，从作案手段、方式以及惯用手法特征入手，从作案规律入手，或者从因果关系、并案侦查、被害人的背景入手。对于预谋案件或犯罪嫌疑人已经显现的案件，往往采用从人到事的途径，从特定的犯罪嫌疑人入手，从案件的实际受益者入手，从人身形象入手，从控制身体负伤的人入手，等等。从人从事同步开展侦查的途径，这主要是针对突发性案件而言的，为避免新的危害，将查人查事的工作同时进行，这样才能达到及时捕获犯罪嫌疑人的目的。当然，这种区分并不绝对，由于事物在不同环境和条件下存在着向不同方向发展的可能性，因此，还要善于根据情况的变化，灵活转换侦查途径。

先进行局部试验，测试方案运行的可靠性①，在测试基础上进行修正，最终予以全部实施。

严格说来，上述三个阶段只是我们对侦查决策过程的大致描述，是适用于通常情况下的决策程序，也可称为程序化决策程序。实践中的侦查决策并不一定要明确地划分为这些阶段，特别是那些瞬间完成的决策更无必要。但是，仔细分析，虽然没有必要，瞬间完成的决策也是可以进行阶段划分的。而且，如果我们在决策时有意识地考虑到侦查决策的基本原理和基本程式，那么，我们进行决策的正确度和科学性将得到强化。

四、风险决策

汪丁丁教授曾指出，"在探讨一般议题时，激情与理性、自我与社会、影响力、复杂性、不确定性，是行为社会科学的核心观念"。② 风险决策直接关涉这些问题，鉴于目前对侦查质量以及侦查人员责任制的讨论较为热烈，而侦查风险决策问题与这两个问题均有重要关系，因而有必要对这一决策类型进行专门阐述。③

有关风险决策的定义较多，本书所阐述的风险决策，主要是指纯粹策略意义上的风险决策，即由于缺乏足够的信息，判断可能失误而需要承担一定风险的决策。④ 风险决策大体有三层含义：一是创造性，或叫非常规性风险决策，没有现成的经验可循，在特定情况下，必须打破常规性的决策模式。二是期望值上的非确定性。由于决策的问题本身就是风险型事物，

---

① 这里所说的可靠性，是指在规定和预定的条件以及预定的时间内完成预定任务的可能性。一般来说，决策实施中还存在一个"失效率"的概念，即将制定的决策方案应用于实践后，随着主客观条件的变化，方案对实现预定目标的效力也会发生变化，需要进行调整。对预定目标的调控能力的削弱，就是方案的"失效"。

② 汪丁丁．行为社会科学基本问题．上海世纪出版股份有限公司，2017：17.

③ 参见刘为军．论侦查中的风险决策．山东警察学院学报，2011（2）.

④ 彭克宏．社会科学大词典．中国国际广播出版社，1989：278.

决策的期望值很难准确检测，或由于实现目标的条件不可能事先全然具备，决策目标能否实现带有一定的风险性。三是价值取向上的科学性，风险不等于蛮干冒险，硬是无根据地去做根本不可能办到的事。风险决策必须是科学的决策，但其科学性不体现在墨守成规、胆小怕事上，而体现在尊重客观规律，充分发挥主观能动性去创造条件来驾驭客观规律，在常人尚看不到未来可能出现的契机和条件时，以超人的胆识作出决策。①

心理学的研究表明，决策者进行风险决策时，通过认知对风险决策任务作出内部表征，即在决策者的头脑中建立起相应的认知模型。决策者首先认知决策任务的基本结构，找出决策任务的各项参数，再找出这些参数之间的相互关系，形成关于决策任务的心理映像，即内部表征。内部表征可以分成三类：第一类是概率判断，即决策者对决策任务及其结果运用概率进行描述，当决策者对决策后果无法作出确定性的预测时，就只能采取概率性估计。第二类是归因排列，即决策者对决策任务的风险性按其重要性程度加以排列，在头脑中形成把每种决策方案的风险性排列起来的模型，这种归因排列可以帮助决策者对各种决策方案的风险性进行权重分析。第三类是确定性构想，即决策者在面对风险决策任务时，会在心理构想这项任务应如何完成。这并不是由任何随机变量构成的，每种备选方案的结果都可以是由一些只要我们想建立就可以建立起来的规则严格规定好了的，即把本来不确定性问题转化为确定性问题，把风险问题转化为具有理性的、可以找出确定性规则的问题。②

只要决策时面临类似情形而主体又必须决策，则任一侦查参与者都有可能会作出风险决策。决策总是面向将来的，而将来的事情往往带有某种不确定性，因而也包含有一定的风险。就此看来，只要我们不对"风险"设定过于严厉的标准，依托于不确定侦查情势的风险决策实际上是侦查博弈中不同博弈参与者决策的常态。对于侦查人员来说，侦查任务是不可推卸的责任，

① 陈丽，许艳芳.概率统计理论在风险决策中的应用.长春理工大学学报（高教版），2009（2）.

② 周菲.风险决策的认知心理分析.辽宁大学学报（哲学社会科学版），2006（3）.

因而即便面临众多不确定性，即便在没有绝对把握的情形下作出的决策可能会背离侦查目标，但在对待风险的态度上只能是迎难而上。

综上所述，研究风险决策的意义主要有二：一是从策略角度，可以提醒侦查人员在作出决策时应尽可能包容更多的可能性，判断时如无绝对把握，不可武断排除其他可能性；二是在制度层面，既然风险决策是常态，决策本身就包含着失败的可能性，我们在侦查制度的设计时，也应该考虑到侦查风险问题，为侦查人员的行为确立一个"容忍度"，允许一定情况下的冒险行为，并不因冒险导致的失败而对侦查人员予以过于严厉的处罚。从这一层面出发，我们在侦查考核制度上，应更加强调一种过程性评价机制。[1]

从前述风险决策的界定中亦可看出，在不确定信息的条件下，对采取某种策略的概率推理将成为决策者的重要选择。概率通常可以被看作独立随机试验中，事件出现的频率。例如在没有任何线索的情况下，嫌疑人离开现场的方式有步行、骑自行车、电动车、摩托车、驾驶汽车等，则五种方式出现的概率各是 1/5。如果有监控录像显示嫌疑人步行而来，而现场又无任何交通工具丢失且可以肯定嫌疑人没有同伙接应，则嫌疑人步行离开现场的概率为 100%，步行离开是必然发生的事件，这种事件不属于随机范畴。任何一个随机事件，都可能发生或不发生，必然发生和不可能发生的事件，都不能称为随机事件。这种意义上的概率，实际是指在同一条件下可能发生也可能不发生之事件的发生可能性大小的比率。[2] 由于人们对待风险的态度不同，不同的决策者可能会采取不同的决策方法，有人在风险与效果之间甘愿担当更大风险，有人则力求稳妥牺牲可能取得的最大效果。在考虑风险决策时的决策过程是：找出面临的各种可行方案；搞清楚各种方案所带来的相应后果；确定或估计方案中各种后果出现的概率；制订选优标准，从多种方案中选出最佳方案。

在不确定环境下开展调查，如果我们期待随机事件按照我们的预想来发展，如果可以发展出更好的策略，虽不能保证万无一失，但是取胜的可能性

---

① 对此，后文还将进一步阐述。

② 何家弘，刘品新．证据法学．法律出版社，2004：50.

会增加，或者通过某些对付风险的策略，可以降低不确定性带来的风险。不过，正如学者所指出的，人们对概率存在着多种解释，除了前述所指的事件发生频率即"频率主义"的解释外，还包括以下两层含义：一是命题之间的逻辑关系，即"逻辑主义"，如"一只天鹅是白的"，对"所有天鹅是白的"的支持程度；二是人们对外界事件发生的相信程度，即"心理主义"，如张三认为"明天下雨"的可能性小。① 实际上，在许多具体事项上，我们对概率的判断并不总是如频率主义那么精确，更多的时候可能是一种比较模糊、大致的概率高低比较或者可能性大小程度差异，而且不能忽视信念、情感等心理因素在概率判断中的影响。② 不仅如此，在有些案件的侦查中，我们已经融入了概率推导在内，但是由于还有其他可能性未知，我们的概率推理实际上存在一定的"赌博"或者"撞运气"的性质。需要注意的是，在应用概率推理过程中，应注意规避一些常见的概率决策错误倾向，主要包括以下两个方面：一是人们往往有夸大小样本代表性的倾向，或者类似地，以总体特征来推断小样本特征；二是人们常常忽略随机事件的独立性，错误地把他们关联起来。③

在侦查中，侦查人员有时也会有意制造风险，让对方陷入风险决策境地。比如为调遣作案人，而透过各种信息渠道释放信息，散布警方的各种警力部署，为作案人的决策施加影响，引导其按照侦查人员设定的方向作出决策。为对手制造风险，本身就是一个策略行动。如果这个风险足够大，大到让对手难以承受的地步，从而迫使他按照你的意愿行事，以化解这个风险，那么这种策略就是悬崖策略或者称之为边缘政策。边缘政策是"以我为主"思维方式的典型表现，在对对方有足够了解的情况下，它的有效运用可以揭示出对手的真实想法，从而使对手就范。"和其他任何策略行动一样，边缘政策的目的是通过改变对方的期望来影响他的行动。实际上，边缘政策是一种威

---

① 潘天群. 博弈思维——逻辑使你决策致胜. 北京大学出版社，2005：26.

② 关于情感因素对风险决策（包括概率推理）的影响，参见李艾丽莎，张庆林. 风险决策中的情感因素. 中国临床康复，2006（2）.

③ 董志强. 无知的博弈. 机械工业出版社，2009：30-32.

胁，只不过属于非常特殊的类型。"① 在侦查中，一旦决定采取边缘政策，侦查人员应当注意如何选择"可置信的威胁"。比如，在人质事件谈判中，当谈判陷入僵局，谈判人员以攻坚的决意作为"可置信的威胁"，为对手制造风险，逼其回到谈判解决的道路上来，就是一种常用的威胁策略。诚然，要想让对手相信威胁的后果一定会发生，我们有时还要借助其他一些渠道或者使用辅助信息向对手表达己方决意的信息，以强化边缘政策的威胁效应。如果对对手没有足够的了解，很可能的结果是，对方无法接受你的策略而发生两败俱伤的结果，这违背了施策者的初衷。即便我们对对手有足够了解，但是偶然因素的出现仍有可能使对手作出与我们期望的相反的决策。"许多创造风险的机制不允许对这个风险的程度进行足够精确的控制。"② 在此意义上，通过为对手制造风险来对其进行压制和引导的策略，本身也是一种风险。我们以配合行动即轻处、不配合即严惩的策略，使用运输毒品者作为特情来与贩卖者进行交易，希望实现"控制下交付"，该策略对特情而言是一个风险，但是如果其在行动中逃跑或者利用行动自由之机通知同伙逃跑，则风险反而转嫁给了侦查人员。因此，为了避免"跌落边缘"的风险，使用制造风险策略时应使风险处于可控状态，即一旦对手采用了与侦查人员所期望的不一样的策略时，侦查人员有后手可以补救，降低决策带来的损失。

制造风险策略的对立面是消除风险，即主动为对手消除他所面临的威胁。风险消除策略可以分成两种：

一种是真正的风险消除，即通过为对手解除现实中面临的威胁，获取对方的信任和真诚对待，从而作出有利于侦查方的决策，证人保护以及实践中有些侦查人员帮助被嫌疑人解决一些家庭实际困难从而感动对方的做法，可谓其适例。

另一种是虚假的风险消除，或者说是纯策略意义上的消除，即利用信息

---

① [美] 阿维纳什·K·迪克西特、巴里·J·奈尔伯夫. 策略思维. 王尔山译. 中国人民大学出版社，2002：171.

② [美] 阿维纳什·K·迪克西特、巴里·J·奈尔伯夫. 策略思维. 王尔山译. 中国人民大学出版社，2002：177.

的不对称，让对手误认为风险已经消失，从而作出有利于侦查方的决策，并非风险已经真正消失。

风险决策中侦查人员承担了许多风险，一旦决策失败，将为侦查带来难以预料的损害，因此，侦查人员应当尽量减少使用那些风险度较高的措施，这就从侦查策略角度为"侦查比例性原则"的确立提供了人权保障之外的另一个理论支撑。

五、决策实施

决策一旦形成，关键的问题就在于如何科学地构建侦查方案实施的组织结构，正确而具体地组织决策实施，把决策转化为每个侦查小组乃至每个侦查人员的实际侦查作为，并保证既定决策在实施过程中得到不断的肯定或修正，逐步趋于完善，直至完全实现侦查活动的最终目的。所谓实施，就是侦查指挥者下达侦查决策的各项指令，指挥并督促侦查人员积极、有序、高效地完成各项侦查任务。

（一）侦查决策实施系统的基本结构及职能

通常认为，侦查决策的实施系统包括三个层次：第一层级为决策层，该层在侦查过程中往往不涉及具体的执行工作，其主要任务是根据侦查人员在决策实施过程中遇到的新情况、新问题及其收集的新信息，修正原有决策，制定新决策，科学合理地部署侦查人员；第二层级为管理层，该层自始至终参与案件侦查专班所负担的具体任务，正确确定各小组具体侦查行为的方向、原则、任务、期限等工作指令，直接执行、推动、督促侦查行为的进程，同时负责对所属侦查人员在决策实施过程中收集、反馈的信息进行科学处理，提出新构想，并提供给决策层；第三层为执行层，主要负责遵照决策层与管理层下达的指令，各司其职，具体实施既定的决策方案，创造性地开展工作，积极、全面地收集信息，完成侦查任务。

有学者指出，分清实施系统的层级结构，不仅有利于保证所有侦查人员能够各负其责，充分调动积极性、能动性和创造性，而且从主观和客观两面使所有侦查人员共处一个"责任圈"，做到奖罚分明。[①]不过，像这样层级分明的情形多见于大案要案的侦查，对于普通案件，由于参与侦查的人员较少，上述层级并不清晰，会出现严重的重叠现象。特别是，在侦审分离的情形下，决策层、管理层、执行层将是多元的。但在这些情形下，并不一定会影响责任分担问题。在我们看来，侦查决策实施系统只具有相对意义，应视案件本身的复杂疑难程度来确定决策和实施层级。由于本书将个案侦查小组也视作微观的侦查组织，因此，建立上述结构的同时也是一个构建临时侦查组织的过程。

（二）决策实施过程中的反馈

反馈是控制论最基本也是最重要的概念之一，是指将施控系统作用的结果返送给施控系统，从而影响该系统对受控系统的再作用，以实现预期目的的信息流动和再生产过程。在侦查中，既存在着对侦查对象的控制问题，也存在着对侦查组织及其所属侦查人员的控制问题。两个方面控制机制的整合即构成了反馈机制。从信息流动属性分析，侦查行为过程就是关于侦查情势信息的"输入→处理→输出→……再输入→再处理→再输出"的循环往复过程，简单地说就是信息的反馈过程，即由侦查决策层把经过系统化处理所形成的决策信息（侦查实施方案）通过执行输出后，又通过执行者将执行决策所导致的各种反应性信息送至决策者，然后对二次或多次输入的信息再作出新的决策，如此循环往复，直至侦查行为的停止。对于反馈而言，建立完备的信息反馈体系（机制）和提高反馈效率，是提高侦查行为效率的重要保障。提高反馈效率，一是需要侦查决策实施系统各层级具备敏锐的信息感受能力和接收能力；二是需要拥有高效能的信息处理系统——集中在个案负责人借助科学工具对相关信息进行分析、综合、解读和推理等处理工作的能力；三是需要一个高效率的决策团体——集中体现在决策者在加强上述两方面工作的同时，及时、准确地将反馈信息分析、加工、处理的结果通过决策过程转

---

① 参见王均平．人证调查原理与应用技术．武汉大学出版社，2002：205.

换成新的行动指令，使这些反馈信息迅速转化为新的侦查能力。①

（三）基于反馈信息的决策修正及其实施②

根据侦查行为实践的反馈，侦查行为主体经常要根据反馈信息所表达的原定决策方案与主客观现实情况之间的偏差，对原定决策方案进行调节。这种主客观情况的变化主要反映在：（1）原先对案情的分析判断发生变化，案件复析后，侦查方向与途径也应随之改变。需要重新安排，从部署上对侦查计划进行局部或全面调整；（2）原定重点嫌疑对象被否定，需寻找新的嫌疑对象。这时应修改侦查计划，重新确定摸底排查对象；（3）确定的重点嫌疑对象并没有被否定，但措施不力，侦查力量使用不当，侦查工作停滞不前，因而需在侦查方法上做相应的调整，并不断调整补充。

侦查人员对原定方案的修正行为包括了两种情况，一种是原定方案有效，因而得以继续实施，只不过进行了局部补充和修改。这种情形不涉及侦查目标的改变，可以称之为一般修正。③另一种情况则涉及侦查方案的根本性改变。由于它要在侦查行为实施过程中全面审视原定方案的决策和实施，具有"后发"性质，且需要重新研究侦查中的各项需要，重新决策，所以我们将这种根本修正称之为追踪决策。这种侦查修正实际上就是一次新的完整的决策过程。

由于上述两种修正方式在机理上有很大的相似性，只不过对原定方案的修改程度不同而已，因此，我们只对追踪决策进行简要探讨。在侦查方案的运用过程中，由于原先确定的方案的实施将危及侦查目标的实现，因而有必要根据对原定方案进行评价的结果对侦查目标或方案进行根本性修正。方案

---

① 参见王均平. 人证调查原理与应用技术. 武汉大学出版社，2002：211-212.
② 在反馈与决策修正之间应还有对原定决策的评价环节，由于第五章专门讨论各种类型的评价，在此不再阐述。
③ 这种一般修正在侦查中是常见的，因为要求原定侦查方法所适用的情势一成不变是不切实际的。侦查人员必须在侦查方法实施的不断信息反馈中及时修正和完善原有侦查方法。

的实施表明原定决策错误的，需要进行追踪决策。即使原决策正确，随着案情的进一步揭露，先前决策所依据的侦查情势的主客观方面发生重大变化，也必须进行追踪决策。追踪决策本质上是就原来的问题重新进行一次决策，它应按照决策程序重新进行一遍，但又绝不是简单的重复。追踪决策的一个颇为重要的特征就是所谓的"非零起点"。[①]在一般决策，尤其是为达到某一侦查目的而进行的决策（例如侦查初始阶段的侦查决策）中，侦查人员从多个方案中选择出一个最满意的方案。这时选定的方案并未付诸实施，客观环境和方法对象尚未受到外力或内力的干扰和影响。虽然侦查人员在选定该方案时也会斟酌将来的侦查情势，但这种考虑以凭借经验的预测为主。而在追踪决策过程中，因为侦查决策所依据的主客观情况已经发生变化，侦查方法面临的对象和条件，已非处于初始状态，侦查人员依据原定方案开展侦查，已经对案件形成了新的更为深刻的认识。决策的"非零起点"提醒侦查人员在追踪决策时既要谨慎，同时又应当根据侦查的时效性要求，迅速及时地作出决策。从理论上讲，对于不当的原定方法而言，其实施的时间越长，涉及面越广，就越需要慎重而紧迫地进行追踪决策。

追踪决策主要包括回溯分析和双重优化两个环节：（1）回溯分析。追踪决策是在原定方案业已实施，实施中环境发生极大变化，致使原有决策面临失效的局面下进行的。为此，追踪决策应当从回溯分析开始，对制定原定方案的环境和过程进行客观分析，罗列所产生的失误及其原因，转误为正，使追踪决策建立在现实的正确基础之上。回溯分析的过程实际上也是对原定侦查决策的评价过程，如果不能通过评价活动找出失误的原因，就不可能保证追踪决策的准确性。一般说来，越是前面的环节出了差错，其影响也就越大，可谓"失之毫厘，谬以千里"。因此，在回溯分析时找出最初的失误点非常重要。除此之外，回溯分析还应当注意到原定方案的合理因素，这些合理因素是新的有效方案的良好基础。（2）双重优化。在评价原定侦查决策的基础上，侦查人员开始构建新的侦查方案，这种构建过程与侦查方案的制定过程是相似的，不同的是多了一个参照物（即已经侦查实践检验过的原定

① 参见冯之浚．软科学纲要．北京三联书店，2003：416.

方案）。正是因为如此，追踪决策所拟定的方案必须做到双重优化：第一，要优于原定方案。只有新的方案能够更接近侦查目标，更利于侦查任务的完成，追踪决策才是有意义的。第二，在新拟定的方案中令人最满意（如果存在多个方案的话），以实现效益最佳。在双重优化之中，前者是追踪决策的起点，而后者是追踪决策力求达到的根本目标。

在追踪决策领域，人们比较关注的还有决策者的心理效应问题。心理效应在任何决策中都占有重要地位，追踪决策也不例外，因为它是在原定方案已经实施而又要改变的情形下进行的：一方面，改变原定方案可能会引起关涉之人的心理反应，尤其是在主侦人员更换的场合下更是如此。有的原决策者会因怕承担责任而竭力为原定决策辩解，甚至掩盖此后发现的新线索，从而丧失决策中应有的客观立场。而原定决策的反对者也可能会因此全盘否定原定方案，包括其中的合理因素以及已经取得的成绩。当人的非理性因素的负面作用掺入决策以后，新的决策也容易远离它应有的科学性。另一方面，由于新的决策过程中不一定中止原定方案的实施，换言之，新决策和原决策之间有一个交替过程。在这一过程中，主要负责决策实施的侦查人员在心理上可能会有一个适应过程。此外，决策者的心理状况也是决策的重要前提。追踪决策中心理效应以及可能由此引发的连锁心理反应，可能会改变追踪决策最初赖以成立之客观基础，并影响决策的继续进行。①

诚然，对于多数案件来说，特别是对于极为重视团队精神的侦查队伍来说，这些问题都只是极为细微、难以捕捉甚至可以忽略不计的。我们在此提出追踪决策中的心理效应问题，无非是要说明两点：一是追踪决策只不过是侦查行为过程中的一种正常现象，而且并非一定会发生或者在大多数情况下都会发生，否则原定决策就没有严肃性和科学性可言。追踪决策意味着侦查

---

① 例如，在重大疑难案件的侦查中，如果侦查方案需要进行根本性的修正，但新方案的论证又尚在进行之中，此时，如果新决策的主要思路已经被传达到执行者，那么必然会使其在采取具体的侦查措施时出现犹豫。这就是心理效应导致的一种侦查现状片断（或细节）的改变。而新的决策毫无疑问会受到这种改变了的侦查现状片断的影响。可见，心理效应和追踪决策本身存在互动关系。

行为的一种战略转移，但不能以为是一种决策的"崩溃"。只有原定决策出现问题而仍然知错不改、固执己见，最终导致侦查的失败，才是决策的"崩溃"。正因为如此，我们也不能仅仅因为需要进行追踪决策就认定原定方案是错误的。在确立对侦查人员的评价指标时，不能以需要追踪决策来否定原有方案的决策者的决策水平和业务能力。二是在心理效应之存在有可能影响追踪决策的场合，可以采取一些预防措施，例如，在新的决策过程中，原定决策的当事人（不论是最后的决定人还是当时的反对者）进行回避，或者组织对立意见的双方当事人进行内部的公开辩论。又如，对于重大追踪决策的主要精神应该避免在决策最终被确定之前外泄，以免影响正在从事具体侦查工作的侦查人员，使他们无所适从。

决策修正后即纳入实施阶段，其原理同于一般决策的执行。

六、行为停止

侦查行为实施到一定阶段会出现停止，不可逆转的停止即侦查终结，停止后仍可能继续侦查的即侦查中止。侦查终结的一般条件是：事实清楚，证据确实充分，法律手续完备。对此，《刑事诉讼法》第 154 条至第 161 条作出了具体规定。之后再行补充侦查的，之前的行为仍是侦查终结。根据不同的侦查行为结果，侦查终结导致的法律后果主要有三种：撤销案件；移送起诉；直接起诉与不起诉（自侦案件）。[①]

侦查行为过程中和侦查停止之后，具体主办案件的侦查人员有义务就案件侦查过程对侦查组织作出解释和说明，而侦查组织在侦查行为终结后对外负有同样证明与解释责任，对于社会影响较大的案件，在不干扰侦查程序和后续审查起诉、审判的前提下，可以就案件侦查进展对社会公众作出一定解释和说明。后者已经被纳入公安机关的工作范围，目前主要通过公安机关新闻发言人召开新闻发布会的形式来对外发布案件侦查信息。

---

① 关于侦查行为的停止问题，后文还将进一步阐述。

刑事证据调查行为过程的特殊模式

2003 年的"非典"引发了国人对于公共卫生领域危机管理问题的深刻讨论。在侦查行为领域，近年来国际和国内发生的众多重大突发性刑事案件，也促使国内学界开始深入思考侦查领域应如何应对危机的问题。侦查领域的危机管理程序，其实质也就是一类特殊的侦查行为过程模式，即在一般模式的基础上着重突出某些特质。研究危机管理程序，提高侦查组织掌控危机的能力，对于有效打击特殊类型犯罪具有不可替代的价值。而对于证据调查主体而言，如何在危机状态下保证取证质量亦是需要研究之事项，典型的例子如纵火案件的同步勘查。[①] 以下只对侦查组织对危机的应对程序进行探讨。

一、危机管理程序及其与一般模式之区别

所谓危机，是指一系列中止和平进程或瓦解社会正常关系、秩序的事件正在迅速展开，并不断增加着危险，迫使相关的系统必须在有限的时间内作出反应和抉择，采取更多的控制或调节行动，以维持系统生存的危急的紧迫时刻。[②] 一般而言，危机具有五个特征：一是危机的突发性、破坏性和无序性，使组织所面临的环境达到了一个临界值和既定的阈值；二是危机的不确定性，事态的进程使博弈双方的即时决策效能成为一个关键性、甚至是决定性的变量，不同的博弈决策结构、决策过程、决策路径可能导致差别极大的结局；三是博弈双方的核心价值，即决策单元最优先的目标受到

---

① 纵火案件的勘查，一般认为，由于火以及救火工作本身对现场破坏严重，如果等待灭火后在勘查，则难以获得有效之证物，但如能让勘查人员伴随消防人员同步到达现场，在救火的同时开展勘查工作，取证效果可能会好得多。

② 关于危机的概念，参见 [美] 菲克. 危机管理. 韩应宁译. 台北经济与生活出版事业公司，1987.

严重威胁；四是博弈双方必须通过非程序化决策，作出明确应对挑战的具体措施；五是决策的时效性，决策单位必须在有限的时间约束下完成。[①]上述特征是以决策为基准进行的分析，它在强调危机情境下决策的困难的同时，也指明了危机情形下的决策行为与常规情形下的决策行为的重大差别。

危机管理，就是对危机进行管理和处置，以达到防止和回避危机，使组织或个人在危机中得以生存，并将危机所造成的损害限制在最低限度。危机管理是公共管理行为领域的重大课题。从决策角度来看，危机管理与普通管理行为的最大区别就在于决策类型上，即危机管理主要是一种非程序化管理模式，而普通管理往往是一种程序化管理模式。这与危机管理所面对的决策对象有着直接的关系，作为危机管理对象的危机，它在构成上要求：（1）决策问题的发生、发展具有突然性、急剧性，需要决策者当机立断；（2）可供决策者利用的时间和信息等资源非常有限；（3）事态的发展危及决策单位、决策者的根本利益，但决策的后果很难预料。

在侦查管辖领域，虽然大多数案件的发生都有突发性，不是侦查组织所能预见的，[②]但并非所有突发的案件都需要纳入危机管理范畴。只有那些发生时表现出相当无序性，需要迅速集中较多侦查资源在短时间内加以控制以免造成重大生命财产损失的刑事案件，才是这里所说的危机，它通常是指正在发生的恐怖袭击、劫持人质、劫机、聚众寻衅滋事、爆炸、严重网络攻击、合并引发重大网络舆情等案件。

严格来说，危机管理程序和普通程序一样，都可以划分为决策和实施等阶段。二者的区别不在于可划分为几个阶段，而在于它们在决策和实施方面表现出来的不同特质。我们认为，危机管理程序与普通程序最大的不同之处在于因其应急性而使侦查行为呈现出几个方面的特征：首先，根据危机的不

---

① 参见北京太平洋国际战略研究所. 应对危机：美国国家安全决策机制. 时事出版社，2001.

② 个案难以预见，但是通过犯罪统计等研究工作，一定时空内将发生一定量的某类案件还是可以预见的。况且，个案也不是绝对不可预见，在出色的情报工作和得力的侦查监控措施协助下，个案的发生时间和方式同样可以大致预见。

同，侦查行为的决策和实施也会表现为非程序化和程序化两种形态。对于那些侦查行为主体从未处理过的危机，显然难以按照普通程序按部就班地进行决策，而必须采取特殊的非程序化方法及时解决（即非程序化决策），而对于侦查行为主体曾经处理过且进行过认真总结的那类危机，则可以根据预案进行程序化处理。其次，危机管理程序的启动使侦查行为表现出更大的权变性。由于时间紧迫、信息有限、能力限制和人才缺乏等原因，在危机管理时，侦查行为主体有时不得不采用权宜之策，从而使侦查行为表现出权变性，因时而变，因势而变；再次，危机管理程序始终存在着决策科学性和时间性的矛盾。正是因为如此，危机的处置在客观上必然要求赋予侦查领导人员面对危机时的更大的责任和相应的决策权力，从而也使危机管理的成效相当程度上取决于领导者的个人知识、经验、应变能力、决断能力以及决策风格。为了保障危机管理的效率，危机决策过程也将相应简化。如无特别说明，本节后文所指的危机均指具有刑事案件性质的危机。

由于近年来国际、国内劫持人质案件频发[①]，以下我们就以劫持人质案件的侦查（以下称人质危机处理）为例对侦查中的危机管理程序做一般性探讨。需要事先说明的是，在实际的处理过程中，介入的力量是方方面面的，（甚至危机管理的主导者）也不一定具有通常意义上的侦查机关或侦查人员身份，但是，劫持人质案件的法律性质属于刑事案件，人质危机处理在法律意义上应属侦查机关管辖，侦查主体应占据主导地位，因而人质危机处理的性质应认定为侦查行为，危机解除后应纳入常规诉讼渠道。

---

① 仅以 2004 年夏季发生的劫持人质案件为例，在国际上，俄罗斯别斯兰恐怖性劫持人质事件造成 300 多名人质死亡、700 多名人质受伤和数十名解救人员死亡的惨烈结局；在中国大陆，从 6 月至 8 月下旬短短两个多月的时间里发生的劫持人质事件就有数十起，其中影响较大的有安徽六安"6·21案"、宁夏银川的"7·2案"、吉林长春的"7·7案"、"7·27案"、四川成都的"7·24案"、北京通州的"8·5案"、辽宁凌海的"8·8"案、河北石家庄的"8·17"案，等等。

参见郝宏奎.侦查学的发展、困惑与反思.// 郝宏奎.侦查论坛（第 3 卷）.中国人民公安大学出版社，2004：19.

二、危机管理之例示：人质危机处理的要素与基本方略

所谓人质危机，就是以暴力剥夺他人人身自由，并以威胁人质安全为手段的危机，目的在于要挟被害人及其亲属、所属单位或相关国家政府，使之屈服于劫持者的要求之下。在劫持人质过程中，劫持者往往通过媒体报道（甚至主动邀请媒体或第三者介入）向外传播其单方说词，以使其形式手段、诉求目标吸引公众注意，争取外界同情，或向外界宣扬其行动理念，并增加警察或相关国家机构危机处理人员的压力。① 人质危机处理之要素在于恰当处理下述几方面的关系和问题：危机处理人员（初抵现场的人员与现场指挥官等）应具有何种素质以及注意到哪些事项？危机管理人员应如何进行任务分工？危机管理人员与媒体等应如何保持互动关系？在人质危机处理时应如何建立危机处理机制？以下将对这些问题分别进行讨论。对这些问题的回答，也可以初步揭示危机处理的基本阶段和原则，并从中归纳危机管理程序的一般性。

（一）初抵现场人员的先期反应

有研究表明，人质危机事件在最初的十五至四十五分钟是最危险的关键时刻（不包括攻坚解救行动），而危机处理机构的反应时间平均为四十五至一小时之间。② 这说明，身处第一线的巡警、危机发生地的警员或其他最早抵达现场的人员对人质危机的先期反应和现场处理意义非同小可。

在美国，G.W. 诺斯尔、J.T. 杜伦和 G.D. 福斯勒等学者提出了一系列先期反应的规则，这些规则已在美国联邦调查局相关人员的训练和具体操作中得到应用，并为其他一些国家的理论和实战所借用。根据他们的研究，最早抵达现场的警察在作出先期反应时应注意：（1）随时注意自身安全问

---

① See A. C. MacWillson, Hostage-Taking Terrorism, New York: ST. Martin's Press, 1992.

② W. G. Spaulding, "The Longest Hour: The First Response to Terrorist Incidents", Law Enforcement Technology, July-August 1987, p 26.

题（谨慎选择与对方交涉的位置以及进行监控或警戒的位置以及警力部署，确保安全）；（2）对现场进行先期处理，包括救护伤病员、迅速疏散围观人群或附近居民，封锁现场，划分警戒线，同时向指挥中心汇报；（3）和劫持者进行积极接触，进行初步谈判并记录谈判内容（语言和动作等），搜集事件发生经过、人质数量、劫持者人数、所持武器等情报；（4）让劫持者多发言，帮助劫持者减轻焦虑，谨慎聆听其透露的各项信息，同时拖延时间；（5）避免诱导劫持者提出要求，注意问问题的方式，尽量避免使用空泛的语句而给予对方回答的空间；（6）初抵现场人员的职责在于维持现场稳定，应避免直接与劫持者进行谈判或进行条件交换，若对方提出要求，则要让其明白自己无法作出决定；（7）向劫持者反复强调，现场已在警方控制之中，警方不希望任何人受到伤害，因而不会贸然采用攻坚手段，以安抚劫持者情绪并缓和现场紧张气氛；（8）暂时不要提供劫持者要求的任何东西（但又不能一概拒绝，对于有助于劫持者稳定情绪并能鼓励其陈述的要求，不妨加以回应）；（9）避免以下达命令的态度与劫持者接触，以免增加沟通障碍；（10）刻意淡化劫持者罪行的严重性，以免使其产生畏惧感而不计后果；（11）避免以"人质"一词称呼被劫持者，同时避免过于关注人质状况而使劫持者确信自己有控制权；（12）避免要诡计，尽量以诚相待；（13）如果对劫持者言语不了解，不应妄加推测，而应要求其陈述清楚（但必须先做判断，如提及将对人质不利时，则无需要求其多做说明，以免其想更多办法对付人质）；（14）对劫持者的要求，不论如何不合理或荒谬，绝不说"不"（但并非表示要说"好"），可以告知劫持者，自己已了解其需求，将在负责人抵达后代为转达；（15）不要自设期限，也不要接受对方所提出的期限；（16）不要提供任何建议或选择方案；（17）解决人质事件是警方职责，除非现场指挥人员同意，否则不可轻率要求或允许劫持者的家人甚至局外人与其对话（原因是此时劫持人质动机不明，轻率行事可能伤害无辜者）；（18）不要以自己或任何人与劫持者交换人质；（19）如果怀疑对方有自杀企图，直接询问其是否为真，可促发其进行讨论，减缓该念头（不这么做也无关紧要）；（20）不要为了能与劫持者面对面谈话而自暴险境，因为并无资料表明面对面谈判会取得更好的结果，而且这样不但会使自身危险，也将使意图搭救自己的同事身陷险境。①

　　以上原则，归结起来，无非是明确最早抵达现场的人员之职责在于缓和现场局势，扮演积极与劫持者接触的角色，转移劫持者对警力部署的注意力并缓解劫持者采取极端措施的想法。正是由于其职责只是对危机现场进行初步处理，因此其危机处理方法更注重让劫持者有时间发泄情绪，并尝试重建劫持者的自制力，从而起到既减缓危机又争取更多反应时间的双重作用。②

（二）现场指挥官的职责

　　一般而言，危机处理的现场指挥官应由到达现场的最高级别官员担任（此时现场指挥官与初抵现场的警员身份重合），但在公安机关负责人或其副职到达现场后，指挥权应及时移转。危机事件往往非常复杂，现场指挥官的决策和表现不仅关系到危机能否恰当解决，而且将成为舆论、上级以及监督机关的关注目标，这无疑是一项极大的考验，他必然面临外部和内部双重压力③，决策难度可想而知。也正因为如此，明确现场指挥官的职责，在决策时有科学规则可循，有可供把握的科学尺度，清晰地理解自己之应为和不应为，则可最大限度地避免决策的不确定性，降低决策风险。

　　现场指挥官在危机处理过程中的所作所为是一种典型的领导行为。一般

---

① See G. W. Noesner and J. T. Dolan, "First Responder Negotiation Training", FBI Law Enforcement Bulletin, August 1992, p 3; J. T. Dolan and G. D. Fuselier, "A Guide for First Responders to Hostage Situations", FBI Law Enforcement Bulletin, April 1989, pp. 10—13.

② See G. W. Noesner and J. T. Dolan, "First Responder Negotiation Training", FBI Law Enforcement Bulletin, August 1992, p 2.

③ 外部压力主要在于可供作出选择的时间非常有限，而已经掌握的情报信息可能非常贫乏，同时又深受媒体、同仁的关注；内部压力主要在于因承担重大责任而导致的巨大心理压力。

认为，现场指挥官的职责在于：挑选、指定副手[1]和其他人员，对危机管理人员进行分组（即根据其功能组建专司秘书、谈判、攻坚、交通、后勤、情报调查、医疗、新闻乃至消防、防爆等职责的小组），确定各组负责人以及事件的新闻发言人；全面掌握现场状况，总揽现场指挥任务；选定安全的指挥机构（设施），监督通讯设施的架设；部署警力，指挥确立警戒线范围，监督现场封锁、管制和监控等行为；下令疏散、撤退居民、围观群众和其他无关人员[2]；确定危机管理现场作业的步骤和方案；负责与上级、支援机构的联络和配合；根据各分组负责人的报告，评估危机形势，下达谈判、继续谈判或攻坚等行为的决定；关注现场危机处理人员的安全、武器配备、轮流休息、饮食等。[3]

　　曾有学者根据国内外学者对危机管理的研究成果，提出了评价危机管理决策质量高低的七大标准：（1）是否综合考虑各种价值判断，广泛调查目的对象？（2）是否广泛寻求各种可以替代的行动方针？（3）是否彻底搜寻与替代方案有关的情报？（4）是否对所得到的新情报以及专家建议（即使对一定方针不利）也能够予以正确接受和认真考虑？（5）是否在作出最终抉择以前，对当初被认为不能够接受的替代方案的肯定结论和否定结果进行再斟酌？（6）是否对所选方案的成本和风险（不仅是肯定的结果，而且也包括否定的结果）都进行慎重的再检讨？（7）是否备有各种已知风险变成现实的应急计划，并对于所选行动方针的实施与监控进行过周密的准备？[4]这些标准对于评价以进行现场决策为主要任务的现场指挥官的得失具有重要

---

[1] 现场指挥官与副手的关系值得关注。有时危机可能会持续较长时间，指挥人员也存在休息等问题，所以指挥人员一般应与副手一起了解现场所有状况，以便在危机无法短时间内解决而需要轮流休息时不降低决策质量。

[2] 此处所指无关人员，涵盖了并未纳入各小组但在现场执勤的警员，以及出现在自己不应出现之位置的警员。

[3] 关于现场指挥官的职责，也可参见 M. J. Mcmains and W. C. Mullins, Crisis Negotiations: Managing Critical Incidents and Hostage Situations in Law Enforcement and Corrections, Cincinnati, OH.: Anderson Publishing Co., 1996, pp. 231–232（CH. 8）.

[4] 魏加宁. 危机与危机管理. 管理世界，1994（6）.

的借鉴意义,有助于我们建立一个现场指挥官职责实施情况的评价指标矩阵。虽然这种评价将是一种事后评价,但可以事先制定出来,提供给将要履行现场指挥职责的官员参考,引导现场指挥的良性发展。

(三)人质危机处理的基本行为——谈判与攻坚

处理人质危机,警方可以有多种可选择方案,从各国实践来看,至少有以下几种方案:围捕、隔离、进行谈判;围捕、劝降;使用瓦斯等化学药剂逼出劫持者;使用狙击手制服劫持者,等等。要处理人质危机,危机管理者与劫持者以及人质的正面接触不可避免,这种正面接触主要就是指谈判和攻坚行为。二者在危机管理程序中居中心地位,其他工作(如警戒、监控、疏导等)基本上都是为二者服务的。

1. 谈判。谈判是指在警方的包围、隔离环境中,警方派出的谈判人员与劫持者之间进行的沟通和互动过程。通过谈判,谈判者试图与劫持者建立相互信任关系,达成双方利益共存的共识,并扮演劫持者与政府、警方之间有信用的中介者角色。[1] 危机处理方采用谈判手段的主要目的在于:通过谈判安抚情绪激动的劫持者,缓和现场紧张气氛;通过谈判隔离现场,避免暴力场面伤及人质;通过谈判控制现场形势,并收集有关情报资料;通过谈判争取更多决策时间,避免仓促采取行动。[2]

实践中不乏通过谈判得以化解的人质危机,此类案件往往具有一些相似的特征:劫持者有活下去的欲望(此时,承诺或协助劫持者活着离开现场,将是谈判者最有效的筹码);危机处理方有足以产生威慑效果的武力为后盾且展现出不排除使用武力的意图;劫持者提出一定的要求或条件(由此才有谈判之空间);谈判者使劫持者确知,谈判者虽有足以伤害劫持者的武力为后盾,但有协助劫持者解决问题的真诚意愿;能够争取到足够的谈判时间;

---

① See D. A. Soskis and C. R. Van Zandt, "Hostage Negotiation: Law Enforcement's Most Effective Nonlethal Weapon." Behavioral Sciences and The Law, 4: 4, 1986, p 423.
② See A. M. Willson. Hostage-taking Terrorism: Incident-Response Strategy, New York, NY: St. Martin's Press, 1992, pp. 24-28.

谈判者与劫持者之间有可靠的沟通渠道,例如使用相同的方法、术语或方言等,以有助于建立信任关系,尽可能不用第三方翻译、传话,避免误解;危机现场和谈判渠道均在警方隔离和控制之下(以此促使劫持者进行谈判);劫持者不只一人时,其中能做决定者愿意进行谈判。[①] 在有些场合,例如劫持者具有自杀企图或情绪严重失控,则不宜把危机处理之重心放在谈判上。

有论者主张应当建立以谈判专家为中心的人质解救"新理念"[②],如仅从谈判之重要意义而言不无道理,但如果不注意分析谈判的适用场合,一味强调以谈判专家为中心,则有矫枉过正之嫌。除了有相当部分案件可能不具备谈判条件之外,还有一个重要原因就是:除初抵现场的先前处置之外,包括谈判在内的一切危机管理行为都应在现场指挥官的职责范围内加以调配,视具体情势因适用条件而适时采用。因此,在强调谈判的价值时,切不可忽视其适用条件,导致对谈判的盲目迷信。

而在具体谈判过程中,亦要求谈判人员把握谈判沟通的原则,信守承诺,建立与劫持者的互信与尊重。假使谈判人员对劫持者说谎而被后者发现,则可能关闭协商通路或造成后者情绪沮丧以自杀收场。此外,谈判人员应避免产生偏执的对立(如认为做错事的人就一定是坏人,而且根深蒂固),一旦持有这种观念,将很难对劫持者表示善意,更将影响整体的谈判方向并且使沟通面临极大的困境。[③] 为此,谈判开始后,不论劫持者的情绪如何心乱如麻或是恐惧愤怒,谈判人员都应保持理性与沉着,首要任务就是缓和劫持者情绪,更重要的是必须要与劫持者站在同一条阵线上,让劫持者知道他在专心倾听其心声,了解他们对事件的观感,让其知道谈判人员是站在他的立场

① See W. C. Mullins, A Sourcebook on Domestic and International Terrorism- An Analysis of Isues, Organizations, Tacties and Responses, Springfield, I11: Praetor, 1997, pp. 441-442.

② 参见刘建华.人质解救的新理念——谈判专家中心论.山东公安高等专科学院学报,2004(6).

③ M. J. McMains 和 W. C. Mullins 所提出的谈判技巧中确立的各大沟通原则和沟通中的障碍因素,转引自黄富源,侯友宜.谈判与危机处理.台湾地区元照出版公司,2002:63-107.

上为他着想的，从而建立与劫持者在工作上的伙伴关系，取得彼此的认同后，再走入如何解决事件的困难议题。在实践中，以谈判终结的劫持人质案件处置，最后的解决方案往往是让劫持者自己选择投降的方式收场，让其觉得作出此决定既能得到人性的尊严又能兼顾面子问题。可见，谈判的目的并不仅仅是为了得到胜利，而是此胜利还必须达到令人满意的结果。谈判人员所处的中立地位有助于让劫持者对谈判人员产生信赖及移情作用，使谈判最终走向平和结局。

谈判在危机处理中的重要性也对谈判人员素质提出了很高的要求。一般认为，谈判人员应人格成熟、应变能力佳、社会化程度高、自信、有耐心、沟通能力强、有亲和力并对谈判知识有相当的训练和掌握。危机处理时，有时需要的并不只是一名谈判人员，[①]再加上谈判行动应与整个危机处理行动相配合，故谈判人员的团体合作精神亦应是日常训练之重点课题之一。

需要注意的是，在实践中，为了便利危机的处理，利用亲情、友情感化劫持者或克服劫持者对警方的不信任，有时会引入第三人（例如劫持者的亲

---

① 美国联邦调查局认为，人质谈判最好由三到四名成员组成的谈判小组进行，该小组成员可以进行如下角色分工：小组长（具有领导和管理能力，对谈判负全责，由其确认能否通过谈判解决危机并选择合适的谈判人选）；主谈判人员（负责与劫持者直接对话）；副谈判人员（负责全程记录与劫持者的互动和沟通情况，协助研究解决危机的策略，为主谈判人员提供支持）；情报收集人员（负责收集劫持者的人格特质、使用武器情况、人质危机性质等情报资料，询问劫持者亲友以及获释人质等）；心理咨询专家（协助评判劫持者的人格特质、评估其自杀或妥协的可能性，对谈判成员提供精神支持等）。See FBI, Advanced Hostage Negotiation Seminar, San Antonio, Texas, 1991.

友、律师、心理医生等，有时也可能是劫持者指定的人①），对此应审慎考虑这种做法的安全性和利弊。

2. 攻坚。所谓攻坚，就是危机处理方运用特殊警力、武器装备等优势条件，对劫持者实施压制性的攻击的行为。实践中的做法如发射催泪弹等化学药剂、部署狙击手、实施强攻等。谈判被认为是解决人质危机中最有效的策略，但攻坚行为是化解人质危机必不可少的行为或行为准备，其作用不仅在于协助谈判，同时也是谈判破裂的备选方案。

然而，作为人质危机处理中的惯用策略，攻坚行为也是最易引发争议的环节。美国的兰德公司曾做过统计，约有四分之三的人质死亡与攻坚行动有关。②也就是说，攻坚行动造成的人质死亡③比率高于劫持者所杀人质的比率。在我国的实践中，近年发生的一些案件也凸显了攻坚过程中的问题。例如，某市一名女子在车内被嫌疑犯劫持，在嫌疑犯与民警谈判3个小时后，嫌疑犯渐显狂躁，不断叫嚷要杀害人质，警方连开三枪击毙了劫匪，但被劫持的人质仍然被嫌疑犯割了七刀，颈动脉和气管被嫌疑犯割断而遇难。虽然警方认为自己的处置过程并无不当，并进行了一定程度的公开澄清，但媒体与公众的疑虑并未消除，疑点主要集中在警方的攻坚行动上：嫌疑犯杀害人质的行为是在警方发射第一枪之前还是之后；警察决定采取攻坚措施的时

---

① 劫持者指定要见的人，有时也就是劫持者劫持人质的目的。例如美国2000年3月17日发生的一起劫持人质案，嫌疑人将前女友的母亲等三人劫为人质，唯一的要求就是与前女友对话。警方介入后，嫌疑人在4天多的时间里反复要求、恐吓并试图利用谈判人员把前女友带到面前。警方的处置是慎重的，考虑到嫌疑人长期有家庭暴力行为且显示出自杀或希望被警方杀死的意图，警方没有让其前女友介入，以免嫌疑人杀害前女友并自杀。值得注意的是，该案的一名人质表现出了一定的机智，让嫌疑人服下了毒品，两名人质趁机逃脱，警方在强攻时见嫌疑人正挥舞武器，于是立即将其击毙。关于本案，参见 M. A. Chuck Regiini，"Crisis Intervention for Law Enforcement Negotiators"，FBI Law Enforcement Bulletin, October 2004, p2.
② See T. Strentz，"Law Enforcement Policies and Ego Defenses of Hostages"，FBI Law Enforcement Bulletin, May 1979, p 10.
③ 主要包括警方攻坚行动误伤和因攻坚行动不但而刺激劫持者伤害人质两种情况。

机是否恰当，是否准确评估了危机的风险。① 又如，某市警方在解救被劫持的人质时，贸然开枪，竟然将人质打死，而劫持者只受轻伤。② 由此可见，攻坚行动虽然重要，但是攻坚时机的判断以及攻坚人员的素质和配合至关重要。

G.D. 福斯勒等人曾指出，处理人质危机的关键在于何时可授权采取攻坚行动，并提出当现场指挥官面临是否实施攻坚的决策问题时应首先观察现场是否存在许多高危险因素，将这些因素与其他相关情报进行整合，经过与谈判小组、攻坚小组进行讨论评估后根据一定标准进行综合评价之后，最后作出决定。决策者应考虑的高危险因素与劫持者的背景以及行为模式有关，包括：劫持者经受了众多压力（劫持者一般会感受到外在压力，且表现为经济、家庭、社会压力等不同形式，这些压力是否客观存在并不重要）；性别优势的压力（劫持者反复强调其男性尊严，觉得颜面尽失、损及自尊等，此种情形下投降可能性极小）；缺乏社会或家庭支持（有暴力前科，缺乏家庭或社会关怀，甚至与之划清界线，则此时疏离感强，容易自暴自弃）；拒绝谈判，甚至对警方进行武力还击，刺激警方对其采取行动；劫持者威胁或伤害人质的意图未降低；劫持者不断做出自杀举动，甚至自设大限。针对这些情形，现场指挥官在再度回顾以下问题之后，决定应否发动攻坚行动：采取的行动是否必要？是否值得冒险？该行动能否被接受？③

由上可知，攻坚行动应被视为最后手段，只有在别无选择时才能采取。

---

① 关于本案，各种争议可以参见《长春市一歹徒街头劫持人质被警方当场击毙》，http://www.chinanews.com/news/2004year/2004-07-07/26/456911.shtml，2017 年 8 月 15 日浏览（该文还配有现场照片，从照片来看，警方划定的警戒线圈似乎也过小，围观群众太过靠近，而且有时几名着装警察同时趴在车窗与劫持者谈话，这种做法必然会加剧劫持者的紧张）；《长春劫持案 谁该为人质之死负责？》，http://news.qq.com/a/20040710/000431.htm，2017 年 8 月 15 日浏览。
② 关于本案，参见《银川警方贸然向绑匪开枪打死人质 市民议论纷纷》，http://news.qq.com/a/20040809/000366.htm，2017 年 8 月 15 日浏览。
③ See G. D. Fuselier et al, "Hostage/Barricade Incidents: High-Risk Factors and the Action Criteria", FBI Law Enforcement Bulletin, January 1991, p 7-12.

危机处理者应体现出必要的耐心和自制力，仅在环境需要时才采用攻坚行动而非单纯证明警方有攻坚能力。不仅如此，实践中也应避免把攻坚行动单纯理解为通过狙击手击毙、击伤劫持者，在处理危机时，决策者应探讨有无使用其他攻坚手段的可能性。①

（四）危机处理人员与媒体的互动关系

在危机管理过程中，警方与媒体的关系如何处理也是一个非常敏感和重要的问题。危机事件本身就是新闻，媒体自然不会缺席。参与危机管理是新闻媒体监督政府，引导舆论，稳定社会的职责所在，危机管理者不应也不能忽视媒体的作用：一方面，媒体的参与，可以帮助传递信息，协助危机管理者进行危机预防、反应和恢复，提升危机管理机关在公众中的形象，帮助危机管理机关获得公众支持；② 另一方面，媒体也可能增加警方的困扰，如警方缺乏对媒体的应对，则媒体可能会公开报道警方的行动计划，协助劫持者与外界进行沟通，从而损及警方的危机处置利益。以我国台湾地区的陈进兴案为例，警方在追捕杀害白晓燕的嫌犯陈进兴时，在外围部署了重重警力，但陈进兴从电视台不间断的直播中了解到警方部署情况，于是出人意料地进入南非驻台"外交官"寓所，劫持人质。劫持期间，各家媒体为追求新闻效应，轮番打电话采访陈进兴。虽然部分媒体的采访从客观上看有助于间接舒缓陈的情绪，并让他透露了一些有价值的线索，从而对警方有一定的帮助，但总体看来，记者毕竟不是谈判专家，他们的提问肤浅、冗长，有的记者甚

① 或许正是因为攻坚行动的重要性，有些侦查机关在处理人质危机以及日常性危机管理时显得过于强调攻坚行动的重要性特别是狙击手的作用，这种做法固然有其合理性，但绝对不可偏废谈判机制的建立和谈判人才的培训，也不可贯彻一种把使用狙击手击毙劫持者当作处理人质危机首选措施的观念。实践中，有的公安机关在对危机管理人员进行训练时，只把狙击训练作为重心。当然，有的公安机关也非常注意其他手段攻坚，例如可以参见《解救人质　面粉为何打败枪》，http://news.sohu.com/20040906/n221892995.shtml，2017 年 8 月 15 日浏览。
② 关于新闻媒体在危机管理中的作用，更详细的介绍，可以参见王国华，吴国江. 新闻媒体在政府危机管理中的作用. 云南行政学学报，2004（3）.

至问陈何时自杀，有的记者则以被害人白晓燕之母亲白冰冰的话质疑陈，结果遭至陈的反感，使现场徒增紧张情绪和不确定因素。[①]

警方对待媒体的态度不外有三：一是将媒体行为纳入危机管理行动中，让媒体听从警方指挥，使媒体成为危机处理的一项工具，例如通过媒体向劫持者释放特定信息；二是以消极态度不予理睬，听之任之，让媒体自由发挥；三是主动对媒体进行引导，在合法和合理的范围内，主动向媒体提供相关信息，帮助媒体塑造出报道的内容，使媒体发挥正面功能。就第一种态度而言，从目前我国媒体的官方色彩来看，媒体与警方较易实现合作（有时亦是警方指挥媒体），实践中警方借助媒体发布特定信息（甚至虚假信息）调遣在逃犯罪嫌疑人的做法屡见不鲜。但是，随着新闻自由的日渐提倡，这种态度将越来越难发挥效用。第二种态度将放任媒体的负面效应，因而也不宜采取。在有媒体介入的危机处理过程中，危机处理者最好的应对方法就是采取第三种态度，积极引导媒体。危机处理者应竭尽所能掌握媒体的言行，进而与媒体达成共识，避免因媒体不负责任或错误的行动和报道而增加危机处理的难度。

在实践中，侦查机关可以考虑建立一套可行的警方与媒体互动模式。具体来说，可以包括如下主要措施：设立新闻发言人，专责与媒体的沟通，此外的其他警方成员除经现场指挥官同意外，不得接受媒体访问。即便是新闻发言人也不应接受突如其来的访问，不随便对自己不了解或未经充分准备的问题回答提问；将媒体记者隔离现场，禁止空中或在制高点进行拍摄，限制媒体在报道时随意预测警方的任何行动；事先准备警方声明，强调警方的主要任务和立场，并通过媒体一再强调；如果警方决定暂时不回应媒体要求，必须有足以说服公众的解释，并承诺一旦情况许可即刻公告案情；警方对信息的公布应审慎，须经反复确认后再公布，信息以简明、清晰为原则，对可能引发危险的情节和敏感问题（如警方指挥中心位置、人质与劫持者的位置、

---

① 关于该案的侦破过程，可以参见黄富源，侯友谊. 谈判与危机处理. 台湾地区元照出版公司，2002；关于媒体在该案侦破过程中的表现及其引发的争议，可以参见王兴华. 台湾"白案"震惊社会 媒体角色激起不满. 新闻记者，1998（1）.

现场警力部署等）应拒绝提供；对于危机事件处理的进展情况，可以每隔一段时间以公文形式透露给媒体，但公布的内容应与谈判人员商定，不得违反谈判人员业已与劫持者达成的协议，等等。

我国公安机关比以往任何时候都重视媒体工作，已经自上而下建立了新闻发言人体系并经常性地开展培训，在媒体应对方面已经积累了大量经验。

（五）危机结束后的后续工作

危机因谈判或攻坚奏效而结束后，警方临时组成的任务编组随任务的结束而解散，回到日常工作岗位，媒体、人群也在警方的疏导下散去，危机的发展至此似乎可以画上句号。然而，无论从侦查行为主体角度，还是从被害人角度，工作都还没有到结束的时候，主要体现在以下两个方面：

1. 危机处理过程的回顾与评价。对于危机管理人员来说，本次危机的结束即是面对下次危机的开始，也就是说，对本次危机及其处理过程进行回顾总结，评价得失，对于今后处理类似危机具有重要价值。可见，对危机管理过程加以检讨，绝非为了推卸责任、相互批评或者抢风头、争功劳，而当以应对今后之危机为着眼点。因此，危机处理之后的回顾与评价重点在于：重新审视及补充此次危机事件处理时损耗的设备，并对此次不足或将来所需之设备及时添置；在此次危机处理中体会到哪些教训，确信这些教训被相关组织、人员切实吸收和接受，并进一步更新危机处理的计划和流程；对于危机中的受害者是否提供了适当的保护和关照，尤其是协助其释放压力，安抚其恐惧；对危机后续处理工作有所计划，并通过会议讨论，评估成效。[①]在危机处理过程的回顾与评价时，应尽可能将此次事件的资料做成系统的报告，并对事件发生的时间地点、人质情况（包括人格特质）、劫持者情况、环境因素、武器使用情况、警方行动的详细记录（包括现场警力部署及支援配合单位、谈判策略及内容、攻坚计划以及实际行动等）、事件结局和相关法律

---

① See M. Nudell and N. Antokol, In Case of Emergency: A Handbook for Effective Emergency and Crisis Management, Lexington Mass: D.C. Health and Company, 1988, p. 126.

问题，等等。

2.危机处理后的后续侦查行为。危机结束后，除对危机的处理过程进行回顾和评价之外，侦查行为主体还要进行一系列的后续侦查行为，以顺利结案。具体来说，这些后续行为大致包括：对危机现场进行勘查和整理；追查劫持者的个人资料和案件发生的原因；追查可能存在的不在现场的同案犯或已逃离现场的同案犯；对已捕获的劫持者进行讯问和进行其他取证工作；对被害人和目击证人进行询问，等等。

3.对人质以及部分警员的创伤修复。人质危机处理过程中，无论警方人员还是人质均承受巨大压力，部分人员可能心理受创，需要进行修复，这是危机管理程序的必要环节。当然，这已经超出侦查行为的范畴。

在警察方面。人质危机必然产生威胁，受威胁者包括人质、谈判者、攻坚人员、旁观者甚至劫持者自身，只要谈判或攻坚出现失误，人员伤亡很难避免，由此对解救人员造成的打击无疑是一个严重问题。危机过后，往往会有部分人员出现心情难以平静、自责或抱怨他人等反应。[1] 一般认为，可以通过心理辅导让参与危机处理的人员表达自己的感受，使其有机会面对可能产生的打击和创伤，进而削减日后工作之压力。[2] 不过，需要注意的是，此

---

[1] See M. Nudell and N. Antokol, In Case of Emergency: A Handbook for Effective Emergency and Crisis Management, Lexington Mass: D.C. Health and Company, 1988, pp. 127-129.

[2] See Nancy Bohl, "Postincident Crisis Counseling for Hostage Negotiation", Dynamic Process of Crisis Negotiation （Edited by R. G. Rogan et al.）, Westport, Conn.: praeger, London, 1997, p. 56.

种心理辅导应尽快实施方能取得成效。[①]

在人质方面。在危机过程中，人质的心理会发生一系列的变化，其所承受的创伤来自所经历的无助感、恐惧、焦虑等心情，甚至身体也受到影响（如心跳加速、手脚发冷、颤抖以及出现不理智行为等）。然而随着危机得到控制，他们则开始调整心态，控制自己的行为和态度，避免引起被劫持者对自己的注意，以求自保。有的人质甚至还会考虑制服劫持者。人质本身的人格特质在一定程度上会影响其情绪反应，甚至能决定自己的生死。[②] 在危机结束后，

① See M. Nudell and N. Antokol, In Case of Emergency: A Handbook for Effective Emergency and Crisis Management, Lexington Mass: D.C. Health and Company, 1988, p 130. 一般认为，这种心理辅导应以小团体形式进行，且为求有效化解被辅导者的心理压力，必须有一个让其坦率直言的环境，在此环境下，被辅导者彼此之间没有上下等级之分，且必须同意出去之后不说出其他人的经验或感受。在此过程中，辅导者如能对被辅导者表达体谅敬佩之情，而被辅导者同事之间流露出相互支持的情谊，将有助于解决因危机而导致的心理障碍。

② See R. G. Hillman, "The Psychopathology of Being Held Hostage", Perspective on Terrorism （Edited by L. Z. Freedman and Y. Alexander）, Wilmington, DE: Scholarly Resources, 1983; M. J. McMains and W. C. Mullins, Crisis Negotiations: Managing Critical Incidents and Hostage Situations in Law Enforcement and Corrections, Anderson Publishing Co. Cincinnati, OH., 1996, p. 375.

危机处理者必须采取一定措施以防止对人质造成二次伤害。①

三、危机管理机制之建立和完善——走向程序化和规范化

危机的应急性使得危机管理过程呈现出相当的灵活性和非程序化色彩。但是，要真正提高危机管理的效率，就必须根据科学原理和实践经验，建立一套完整的危机管理机制，使危机管理程序化。危机管理机制的建立，有助于使危机管理人员在危机发生时有章可循，加快反应速度，提高决策和行动的准确性，降低行动的不确定性。这似乎正验证了进化的一个原则："进化的方法基于一个简单的原则：成功的东西更有可能在将来经常出现。"② 成功的危机处置应当得以总结并适用于此后类似的场合。

由人质危机的处理可知，典型的危机管理程序可以划分为以下阶段：（1）准备阶段，主要包括危机预警、危机管理人员培训、危机管理预案和演练以及危机管理资源的储备；（2）反应阶段，包括先期反应、组成危机

① 一般认为，对人质的安抚可以先由危机管理人员(特别是谈判者)采取一定措施(例如安置在舒适环境中，给予热情招待，对受伤与未受伤的人质均给予特别的关心，肯定人质在危机过程中沉着冷静的行为，解释警方采取行动的理由，让人质自由聚集寻求彼此支持，警方采取任何行动前均与人质家属联络并说明理由，等等)之后，再交由专业心理医师辅导。

对于人质，所谓的斯德哥尔摩症候群（Stockholm Syndrome）也需要人们注意。由于人质与劫持者共处有限空间及紧张、焦虑等压力环境下，有时会产生强烈德情感联系与认同。虽然高达 92% 的人质并不会发生这一心理移转现象（See G. D. Fuselier, "Placing the Stockholm Syndrome in Perspective", FBI Law Enforcement Bulletin, June 1999, p. 23），但是对斯德哥尔摩症候群的发生机理以及处理方式应引起人们的注意，特别是在危机处理过程中，谈判者应当考虑到此种情况出现之可能。关于危机处置过程中对被害人斯德哥尔摩症候群的利用和防范，也可参见郝宏奎.反劫持谈判与战术.中国人民公安大学出版社，2004：66.

② [美] 罗伯特·艾克斯罗德.对策中的制胜之道——合作的进化.吴坚忠译.上海人民出版社，1996：130.

管理机构、危机干预、媒体管理等；（3）后续阶段。包括危机解除后的后续侦查、危机管理人员或被害人的心理恢复、危机管理经验总结等。我们认为，在当前阶段，有以下几方面尤其值得我们重视：

（一）建立专门的专业化危机管理队伍

针对危机的发展趋势以及危机处理的专业性，政府必须有意识地设立专门的危机管理队伍。危机管理队伍的专门化有利于危机作业的专业化建设，从而也有利于提高危机处理的效率。针对具有刑事案件性质的危机，侦查机关内部也应设立相应的专门机构。事实上，危机管理作为警察的教学课程和任务，早已在西方国家受到重视，而在政府部门中设置反恐、快速反应部队等专门机构，已是许多国家的常见做法。例如，美国联邦调查局1981年即设立专门的人质解救小组（Hostage Rescue Team，简称HRT），后来又在行为科学处（Behavior Science Unit）中设立人质危机谈判小组，除了支援各地警务外，也提供培训课程。德国联邦边防警察局下设第九边防警察部队（Bundesgrenzschutz-9），其固定任务就是打击最严重的暴力犯罪，特别是拯救为暴力犯罪所危害的生命，包括采取武装行动打击无政府或恐怖组织犯罪（例如劫机、劫持人质、破坏重要物品和公共设施等），在需要动用受过特殊训练、有特殊装备的警力的特殊警务事件中采取行动。法国国家警察总局下设的公共安全中心局也拥有9个国家警察干预分队（national police intervention group，法语简称为GIPN），可在需要特殊资源和行动手段时随时开展行动。

我们认为，根据危机处置的特点以及我国的实际情况，侦查机关内部组建专门的危机管理机构应包括两个层面：

一方面，必须建立危机管理的领导机构，确立领导责任制。实践中可以考虑由主管刑侦业务的公安机关副局长（副厅长）承担危机发生时的领导职责，并以此为上阶，向下建立危机领导层级。在确立领导体制时，最重要的是区分日常危机管理事务和现场危机事务领导体制之区别。日常性的危机应对准备工作可以由指定专人负责，但当危机现实发生时，日常危机事务管理者未必能赶到现场指挥，而且从客观上看他们也未必就是最合适的危机现场处置领导者，[①] 所以有必要确立与日常危机事务领导体制不同的现场危机处置领导体制，后者则更为灵活和复杂，往往由到达现场的最高衔级的警官担任危机处置的最高决策者，并根据情况的需要移交专业化的危机管理机构或其他人员。

另一方面，有必要建立危机管理专业机构。危机管理专业机构的建立符合侦查从一般向专门化过渡的发展规律。危机事件是一类极特殊的刑事案件，其处置程序与普通刑事案件有很大差别。当前许多具体类型的案件，如涉税犯罪案件、证券犯罪案件、毒品犯罪案件等都已建立专门的侦查机构。设立一个新的侦查机构或赋予一个机构以侦查权，侦查效率是必不可少的考量因素。[②] 危机管理与其他已经实现专门化的案件侦查一样，也需要专业人才和一些特殊的处置程序。由特定的机构专门负责必将极大提高处理效率。然而，需要注意的是，危机管理专业机构与毒品犯罪侦查等专门机构应有所不同。后者在各国都已经形成了一套相对独立的侦查体系。但是，由于危机的特殊性，在危机管理过程中往往要整合涵盖治安、消防、侦查等各方面的众多资源，这些资源显然不可能都纳入危机管理机构内部，这既有现实的原因，也有职权方面的考虑。从实践来看，各国危机管理专门机构都不是非常庞大的部门，而往往都是以小组的形式出现，它们一般只承担危机发生时的支援任务和日常性的培训、科研和情报分析等业务。

值得注意的是，经过十余年的发展，有些地方公安机关刑侦部门经过培养和遴选，已经建有专门的谈判专家库。在公安部层面，也已发布劫持人质案件处置方面的专门规范。也有许多地方公安机关已经在特警或其他警种当

---

① 侦查机关领导人现场指挥的意义是明显的，不但有助于鼓舞士气，在一定程度上也有助于危机的处理，例如就人质危机而言，至少对劫持者来说，凸显了警方对其重视，有助于双方的谈判。但是，领导人对现场处理的不利因素也早已被学者们所注意：由于要保护领导，且领导的出现易吸引媒体注意，因而容易破坏现场，也增加了现场保安的难度。再加上许多领导并非现场处置的专业人士，所以他们对危机的现场处置也有一定的负面作用。

② 参见刘为军，席月民．我国涉税犯罪侦查权配置的立法建议．成人高教学刊，2004（6）．

中设立反恐、反劫持等专业力量，日常开展危机管理专业训练，并积极参与危机警务的处置，已经见到成效。不足之处在于，对危机的界定仍然过窄，仍需扩大危机管理机构的专业范围。

（二）培育危机意识，建立完善的危机预警系统和危机管理资源保障系统

"科学的危机意识是策略化、实效化、艺术化处理危机的保障"。[①]危机意识是这样一种观念，它要求作为危机管理者的组织或个人从长远、战略的角度出发，抱着遭遇和应对危机的心态，在心理上和物质上做好对抗困难境地的准备，预期提出对抗危机的应急对策，以防止在危机发生时束手无策，无法积极回应，而遭受无法挽回的失败。为此，侦查机关和侦查人员应深刻认识危机管理的重大意义，保持敏感度，提高危机意识和危机处理能力，并在日常的警务中，注意从源头上降低危机事件发生的可能性，并通过公共信息传播等渠道，强化社会公众的危机意识，以利于危机真正发生时的现场作业。

危机意识的强调，也证明"危机管理并非是危机之后的管理"。[②]有学者把危机管理的程序分为四个阶段：预知与预测阶段、预防与回避阶段、对应与处置阶段、再发免疫阶段，[③]也有学者将危机管理的程序分为危机预防、控制、解决和总结四个阶段；[④]由此可见预防与预知、预测在危机管理中的重要性。危机的预防并不是侦查机关的专项职能，侦查机关也无法独立完成危机的预防工作，但是在危机发生之前对侦查机关进行预警，这一点是侦查机关自身可以做到的。建立完善的预警系统，这是危机意识的重要体现，它不但可以使侦查机关预知危机，而且可以让决策者掌握与危机有关的情报资料，供日常决策和现场危机处理时使用。

完善的预警系统包括两个层面：一是通过危机发生前卓有成效的情报运

---

① 张岩松.企业公共关系危机管理.经济管理出版社，2000：51.

② 参见陈丽霞.危机管理并非是危机之后的管理.经济师，2004（4）.

③ 魏加宁.危机与危机管理.管理世界，1994（6）.

④ 张彩等.对危机管理的原则及程序的探讨.科技与管理，2002（4）.

作（情报的搜集、分析、传送、运用以及情报人员与危机管理决策者之间就情报问题进行的沟通等），建立较为完备的危机数据库。因应不同的危机，数据库应做不同的分类。就人质危机而言，数据库容纳的资料的重点应在于通过社区警务，配合巡逻、邻里守望、联防等机制所获得的辖区内特定对象（宗教极端分子、有暴力犯罪前科和严重暴力犯罪倾向者、具有攻击性的精神病患者等）的背景资料。二是风险评估和危机预测，即根据当前形势和情报分析潜在危机，从而在合乎逻辑和现实的考量下，对预测的危机制定有针对性的对策体系。风险评估的科学依据在于：大部分危机的发生都不是偶然的，而是有征兆的。[1] 当前需要进一步研究的是如何设定风险评估系统及其程序，并确定若干合理的可供遵循的准则和具有可操作性的客观标准。一旦风险评估确认有可能发生危机时，危机管理机构就应当着手选择和准备相关人员，对潜在危机进行观察和回应。[2]

预警系统与公安机关其他情报系统特别是高危人员管控等数据库应当紧密关联，在打造公安大数据平台的背景下，应当实现各类危机预警系统的一体化运作，减少公安机关运行成本，同时使数据的关联运用更加高效。

有效的危机管理还必须建立在完善的资源保障系统之上，它是危机预警系统和危机现场处置的物质基础。侦查机关有必要将危机管理所需要耗费的资金纳入侦查经费预算之中，并进行资源储备和整合，编制资源目录，以便在危机发生时及时调用资源。在实践中，资源保障系统主要包括人力储备、武器储备、设备储备等。这些资源不一定要纳入统一的管理体系中，但必须保障能在需要时立即融入危机管理系统并进入运作阶段。

---

[1] See Nudell Mayer and Norman Antokol, In Case of Emergency: A Handbook For Effective Emergency and Crisis Management, Lexington, MA: D.C. Health and Company, 1988, p 8.

[2] 仍以人质危机管理为例，除了一些传统的危机易发地（如航空系统、铁路运输系统、政府要地等）外，在近年发生多起歹徒强闯幼儿园劫持人质或伤害儿童的案件后，幼儿园的确可评估为危机易发地，危机管理机关应着手设法增加幼儿园守卫力量，加强幼儿园附近的巡逻频率，甚至对各幼儿园的内部空间布置、周边环境有所了解，以备不时之需。

（三）制定危机预案，进行模拟演练

危机管理的核心要素是在危机发生之前所做的努力，除了采取措施预防、减缓危机的发生外，同样重要的是制定良好的危机预案。所谓预案，就是指危机管理机构为潜在危机提前准备的应变计划和处置方略。好的预案能够让危机管理人员在面对预案所针对的危机时有所准备，可以减轻真正面对危机时的紧张情绪，避免因惊慌失措而病急乱投医。但是，具有讽刺意味的是，实践中，往往只有危机客观发生之时，避免重蹈覆辙的想法才会对催生预防计划产生强烈的推动。①

近些年来，由于危机发生的数量和频率有所上升，再加上一些重大事件的刺激，我国公安机关已经关注预案问题。我们认为，良好的危机预案应当以过去的经验基础和科学的危机管理理论为基础，充分考虑未来的变化和各种可能的应对策略。曾有学者指出，在制定预案时，应注意以下事项：对过往发生的危机事件进行分类；对未来可能发生的危机类型应有所准备；针对各种危机类型决定较合适的处置行为；了解组织内部的软硬件设备及操作程序等的限制和不足，进而对任何有可能影响组织运作的紧急事件有所准备；与辖区内检察机关、侦查机关、武装部队和其他机关，以及医疗单位、企业或某些专业人士等保持联络；建立寻求支援的工作系统流程，即支援的先后顺序；决定此预案（应变计划）的等级，了解组织内是否存在某种限制，且必须遵循何种程序；了解危机发生时，谁有主要的决策权力，谁可以掌控成败；回顾所有的执行准则，确认其是否周全和适当；回顾现有组织流程，确认其中是否有不确切的内容。②

以上基本描述了预案制定的各类注意事项，由此也可归纳出预案的几个特点：一是类型化。针对不同类型的危机应有不同类型的处置策略。二是详

---

① R. Uriel et al., Coping With Crisis: The Management of Disasters, Riots and Terrorism, Springfied, I11.: Charles Thomas Publisher, 1989, p. 14−15.

② Nudell Mayer and Norman. Antokol, In Case of Emergency: A Handbook For Effective Emergency and Crisis Management, Lexington, MA: D. C. Health and Company, 1988, p. 14.

尽性。预案要尽可能考虑到各种可能发生的危机的性质和危机发展过程中的变数。为了达到这一目的，预案制定者不但要集思广益，还要充分运用经验和逻辑工具，推演各种可能性，并针对各种可能性制定应对策略。三是可操作性。可操作性是预案的生命，如果一个预案规定的措施无法执行，则此预案并无多大价值。在理论上，危机管理预案应当包含危机管理原则、危机预警和警报、危机指挥和协调、危机管理的一般策略（最好能步骤化）、危机解决后的恢复管理和后果处理以及危机管理者的责任等。①

预案制定后，面临的将是对其可靠性和可行性的质疑。表面上看起来很完美的预案，如果无法在实战中取得成效，则亦无意义。然而预案的成效不能被动地等待实战来检验，而应在危机发生前就得到一定的评价。为此，预案的训练和模拟演练（Crisis Stimulation）必须得到强调和重视：一方面，再好的计划都必须让执行人员了解并接受，否则形同虚设。我国目前的警察课程设置中，对此尚是弱项，需要加强这方面的培训任务。可以考虑在现役警官培训和侦查学等专业课程中增加危机管理课程。另一方面，危机预案可以通过模拟演练的方式评估其可行性。模拟演练有两重价值：一是作为一种训练方法，以角色扮演（role-playing）的方式使相关人员切身体会危机管理的

① 关于危机管理预案（包括危机反应计划和恢复计划）的通用蓝本以及制定方式，参见 [美] 罗伯特·希斯. 危机管理. 王成等译. 中信出版社，2004：218–230.

情境，掌握危机管理的技能，积累经验；① 二是通过预案的运用，评估预案的得失和可行性，然后再做修改和完善。

最后，需要说明的是，完善的危机管理不可忽略制度化、规范化之意义。我们认为，今后将有一项繁重的任务摆在我国侦查机关面前，即必须为危机管理制定相应规范，以让国内外危机管理的成熟经验固定下来，并转化成一种规范操作，从而尽量降低危机管理的不确定性。我国在"非典"结束后不久即颁布了《突发公共卫生事件应急条例》，这说明政府已经开始重视危机管理的规范化问题。在侦查领域，危机管理的制度化理应尽快纳入议事日程。

① 有学者对模拟演练的作用和作用方式有过详细的论述，他们指出：为取得角色扮演的最大成效，有数项技巧被认为是有用的。这些技巧借鉴自行为治疗领域，后者在行为矫正方面深深依赖于角色扮演，并需要融入共识。首先，也是最简单的是，它包括对角色扮演危机状况下所需技巧的直接传授，教练可以在室内给学员授课，然后立即让他们进行模拟演练。其次，通过模拟演练后的反馈和正面加强可以提高和固定所学技巧。模拟演练允许教练在模拟的危机事件中观察学员行为，随后对他们演示的技巧进行建设性评价。再次，建模使得训练者能够在模拟危机场景中演示有效的危机处置方案。特别是当一名学员难以掌握一项技巧时，对富有经验的人员的观察能够在相当程度上促进学习的成效。最后，通过视频或录音记录训练者在模拟场景中的表现，这被证明有很大的价值。它使得团队成员能够观察和自我评价自己在各种工作角色中的业绩；回顾这些记录品有助于个人自我分析，有利于指导者评估每一学员的实力和不足。See Vincent B. Van Hasselt and Stephen J. Romano, Role-Playing in Crisis Negotiation Training, FBI Law Enforcement Bulletin, February 2004, p 12-17.

第三节

刑事证据调查行为过程的博弈特征

　　无论是一般模式，还是特殊模式，都是从传统的侦查主体角度揭示侦查行为过程的阶段性。当我们跳出侦查主体的立场，以第三人的身份观察任一案件侦查的全过程时，我们不难发现，自立案启动至撤销案件或者决定移送审查起诉的侦查过程呈现为众多相关人员的博弈过程。换言之，侦查行为从启动到终止，始终都处在侦查主体与作案人或其他行为主体的互动之中，博弈因而构成侦查的基本特征。其实，不仅在侦查行为当中，所有证据调查行为也都会呈现出博弈特征。可以说，"博弈"一词形象地揭示了证据调查行为过程中不同主体的能动性以及他们行为的动态性与复杂性。[①] 从博弈角度深入探讨证据调查行为过程，将会冲击传统证据调查行为研究特别是侦查行为研究的基本模式：在传统的以行为主体为中心的研究视野里，行为过程的其他参与者只是被视为行为对象的一部分；而在博弈论看来，这些参与者与行为主体一样，都是平等地位或者近似平等地位的参与者，是他们的互动而不仅仅是行为本身决定了行为的结局。这种研究视角无疑会对我们正确认识调查行为提供帮助，因为它提供了一个行为过程的全景式的描述视角。[②]

一、博弈、博弈论与博弈的基本要素

　　"博弈"是指决策主体（个人或组织）在相互对抗中，对抗双方或多

[①] 从这个意义上讲，侦查行为本身只是侦查博弈的一个组成部分，侦查博弈是指整个侦查阶段所有参与人的互动，侦查行为只是众多互动行为之一种。因此，侦查博弈的准确意义并不仅仅把侦查行为看作是一种博弈，更是把侦查行为作为侦查主体（博弈参与者之一）的行动来理解。

[②] 本节内容，更详细的阐述，参见刘为军.侦查中的博弈.中国检察出版社，2010.

方相互依存的一系列策略和行动的过程集合。[①]博弈论研究的主要是决策主体的行为发生直接作用时的决策以及这种决策的均衡问题，也即当一个主体的行为选择受到其他主体的选择的影响且也影响到其他主体的选择时的决策问题和均衡问题。人们一般把冯·诺伊曼（Von Neumann）和摩根斯坦（O. Morgenstern）于 1944 年出版的《博弈论和经济行为》（the Theory of Game and Economic Behavior）一书视为博弈理论诞生的标志。[②]不过，博弈论的迅速发展还是在纳什（J. Nash）于 1950 年发表的一篇不足千字的论文之后。博弈论自诞生之日起不久就开始进入到社会科学和心理学的广大领域。

博弈的基本概念包括了参与者、行动、信息、策略、收益、均衡、结果等要素：

1. 参与者：参加博弈的决策主体，其目的是通过选择策略（或行动）以最大化自己的收益水平。根据参与者的数量多少，博弈可以分为单方博弈、双方博弈和多方博弈。对于特定博弈而言，一个较为特殊的、与其他主体不存在利害关系的参与者被定义为自然（Nature）。

2. 行动：参与者在博弈中某个时点的决策变量。参与者的行动可能是离散的，也可能是连续的，行动顺序对于博弈结果至关重要，不同的行动顺序意味着不同的博弈结果。博弈的双方或多方同时行动，一方在作出行动时并不知道其他方是否已经做出行动的，称之为静态博弈；一方在作出行动时已经知他方已经做出行动的，称之为动态博弈。

3. 信息：参与者有关博弈的知识。博弈论中的信息结构主要有完全信息、非完全信息、完美信息和非完美信息。博弈论对完全信息和非完全信息有着非常严格的定义，如果参与者在给定任何策略组合下，每一参与者的收益（包括期望值）都是确定的，那么就是完全信息博弈，如果至少有一个参与者的收益是不确定的（不确定是指参与者主观认为收益具有多种可能

① 姚国庆. 博弈论. 南开大学出版社，2003：5.

② 虽然博弈论始于他们的著作，但现代博弈论却与他们书中所写的关系不大，尽管有一些概念，特别是预期效用理论，都是他们创立的。

参见张维迎. 博弈论与信息经济学. 上海三联出版社、上海人民出版社，1996：5.

性），那么就是非完全信息博弈。完美信息是指一个参与者对自然和其他参与者的策略选择有准确了解的情况。非完全信息就意味着非完美信息，但完全信息不一定就是完美信息。

4. 策略：参与者在给定信息条件下的行动规则，它规定参与者在什么情况下选择什么行为，或者它选择参与者如何对其他参与者的行动作出反应。策略是行动的规则而不是行动本身。根据策略的数量，可以将博弈分为有限博弈和无限博弈。

5. 结果：对于所有参与者的每一个可能的行动组合，会出现什么样的结果。由于博弈各方最终必须作出选择，因此这里的结果包含了现实结果和可能结果。

6. 收益：在可能的每一结果上，参与者的所得和所失，一指参与者在特定策略组合下得到的确定效用水平，一指参与者得到的期望效用水平。一个参与者的收益不仅与他自己选择何种策略有关，而且也是其他参与者所选策略的函数，任何一个参与者改变自己的策略都会影响所有参与者所获的收益水平。参与者的收益是相互牵连和相互制约的。根据不同策略选择下各参与者收益的总和，可以将博弈分为零和博弈、非零和博弈和变和博弈。

7. 均衡：所有参与者最优策略的组合，"它在给定该组合实现的情况下是自我支持的"[①]。任何一个参与者的最优策略通常都依赖于其他参与者的策略选择，即对其他参与者策略的最优反应。参与者的博弈与他们拥有的信息结构和行动顺序密切相关，按照信息结构和行动顺序可以把博弈分成完全信息静态博弈、非完全信息静态博弈、完全信息动态博弈和非完全信息动态博弈，分别对应着纳什均衡、贝叶斯纳什均衡、子博弈精炼纳什均衡和精

---

① [美] 保罗·魏里希. 均衡与理性——决策规则修订的博弈理论. 黄涛译. 经济科学出版社，2000：58.

炼贝叶斯纳什均衡。^①

　　描述一个具体的博弈，参与者、策略和收益是最基本的要素。^②

　　在总的类型上，博弈还可以分为合作博弈与非合作博弈。现代博弈论研究的主要是非合作博弈，较为人们所熟知的博弈论学者——纳什、海萨尼和泽尔腾等的主要贡献在于非合作博弈，而合作博弈除专业理论研究者之外少有人关注，其原因大概是因为竞争是一切社会、经济关系的基础，竞争是基本的，而合作是有条件的、暂时的。合作博弈与非合作博弈的区别主要在于所研究的行动参与人的行为在相互作用时，能否达成一个有约束力的协议，如果有，就是合作博弈，如无，则为非合作博弈。合作博弈强调团体理性、效率、公正和公平，而非合作博弈强调的是个人理性和个人最优决策，其结果可能是有效率的，也可能是无效率的。

二、证据调查行为与博弈

　　博弈论可以用于任何多主体之间的策略行为，^③ 而作为证据调查行为主要构成的侦查行为正是这样一种行为。侦查行为的运行过程可以概括为若干参与者围绕案件真实情况进行的一系列证实与反证实活动的组合，或者直接

---

① 所谓完全信息静态博弈，是指在每一博弈的参与者都知道其他参与者的策略空间及支付函数等特征的条件下，博弈的参与者同时行动，或者虽然行动有先后，但后动者不能观察到先动者行动的博弈。完全信息动态博弈，是指博弈的参与者在完全信息的条件下，按照顺序行动，后动者能观察到先动者行为的博弈。不完全信息静态博弈，是指在至少有一个参与者不知道其他参与者的策略空间及支付函数等特征的条件下，博弈者进行的静态博弈。不完全信息动态博弈是指在不完全信息条件下，依顺序行动，后动者能观察到先动者的行为。

　　参见张维迎. 博弈论与信息经济学. 上海三联出版社、上海人民出版社，1996：11.

② 参见王则柯. 新编博弈论平话. 中信出版社，2003：29.

③ 柯华庆. 法律博弈论如何可能.//[美]格若赫姆·罗珀著. 博弈论导论及其应用. 柯华庆，闫静怡译. 中国政法大学出版社，2005：V.

抽象为一次博弈过程或者若干博弈的组合：首先，侦查至少存在侦查人员和作案人两方主体（在报假案的情形下，至少存在侦查人员和报案人两方主体），而有些措施如摸底排队所要审查的对象可能是成千上万的，因而侦查具有群体性；其次，案件的解决取决于侦查过程中各主体之间的互动，是这种互动而不仅仅是侦查人员的单方行动决定了侦查的结局，因而侦查具有互动性；再次，这些主体相互都清楚彼此间的互动性，会根据彼此的互动来决定自己的下一步行为，因而侦查具有策略性；最后，侦查人员和侦查过程中的其他人员被认为是理性的，会按照最有利于自己的方式采取行动。据此，就研究内容而言，博弈论间接诠释了侦查行为的实质，完全可以纳入侦查行为的理论基础体系。反过来说，侦查行为也应当成为博弈论的研究对象，为博弈论的理论抽象提供经验材料。历史上，关于侦查行为的分析曾经对博弈论的发展起到了重要推动作用，例如图克（Tucker）于1950年首次提出，后来被人们广泛引用、流传最广的博弈论经典模型"囚徒困境"。

博弈理念、模式以及分析方法带来的影响无疑契合当前提高侦查效率的需要，把博弈理论引入侦查，至少能为我们提供一种新的分析方法，为侦查方法武库增添新的工具。与此同时，在制度层面，博弈论同样可以为侦查制度的架构提供参考。"博弈内生规则"理论指明，制度既是博弈规则，也是博弈均衡。① 我们要想创建、修改或者废除一项侦查制度，就必须尽可能多地考虑该制度将要或已经牵涉的利益主体，分析立法目标是否构成纳什均衡，分析这些利益主体在新制度下的博弈均衡。目前侦查制度领域还存在许多空白或薄弱之处，而大量既有立法被规避，在法律制度之下还有一套潜规则的运作，这实际上从反面论证了立法本身并未能达成均衡。

需要指出的是，尽管"我们可以说博弈论天生就是要来分析法律的"②，但是我们也应当看到，博弈论在经济学领域以外还面临着应用上的尴尬局面，因为："其一是缘于存在一种错误的观念，认为必须借助许多繁琐的数学手

① ［日］青木昌彦. 比较制度分析. 周黎安译. 远东出版社，2001：5-22.
② 柯华庆. 法律博弈论如何可能.//［美］格若赫姆·罗珀. 博弈论导论及其应用. 柯华庆，闫静怡译. 中国政法大学出版社，2005：V.

段才能应用它；其二是由于多数解析型博弈论的预测都不是基于观察到的事实。人们已多次意识到亟须实证的经验规律来充实博弈论。"①同样地，在现阶段，利用博弈论来分析侦查行为和侦查过程，理论上也存在一些难以跨越的局限：

首先，博弈论关于博弈的分析是有前置理论假设的，这些理论假设在实践中大多不成立。以非合作博弈论为例，为了使分析简单化、抽象化，它假定博弈的参与者都是个人主义的，都具有工具理性（个体被假定为自利的行动），个体之间是相互依赖的（博弈中任何个体的福利至少部分取决于博弈中其他博弈者的行动）。在这些理论假设之下，可以按照既定博弈模型寻求博弈的解。但是，正如有学者注意到的，"针对最近的博弈论模型以及它们在经济学中的应用，也有为数不少的批判被提出。特别是博弈论中工具理性的应用，从经验方面和理论方面都受到了极大的挑战"，"当预见结果依赖于'均衡之外会发生什么'的判断时，工具理性的假设常常会导致逻辑矛盾"。②在应用博弈论研究侦查的过程中，这些问题同样会存在。

其次，博弈论虽然可以用于多主体之间的策略行为，但从博弈分析实践来看，比较有用的是分析两个主体的策略行为。而在侦查过程中，围绕同一目标而进行的行动互动所涉及的主体经常不止两个。如果要适用两个主体策略行为的规则，那么侦查过程将被细分为众多的两主体博弈，这有可能会降低分析的科学性。

再次，侦查学上关于博弈论的应用研究尚处于起步阶段，研究基础较为薄弱，还难以实现跨越性的发展。就已有研究成果来看，基本上只是提出侦查是一种博弈的主张，但针对侦查如何博弈，除了重述"囚徒困境"及其应

---

① [美]科林凯莫勒.行为博弈——对策略互动的实验研究.贺京同等译.中国人民大学出版社，2006：3.

② [美]格若赫姆·罗珀.博弈论导论及其应用.柯华庆，闫静怡译.中国政法大学出版社，2005：240.

诚然，在对上述理论假设进行批判的过程中，博弈论也在进行新的拓展，也在寻求更加完美的解决方案。

用外，鲜有其他方面内容。

值得庆幸的是，对于非博弈论专业人群来说，博弈论最重要的贡献不是构建了多少公式和模型，而在于它促进了人类思维的发展，促进了人类的相互了解与合作。博弈论告诉人们，每个人都有自己的思想，每个个体都是理性的，所以必须了解竞争对手的思想。[①] 在这个意义上，根据现有的研究基础，我们完全可以只借鉴博弈论的思维模式和基本结论，来分析侦查博弈的基本形态，并为侦查制度和政策的重构提供一些建设性意见。

三、行为过程中的非合作博弈

"由于生存的需要，利益分配的不平衡，荣誉桂冠的吸引，必定产生出许多活力对抗的战阵。"[②] 许多侦查学教科书指出，对抗性是侦查的基本特点之一。[③] 或许因为这种对抗属性，使得侦查学界很早就有意识地把侦查和博弈联系在一起。诚然，他们所说的侦查博弈基本上都是指非合作侦查博弈。

（一）非合作侦查博弈传统理解的片面性

传统侦查学上提到博弈时，往往把博弈视为对抗或者活力对抗的同义词，即"双方目的相向的人，或者有活人加入的系统，智力在相互作用时所构成的无形活动过程，以及在这个无形活动过程制约下，所表现的有形力量的抗衡与竞争实践"。[④]

在许多论著中，这种对抗常常被用来指代侦查方与作案人或者犯罪嫌疑人之间的相互关系。有学者总结了侦查的对抗性原理，认为"侦查是活人或

---

① 范如国，韩民春 . 博弈论 . 武汉大学出版社，2006：43.

② 李炳彦，孙兢 . 军事谋略学（上册）. 解放军出版社，1989：74.

③ 例如可以参见马忠红 . 刑事侦查学总论 . 中国人民公安大学出版社，2009：62；杨宗辉等 . 侦查学 . 群众出版社，2001：27.

这些书中所指对抗性，主要是指侦查方与作案人或犯罪嫌疑人的对立。

④ 李炳彦 . 斗智的学说 . 解放军出版社，1991：35.

活人集团之间的冲突与对抗", 而"侦查对抗是侦查主体与犯罪行为人之间的对抗。对抗双方都有明确的战胜对手, 迫使对手服从自己意志的目的。对抗双方的利益不能共存, 双方追求的目的相向冲突, 不能同时实现; 双方采取的对策和手段, 针锋相对, 水火不相容。这种直接冲突决定着对抗双方势不两立, 对抗的结局是一方战胜另一方、一方消灭另一方或一方迫使另一方屈服于自己, 服从于自己的意志, 没有调和的余地。"[①]引文虽然没有明确侦查对抗是非合作博弈还是合作博弈, 但是由于刻意强调对抗双方的利益冲突以及参与者各自行动的单方意志性, 基本不涉及参与者之间是否达成有约束力的协议的问题, 因而可以认为这里所指的侦查对抗就是指非合作博弈, 二者之间没有合作的意愿和协议, 参与者之间选择的是对对方的背叛(对抗)而非合作。

更有论者在此基础上进一步认为侦查对抗具有必然性, "从犯罪和侦查的目的以及实践活动来看, 侦查与犯罪是相互对立、互不相容的, 这就决定了二者之间的对抗具有不可调和性, 是一种必然的对立", 在对抗的具体形式上, "侦查过程中知情人员以及群众是侦查博弈对抗的重要因素, 但这些主体不是侦查对抗的主体。把侦查人员同被害人、证人(不包括污点证人)及其他知情者之间的关系也纳入对抗之中, 表面上看似乎更为全面, 但实质上却有泛化论的危险, 无法使人把握侦查对抗同一般活力对抗之间的区别。其实, 侦查人员能否破案的关键在于如何处理与犯罪行为人的关系, 这才是矛盾的主要方面。对抗从本质上讲, 只能存在于侦查人员和犯罪行为人之间"。[②]

上引论述, 所表达的无非两点: 一是侦查博弈是一种非合作博弈; 二是非合作博弈仅存在于侦查方与作案人或犯罪嫌疑人之间。

不过, 传统上对侦查博弈的理解有些片面, 理由有三:

第一, 侦查具有对抗属性, 不等于侦查博弈就是一种非合作博弈。前已述及, 区分合作博弈与非合作博弈的根本点在于博弈参与者的行动在相互作

---

① 王传道. 侦查学原理. 中国政法大学出版社, 2001: 16、101.

② 郭冰. 侦查学基础理论研究. 中国人民公安大学出版社, 2010: 179.

用时，能否达成一个有约束力的协议。对抗属性虽然能解释侦查方与作案人一方在根本利益上的对立，但这种根本利益对立是一种通常的判断，不代表所有具体的博弈中都是如此，更何况，根本利益的对立也不意味着双方绝对达不成一个有约束力的协议，并以该协议作为行动的基础。

第二，侦查博弈的参与者众多，所涉及的关系组合较多，并不限于侦查方与作案人（或犯罪嫌疑人）之间[①]。前已述及，在整个侦查过程中，随着侦查行为指向对象的不同，会有大量人员牵涉进来，典型的如公开的摸底排队行为，它将涉及大量其实与涉嫌犯罪事实没有任何关联，仅仅因为侦查需要而被纳入调查视野的人。我们认为，非合作侦查博弈的参与者将大大突破侦查方与作案人的范围限制，只要侦查措施所及，即可能有新的参与者加入到博弈进程，或者变成新的一次博弈，或者改变原来博弈的信息和条件。

既然不同的参与者会有不同的利益需求，那么，在侦查进程中，就不会只有侦查方和作案人之间才有利益的冲突和斗争。基于案情的不同复杂程度，非合作博弈可能存在于侦查过程中的任何主体之间，如侦查方与作案人、侦查方与犯罪嫌疑人、侦查方与证人、侦查方与被询问者、被搜查者，等等，这几对主体可能分别是整个案件侦查博弈进程中若干独立的非合作博弈过程的参与者。甚至同类参与者，例如侦查人员之间、侦查机关之间、犯罪嫌疑人之间、证人之间[②]，也会产生非合作博弈。

第三，前已证明，作案人、犯罪嫌疑人和侦查方之间的侦查博弈未必以零和作为结局，非合作侦查博弈同样如此。即便不考虑前文已经论及的对博弈收益的不同解读，而认同大多数个案侦查博弈的最终博弈结局即一方赢和一方输属于零和结局，但是不可忽略下述情形：有些案件经查明并非刑事案件，对于"作案人"与侦查方而言是双赢局面。

综上可见，非合作博弈广泛存在于侦查的不同参与者之间，并非侦查方

[①] 严格地讲，只有当犯罪嫌疑人事实上就是作案人时，侦查方与犯罪嫌疑人的关系才能等同于侦查方与作案人的关系。

[②] 例如同为作案人亲属的几名证人在作证将损害作案人利益，不作证或伪证将面临法律制裁时的博弈。

与作案人、犯罪嫌疑人的特有现象。

（二）非合作侦查博弈的基本形式

"囚徒困境"是比较典型的完全信息静态博弈，是一些普遍而有趣的情形的简单抽象，因而常被用于描述各种存在对抗的行为过程。这个例子的创造奠定了非合作博弈论的理论基础。类似的博弈模型也完全有可能出现在处于相互竞争状态的侦查方内部不同侦查人员之间，或者存在于与作案人有利害关系的多个证人之间。非合作博弈的参与者之间甚至无需是具体确知的。案件侦查伊始，侦查人员可能并不清楚谁是作案人，而作案人也可能并不清楚是否已经案发或主侦案件的侦查人员是谁，对于双方来说，"对方"只是一个比较抽象的概念，但是博弈的的确确已经开始，侦查人员针对潜在的对象实施一系列侦查行为，目的是将潜在对象转化为现实对象，作案人则按照自己的意志和对侦查方策略的理解，采取各种方法避免被纳入侦查视野。据此看来，侦查博弈可以分为潜势和显势两种。潜势博弈只可能是非合作博弈，因为在彼此并不明知的情况下，是无法达成任何有约束力的协议的。

在侦查中，完全符合囚徒困境的情形恐怕是不多见的，因为囚徒困境模型是以下列假设为前提的：（1）两犯罪嫌疑人在作案之前未达成攻守同盟；（2）两人都是理性的（即个体理性而非集体理性）；（3）两人对对方的信息完全不清楚，既不知道对方会如何选择，也不知道对方是否知道自己将如何选择，更不知道对方是否知道自己不知道对方如何选择，依次循环；（4）两人必须作出选择，且彼此也没有可以用来对对方实施威胁或作出许诺的手段[①]；（5）不能改变对方的收益值（支付函数相对不变）；（6）没有第三方的强势干预。

对于绝大多数侦查博弈来说，更多的是表现出一种不完全信息和动态性，或者说，更多地呈现为完全信息动态博弈、不完全信息静态博弈或不完全信息动态博弈，尤其是后者。特别是，博弈论上对侦查博弈参与者的理性

---

① 参见［美］罗伯特·艾克斯罗德. 对策中的制胜之道——合作的进化. 吴坚忠译. 上海人民出版社，1996：9.

假设在现实中可能并不成立，再加上各博弈类型可能并存于同一个案件侦查全程，这使得对侦查博弈实践的描述远比"囚徒困境"更为复杂。本书更侧重于提出博弈论在侦查研究中的重要性，而不关注具体侦查博弈模型和均衡的探讨，故对具体的博弈类型不展开论述。但是，我们可以从以下两组博弈参与者之间的关系方面初步体会非合作侦查博弈的一些基本形式：

1. 侦查方与作案人的非合作博弈。虽然关于侦查对抗的阐述对侦查博弈的理解有失偏颇，但就解释侦查方与作案人的非合作博弈来说，其诸多认识还是比较全面的。根据学者关于侦查对抗性原理的阐述，侦查方和作案人的非合作博弈的特点主要表现在：[①]

（1）优势与劣势的对抗。在侦查的非合作博弈中，侦查人员是国家机关的执法人员，侦查机关是一支装备优良、组织严密、纪律严明、训练有素的队伍，还可以调动各方面的力量协同作战，作案人是孤立的个体，或者由个体纠合成的小群体，二者相较，力量悬殊；从法律地位和道义看，侦查方也拥有压倒对手的绝对优势，侦查方是法定的执法者，谙熟法律规定，出于保护民众生命财产安全的目的进行的执法活动得民心、合民意，又有国家暴力作后盾，而作案人的涉案行为是法律追究和社会道义谴责的对象；而从谋划对策方面，侦查方可以充分发挥集体智慧，大胆破例地运用新的斗争策略，而作案人是孤立的个人或小群体，又处于群众的监督之下，获取信息有限，对抗思维狭窄。

（2）显势与潜势的对抗。侦查方的行动内容和情节具有一定的秘密性，但其活动方式和外部表现基本上都是公开的，或者在一定范围内是公开的。尽管有时也采取一些隐蔽性的侦查手段，但从总体上看，侦查方在明处，比较暴露，而作案人则潜藏在人群之中，分散在社会的不同层面，并以各种假象掩盖其真实面目，会不择手段、无所不用其极地施展各种反侦查伎俩。

（3）合法与非法的对抗。侦查是一项执法活动，自然应受合法性、正当性之约束，但作案人则可能无法无天，甚至采取亡命措施。

（4）进攻与防御的对抗。侦查方基本上处于进攻地位，而作案人则处

---

① 参见王传道.侦查学原理.中国政法大学出版社，2001：84、95-96.

于防御地位。有的作案人也会采取以攻为守的策略，如顶风作案或公开挑衅，但这种策略本质上仍然是守，而不是进攻。为了防止作案人反扑和保护自身安全，侦查方也会采取一定的防卫措施，在战术上有时候也运用一定的防御，但这些都属于进攻中的防守。

（5）多表现为智力的拼搏。双方在力量的抗衡中必然包含着智力的角逐，斗力与斗智往往同时进行，而且斗智又常常先于斗力，斗智并支配和制约着斗力从侦查实践中看，只要侦查方运用计谋得当，部署周密，运用暴力反抗、狗急跳墙的亡命之徒还是少数，一般情况下，仍表现为和平形式的对抗。

以上阐述，基本上描绘了侦查方与作案人之间非合作侦查博弈的面貌。但是应当指出的是，上述特征是以比较典型、比较极端的双方非合作博弈为基础的，在现实生活中，部分特征如优势和劣势、显势与潜势的对抗，在具体案件中会发生转换。换言之，侦查博弈中的上述地位上的不对称性并不绝对。在一些案件中，作案人的潜势和劣势被淡化，如黑社会组织犯罪、组织严密的毒品犯罪等组织性、职业性很强的集团性犯罪中，作案人可能经过严格训练，具有很强的反侦查能力，在侦查与反侦查的抗衡中可能还会在一定时间内暂时处于优势地位；另一方面，一些黑恶势力称霸一方，致使当地群众敢怒不敢言，甚至一些执法人员也避而远之，反而处于明势地位。

2. 侦查行为主体内部的非合作博弈。侦查工作不可能由一个人完成，特别是重大案件，往往要由一个专案组主导侦查，有时甚至要举整个地区公安机关之力来侦办某起案件。专案组是一个临时的侦查组织，而作为一个组织或者人的集合体，就难免会有一些冲突，如果这种冲突达到一定程度，导致组织内成员之间互不信任，逐渐疏远，最终将破坏案件的侦查。有学者以专案组为例，认为冲突来源主要有四种：[①]

（1）刻意踩线。重要线索因为争功而故意抢先清查，或因私藏线索以致信息不流通，被其他单位无意间踩线破坏；抑或其他参与单位在专案会议

---

① 林燦章，林信雄. 侦查管理——以重大刑案为例. 台湾地区五南文化出版公司，2004：249-251.

中，听到他单位重要行动时，为了抢攻也会蓄意踩线，但有时线索尚未成熟，就因过早的莽撞行动而造成线索中断。在台湾地区"0414"专案的侦查过程中，有一重要对象，被专案组列为诱使作案人出面联系的诱饵，但是台湾地区刑事调查局一加入联合专案组，就经由该局内部自行研判，此人有重大嫌疑，于是在直接向检察官报告后，就直接约谈该人，随即把他移送台湾地检署收押，并未在行动前先向专案会议提出行动计划，导致重要线索因而中断。另有一位线民（即"特情"），同时被三个单位布建，最后该人因不堪其扰而失去踪迹。

（2）相互猜忌。由于参与专案单位间互信基础不够，或曾经在以往发生冲突而种下祸端，所以容易猜忌其他单位藏私，或怀疑召集人偏心，造成组织内气氛弥漫。当初"0414"专案，交付赎金的任务分派，地方警察局警察担任现场交款，跟随的勤务中，"刑事调查局"负责主要对象的跟踪及埋伏，孰料执行过程中，临时取消交付赎金，"刑事调查局"于是在没有与地方警察局沟通的情况下，直接采取逮捕主要对象的行动。虽然"刑事调查局"事后解释是因跟踪监视曝光，逼不得已采取攻势作为，但已引发地方警察局怀疑是抢攻，甚至一度传出早在交款前晚，"刑事调查局"即已依功奖额度分配逮捕任务，抢在地方警察交付赎金行动成功之前，提前动手抓捕作案人。

（3）推诿责任。案件侦查初期，参与单位大多能竭尽所能，企图独立破案，但一旦发现破案机会渺茫，便极力设法撇清责任，设法尽早从无底深渊中脱离。再者，侦办时日拖延过久，原侦查单位警力调度会出现问题，有些成员必须分摊原属单位的工作量，更何况个人长久没有表现，相关绩效即可能被牺牲，也迫使参与成员找机会脱身，名义上是谦让，实际却是推卸责任。

（4）叙奖不公。案件侦破后，参与者认为见者有份，奖励因而被瓜分。另有某些单位，实质出力不多，却硬要争功，或是将支援人力的功劳剔除，双方种下祸端，影响日后合作。

对于叙奖不公问题，台湾地区媒体亦有相关报道，特别是"刑事调查局"近来不断以协助办案为由介入地方侦办的大小案件，甚至以占有监听线为手段要求分一杯羹，破案后再与地方共同叙奖，作法已普遍引起台湾地区中部各县市警局反感。"刑事调查局"是台湾全省各县市警察局刑警队及分局刑事组的上级单位，任务是主动或协助地方侦办重大刑案，对于地方已掌控的一般案件并不主动插手，但近来情况已有改变，"刑事调查局"争功、抢人事件频传。[①]

显然，以上四个方面并非同等并列的问题。刻意踩线、相互猜忌和推诿责任直接破坏了侦查方内部业已形成的共同的职业规范（类似于合作协议），使博弈变成由应然的合作博弈转化为非合作博弈。而叙奖不公主要影响日后的合作，为今后其他案件的侦查埋下隐患。严格来讲，叙奖之时，案件往往已经侦破，侦查博弈业已结束，公正叙奖对侦查方内部的非合作博弈能够起到预防作用。

（三）非合作侦查博弈与侦查行为优化

博弈具有复杂性和多样性，侦查行为主体要想在博弈中立于不败境地，就必须提高自己的博弈水平，掌握博弈的主动权，至少不要在博弈中限于被动地位，侦查行为主体应当清楚，利益对立的主体之间的根本利益是难以妥协的，非合作博弈仍是主要形态。在侦查中，对立双方的根本利益是难以妥协的，侦查方不能放弃追诉职责，许多被害人也不会坐视侵害行为逃避制裁或被从轻处理，而对于一些罪行重大的作案人来说，采取合作远不如抵抗对己有利。因此，在利益对立的博弈参与者（主要是侦查方与作案人、被害人与犯罪嫌疑人）之间，非合作博弈仍是主要形态。

侦查行为主体要想在非合作侦查博弈中立于不败境地，在零和或者非零和的结局中获得正收益，就必须提高自己的博弈水平，在博弈之前以及博弈之中采取各种措施，确保博弈的优势地位。在博弈的各大要素中，决定博弈结局的主要是信息、策略和行动。侦查方应努力占据有效信息优势，作出科学决策，采用适当策略和合理行动。具体来说，侦查方应当努力健全各种情报信息网络，规范信息的整理分类、输入、输出，完善信息检索工具，不断

① 鲜明. 监听抢功　警局反弹. 台湾地区中国时报，2004-2-28. 转引自 http://gsrat.net/news2/newsclipDetail.php?pageNum_RecClipData=3&ncdata_id=1038，2010 年 9 月 30 日浏览。

扩大自己的信息优势。[①] 在策略方面，侦查方应当设法充实策略空间即方法武库，当前最直接的方法就是加大侦查技术和侦查人员侦查思维水平训练方面的投入，为侦查途径的选择提供更多可能性。我们不能决定案件怎么发生，不能决定作案人会留给我们多少痕迹和物证，但我们能决定我们查明案件的水平高度。而在行动方面，侦查方内部对侦查决策的贯彻水平或称行动水平，是博弈取得正收益的关键一环，如何提高侦查人员的侦查操作技能，改善各部门、各地区内外侦查人员之间的协作，等等，都是摆在侦查主体面前的重大课题。

总之，非合作博弈的典型性为侦查方的决策及决策实施提出了更高的要求，需要侦查方采取一系列措施来保障其在个案侦查博弈中的不败地位。

四、行为过程中的合作博弈

侦查行为过程中充满了厚重的对抗与竞争色彩，但这并不等于侦查行为过程的参与者们不会出现合作或者不需要合作。事实上，合作侦查博弈广泛存在于不同案件的侦查过程中，广泛存在于同一案件侦查过程的不同环节。由于合作博弈允许博弈各方通过谈判与沟通来树立合作意识，并建立相互间信任、克制和承诺的机制，以实现帕累托最优[②]，因此合作博弈论对侦查行为主体的重要性绝不亚于非合作博弈理论。

---

① 对于这一点，诚然前述，就整体而言，侦查主体掌握着强大的国家信息网络，处于信息总量上的绝对优势，但对个案侦查而言，侦查主体的信息优势则是相对的，因为侦查主体对该个案信息的了解与其业已掌握的信息总量之间未必能建立紧密联系，换言之，后者虽然能够促进侦查主体对前者的理解，但这种促进作用在大量案件侦查中可能是极为有限的。

② 帕累托最优（Pareto Optimality），也称为帕累托效率（Pareto Efficiency）、帕累托改善等，是博弈论中的重要概念，是指一种变化，在没有使任何人境况变坏的前提下，使得至少一个人变得更好。而帕累托最优的状态就是不可能再有更多的帕累托改进的余地。换句话说，帕累托改进是达到帕累托最优的路径和方法。帕累托最优是公平与效率的"理想王国"。

（一）合作侦查博弈的可能性及其条件

美国学者罗伯特·艾克斯罗德曾探讨了合作演化的三个阶段：（1）起始阶段。合作可以在一个无条件背叛的世界中产生。以相互回报作为宗旨的小群体之间，一旦出现交往的可能，合作便会产生。（2）中间阶段。基于回报的策略能在许多不同类型的策略组成的环境里成长起来。（3）最后阶段。基于回报的合作一旦建立起来，就能防止其他不太合作的策略的侵入。①

对于合作博弈的基础，大卫·休谟的阐述或许更为形象："因此，我就学会了对别人进行服务，虽然我对他并没有任何真正的好意；因为我预料到，他会报答我的服务，以期望得到同样的另一次的服务，并且也为了与我或与其他人维持同样的互助的往来关系。因此，在我为他服务而他由我的行为得到利益以后，就诱导了他来履行他的义务，因为他预见到他的拒绝会有什么样的后果。"1976年罗伯特·特里弗斯提出"互惠的利他主义"亦有异曲同工之妙。②

实际上，一个最简单的展现合作、互惠的博弈就是无穷期的重复博弈，"这一个博弈中所有的均衡都是发生在当所有的人都不能隐瞒自己的任何信息，对明天的关注与对今天的关注是一样的条件下，重要的是，在参与者任意的初始博弈（original game）中所达成的任何有效率的结果，都近似于在重复博弈中所达成的均衡结果"。③

据此，在个人理性的假设下，合作的出现主要是因为博弈双方将再次相遇，这种可能性意味着今天作出的选择不仅决定着当前对局的结果，而且还影响着参与者以后的选择。因此未来会在当前投下它的影子并影响当前的博弈局势。④如果借用学者们对信誉机制发生作用的条件的论述，侦查中的合

① 参见[美]罗伯特·艾克斯罗德.对策中的制胜之道——合作的进化.吴坚忠译.上海人民出版社，1996：15.

② [英]肯·宾默尔.自然正义.上海财经大学出版社，2010：16.

③ [英]肯·宾默尔.自然正义.上海财经大学出版社，2010：18.

④ 参见[美]罗伯特·艾克斯罗德.对策中的制胜之道——合作的进化.吴坚忠译.上海人民出版社，1996：9.

作博弈要转化成现实，必须满足四个条件：第一，博弈必须是重复的，或者说，"交易"必须以足够高的概率持续下去。如果不确定性太大，未来几乎不可预测，合作将非常困难。第二，博弈参与者必须有足够耐心，考虑长远。一个只重视眼前利益而不考虑长远的人是不值得信赖的。第三，参与者的不诚实行为能被及时观察到。一般的，信息观察越滞后，合作的建立和信誉的维持就越难。这一点，说明，一个高效率的信息传递系统对信誉机制的建立具有至关重要的意义。第四，参与者必须有足够的积极性和可能性对对手的欺骗行为进行惩罚。[①]

在侦查博弈中，有哪些参与者彼此之间在今后一定会相遇，而且要进行类似的博弈呢？或许我们可以认为侦查之后还有审查起诉、审判等阶段，或许我们可以认为被害人、作案人等博弈参与者都是群众的一员，在抽象意义上，可以说侦查人员和群众总是要继续打交道的。但是，行为人又总是具体的，每一个案件都是具体的，这一起案件的被害人不一定是下一个案件的被害人，即便是，也不一定由这一起案件的侦查人员进行侦查，至于证人、鉴定人、作案人等也很难重合，因此，如果按照传统的合作博弈理论来理解，在侦查博弈中，合作似乎是很难产生的。

然而，客观现实是，在侦查行为过程中，完全有产生合作之可能。除了传统上认为的侦查行为主体与被害人、证人等较易实现合作外，即便在利益根本对立的被害人与作案人之间、侦查人员与作案人之间，只要具备一定的条件，也有合作之需要和可能。[②]

因此，更值得探讨的是，在侦查博弈过程中，既然有的参与者之间的关系相对长久（例如侦查人员之间），但更多参与者之间的关系都是暂时的、一次性用尽的，他们的关系也不会带入今后的日常生活中（侦查人员之间的关系是不多的例外），他们也未必会在此后的侦查博弈中再次相遇，那么他们的合作条件或基础又是什么呢？

---

① 参见张维迎．法律制度的信誉基础．经济研究，2001（1）．
② 利益根本对立方的合作甚至可以延伸到起诉阶段甚至审判后阶段，"辩诉交易"和"恢复性司法"即是适例。

我们可以再回过头来看合作博弈论的基本理论。合作博弈论的理论要点包括：（1）存在共同利益。这是合作博弈的前提条件。（2）必要的信息交流。合作博弈论强调通过信息交流、讨价还价的谈判形式，消除各参与者之间的信息不对称，以使各参与者对合作结果能有一个较为稳定的预期，对合作事项的未来趋势有一个比较清晰的轮廓。（3）自愿、平等和互利。在合作博弈中，各参与者是自愿和平等的，达成契约是一致同意的结果。互利，则体现在各参与者能从合作博弈中分享到合作利益。（4）强制性契约，即经谈判后缔结的契约具有很强的约束力，参与者若有违背，将受到相应的惩罚。[①]

对此，我们可以认为，在侦查博弈过程中，合作的可能性是广泛存在的，促使不同参与者在博弈时进行合作的原因很多，其中最重要的就是存在经对方承诺并可兑现的回报。当然，在侦查中，回报只是就一般情况而言的，在有些场合，合作博弈的双方或多方之所以进行合作，不一定需要他们都是理性的，也不一定要假设参与者的所有选择都是深思熟虑且符合理性的。例如，有的犯罪嫌疑人愿意告发同案犯可能纯粹是一时口快，而未顾及告发可能会给自己带来不利会大于利（我们可以假设，其告发所能带来的减轻处罚幅度很小但帮派内部的处罚却很重甚至威胁其家人的生命）。

以作案人和侦查方之间的合作为例，一方承诺自首、坦白或者充当特情，而另一方则对其予以补偿，在定案时为其请求减免罪责甚至给予一定奖励。回报的保障不仅在于参与者彼此的信任，而且主要在于以下几个方面：

一是双方达成的有约束力的协议。这种协议或者表现对某项具体法律制度的尊重（例如证人保护制度），或者表现为某项侦查政策（例如坦白从宽、抗拒从严），或者表现为参与者共同遵守的其他规范（例如社会伦理道德）或临时达成的具有约束力的契约（例如侦查人员与犯罪嫌疑人就后者如坦白就改善羁押条件的双方协议）。

二是基于双方互补性利益的存在，有可能实现非零和的双赢状态。互补性利益内容丰富，范围也广，而且不必是像"囚徒困境"中的利益那样是可比较的、对称的和绝对的。以证人与侦查方之间的合作博弈为例，证人不作

---

① 侯光明，李存金. 管理博弈论. 北京理工大学出版社，2005：14.

证将纵容犯罪甚至自己将面临法律的制裁，而作证可能遭至犯罪嫌疑人及其同伙的报复或者带来经济上的损失，相应地，侦查方如能获得证人证言则可能拓宽证据或线索渠道，降低侦查成本，如不能获得则可能面临追诉失败的风险。那么，二者之间此时的互补性利益就是，侦查行为主体为证人提供保护，防止其因为作证遭受不利后果，而证人则如实作证。

三是合作博弈理论中经常提到的"一报还一报"的最佳策略。所谓一报还一报，即在博弈中，第一步选择合作，然后就采用对方上一步的选择。如果对方上一步选择背叛，那么己方也将在第二次策略选择中选择不合作策略。选择一报还一报，正说明最佳策略是建立在对方的行动和策略基础之上的，离开对方策略则无所谓最佳策略。当然，一报还一报的前提是，双方在第一次交手后还会有后续的互动。在囚徒困境中，我们通常把它视为是单次博弈。不过，考虑到对犯罪嫌疑人讯问的多次性以及侦查过程的期限，囚徒困境的博弈也可能是可以重复的。在博弈论中，如果参与者有足够的耐心，考虑到犯罪嫌疑人可以选择所谓的"冷酷策略"（grim strategies，又称为 trigger strategies，即触发策略）亦有可能达成（抵赖，抵赖）的子博弈精炼纳什均衡结果。[1]

四是博弈参与者在博弈之前就已经获得的有关博弈的共同知识。虽然侦查博弈中双方或多方的关系可能是一次性的，但是参与者在参与这次博弈之前关于博弈策略选择的共同知识有可能发挥类似于重复博弈的作用。例如，同样是囚徒困境，如果囚徒 A 还知道囚徒 B 犯有其他罪行，囚徒 B 也深知

---

[1] 参见张维迎.博弈论与信息经济学.上海三联书店、上海人民出版社，1996：213-216.

所谓冷酷策略，即：一开始选择抵赖，选择抵赖知道一方选择了坦白，然后永远选择坦白。之所以称之为冷酷，是因为任何参与者的一次性不合作都将触发永远的不合作。在冷酷策略下，参与者没有改正错误的机会，但冷酷的结果是双方都没有背叛对方的积极性，因而是友善的。如果有一个参与者有机会改正错误（在对方选择抵赖时选择坦白，以增加自己收益），这个策略就不太可能是一个精炼均衡。当然，如果博弈是有限次的，某位参与者确知自己是最后一个被讯问的，而其他参与者也明知这一点，那么上述均衡不会产生，而将会是（坦白，坦白）的纳什均衡。

这一点，如果囚徒 A 向警察告发，则至少收益不会减少，但囚徒 B 的处罚会加重。这样的话，如果 A 一旦发现 B 选择了"坦白"（B 的坦白对 A 而言并非最优策略），那么 A 就会选择告发来惩罚 B 的行为。基于后顾之忧，B 选择抵赖的可能性增强，与此同时，A 选择抵赖且不告发的可能性增加。在这种情况下，两名犯罪嫌疑人有可能走出囚徒困境，获得精炼纳什均衡的结局。

诚然，正如博弈论者主要关注非合作博弈一样，合作博弈往往被认为是暂时的，其原因主要在于，合作博弈也存在风险，有约束力的协议并不总是能够得到遵守（实际上，法律被认为是一个国家公民共同达成的契约，但显然，破坏法律的行为在哪个国家都是存在的）。最大的危害是机会主义行为的存在。"公地悲剧"很好地诠释了机会主义行为。正如哈丁所指出的："在共享公有物的社会中，每个人，也就是所有人都追求各自的最大利益。这就是悲剧的所在。……毁灭是所有人都奔向的目的地。因为在信奉公有物自由的社会当中，每个人均追求自己的最大利益。公有物自由给所有人带来了毁灭。"由于这样的个体行为是可预见的，并且将持续发生，因此哈丁称之为"悲剧"，即"持续进行，永无休止的悲剧"。从哈丁的假设出发，可以发现追求自我利益的行动并不会促进公共利益。[1] 采取机会主义行为的博弈参与者往往不顾及这类行为对他人的影响，也不顾及一个共同体内公认的行为规范。因此，这种行为具有离心力，会产生有害的长期后果，使得人们的行为在长期内变得难以预见。[2]

---

[1] 参见 http://baike.baidu.com/view/1532031.htm，2010 年 9 月 30 日浏览。公地悲剧具体地证明了非合作博弈的结果有可能是低效率的。在公共资源利用方面常会出现这种悲剧，原因是每个可以利用公共资源的人都相当于面临一种类似于囚徒的困境：在总体上有加大利用资源可能（至少加大利用者自身能增加收益）时，自己加大利用而他人不加大利用则自己得利，自己加大利用但其他人也加大利用时自己不至于吃亏最终是所有人都加大利用资源直至再加大只会减少收益的纳什均衡水平。

参见丁社教.法治博弈分析导论.西北工业大学出版社，2007：52-53.

[2] 参见姜启源.数学模型（第二版）.高等教育出版社，1998（2）：101.

（二）有关合作侦查博弈的几个基本判断

在侦查领域谈到合作博弈，人们最强烈关注的是侦查行为主体内部的合作问题。几乎在所有大案侦破的经验总结上，人们都要强调，该案的侦破得益于侦查人员的精诚合作、上级单位的正确领导和兄弟单位的鼎力支持。此种并不能被看作是场面上的套话，相反，我国法律在设定侦查行为时，几乎所有对外实施的侦查措施都要求由两名以上侦查人员共同实施，例如讯问、询问、查询、扣押等。换言之，几乎所有侦查措施都需要侦查人员的共同配合来完成。如果没有合作，或者相互对立和牵制，侦查的结局可想而知。

前述侦查行为主体内部中出现的非合作博弈现象即已明确道出导致内部出现冲突的种种因素。基于合作博弈对于侦查方的重要性，侦查行为主体在侦查过程中应努力赢取其他博弈参与者的合作。然而，是否已经形成合作博弈，需要侦查人员进行具体判断。在实践中，有些博弈进程看似对侦查工作有误导，但并不能简单将其归类为非合作博弈。我们认为，在认定侦查行为主体与其他博弈参与者的关系上，有以下几个方面是值得注意的：

1. 侦查人员对案件的不同认识，不能认为是非合作。在实践中，侦查人员对案件会有不同的认识，这是一种非常正常的现象。实际上，考虑侦查指挥人员和单个侦查人员认识的有限性，我们应鼓励参与侦查的所有成员集思广益，敢于发表各种不同的意见或建议，以便对案件做更全面的分析。因此，当参与侦查的人员之间对案件的判断不一致，甚至出现重大偏差，并且影响到了案件侦破的进度，甚至误导了侦查方向，也不能认为是一种非合作博弈形态。只要侦查人员相互之间仍然秉持良好的合作意愿，并在自己职责范围内尽职尽责，并且并非有意识地造成过失，应视为是合作的良好表现。

2. 被害人、证人或知情人非故意的陈述错误，不能认为是非合作。被害人、证人或知情人以其了解的案件情况，为侦查方提供各种案件信息。虽然前述有关于被害人与侦查方非合作博弈之现象存在，但是多数情况下，被害人、证人或知情人与侦查方之间属于合作关系，是一种合作博弈，这也是多数案件侦查实践业已证明的。事实上，侦查方与被害人、证人或知情人（在具体案件之外，他们可以被称之为群众）之间关系如何，也是检验警民关系是否和谐、执法人员和执法机关在社会中的信任度高低的晴雨表。

被害人在遭到涉案行为的突然袭击之后，往往因恐惧不安、不知所措、精神紧张，而容易失去正常的感知。在接受询问时，他们虽然愿意如实陈述事实真相，以利于迅速破案，但由于过于紧张和疲劳，对事情前后发生过程容易记忆模糊或暂时遗忘，甚至出现前后混淆等现象。并且，出于精神上、肉体上遭受的痛苦或者财产上的损失，被害人对作案人往往极为愤慨，在接受询问时，往往夸大事实，甚至虚构情节，希望严惩作案人。有的被害人受到作案人的威胁或为保全自己的名声，或因作案人是自己亲属而包庇等，在接受调查时不敢或不愿提供真实情况，给侦查工作造成障碍。[①]

证人或知情人也分成多种，有的积极配合，有的不愿配合，有的拒不配合。积极配合者属于典型的合作博弈；不愿配合者有多种心理状态，有的胆小怕事，担心打击报复，有的也对侦查人员怀有畏惧之心，有的只是缺乏责任感，"自扫门前雪，哪管他人瓦上霜"，或者忌讳官司，不愿将来还得上法庭作证，引来一堆麻烦。拒不配合者则与侦查方存在对立情绪，这类知情人在抗拒心理支配下，或者一言不发，或者不给侦查人员提供任何信息，或者故意胡编乱造、颠三倒四，浪费侦查人员时间。有的知情人甚至还包庇、窝藏作案人，最后也沦入法网。不愿配合者和拒不配合者都可以视为非合作博弈的参与者，但二者又存在各种区别。相对来说，不愿配合者经过侦查方的工作解除心理障碍，相对比较容易转化成合作博弈。而拒不配合者的转化难度可能会大一些。当然，我们也应考虑到部分案件可能会出现斯德哥尔摩症候群式的阻力。

除了态度上的主动或被动、积极或消极之区分外，我们也应当注意到他们提供陈述的心理机制，即有一些因素是他们主观意愿之外存在，他们并不想提供虚假陈述，但客观上却提供了虚假陈述。

因此，如果博弈参与者（包括犯罪嫌疑人）不是有意提供虚假陈述，侦查方不能认为是非合作博弈。相反，对这些提供陈述中，侦查人员仍应营造良好的沟通氛围，应对主动提供信息协助侦查工作的知情人表示谢意。当然，这也要求侦查人员在侦查中不能偏听偏信，对各类证据和线索也要加以核实。

---

① 罗大华，何为民.犯罪心理学.浙江教育出版社，2002：458.

3. 当其他博弈参与者提供的信息与侦查人员先前判断不一致时，不能简单地认定为是非合作。侦查是一个不断对信息作出研判的过程，侦查人员根据各种侦查措施获取的信息作出判断，获得对案件的深刻认识。但是，如果侦查人员囿于侦查某一阶段对案情的认识，固执己见，不愿花费努力去对新的信息进行辨别，修正自己的看法。这种观念体现在实务中，极易形成"有罪推定"[①]的认定模式，导致侦查人员忽视对犯罪嫌疑人有利的证据，或者认为证人、知情人"给政府添乱"，导致对这些人态度粗暴；或者对证人等进行威胁、引诱和欺骗。严重的甚至会导致冤假错案。

当其他博弈参与者提供的信息与侦查人员之前判断不一致时，应当把它看成是一种再正常不过的现象，而且更应引发侦查人员的警觉，主动去核实

[①] 从侦查思维角度讲，"有罪推定"是极为正常的。"有罪推定"实际上是一种定罪的倾向性，侦查人员按照犯罪嫌疑人构成犯罪的方向去收集证据（显然，我们很难要求侦查人员按照犯罪嫌疑人不构成犯罪的方向去收集证据）。正是基于有罪的倾向，才会推动侦查的进展。正如张明楷教授在一次讲座中对定罪问题的描述所说的，"我们定罪在很多场合先有结论。这不违反罪刑法定原则，我的感觉认为有罪，然后我再去找法律的有关规定，再去解释法律，再去重新归纳这个事实，使这个案件的事实和那个相关的定罪条文相一致，就可以了。……很多时候就是凭感觉去判断有没有罪。但是这个感觉是经过训练的感觉，经过法律训练的，而不是一个完全不懂法的人的感觉。当然，一个即使完全不懂法的人，在很多场合下他也可能是对的，只要他不是带有某种情绪。我们不是凭感觉定罪，而是说有了这个感觉我们就有了一个方向。因为我觉得这个要按盗窃罪处理，我就要把这个事实往这个方向去归纳，就要把盗窃罪的含义朝着这个案件事实去解释，最后我还是有法律根据去支持的。当然，感觉实际上写不进判决书里的，……这是就证据来定的。"张明楷教授的讲座内容，参见 http://3y.uu456.com/bp_068m945toi4g4gh0l18b_4.html，2017 年 9 月 1 日浏览。
当然我们要反对在所收集证据未达到法定证明标准时对犯罪嫌疑人采取强制措施，也就是说，对犯罪嫌疑人的所有法律处遇应严格遵循法定证明标准，合理的证明标准是约束"有罪推定"的有效手段，至少，在法院定罪之前，犯罪嫌疑人在法律上是属于无罪的人。

信息的不一致之处，去查验这种不一致是否能够得到合理解释。而不应当消极抵制，甚至主动压制，把其视为犯罪嫌疑人抵制讯问、知情人故意"捣乱"等的一种表现。换言之，其他博弈参与者提供与侦查人员认识不一致的陈述，不能简单看作是非合作立场，应认真甄别、区分对待。

（三）合作博弈与侦查行为优化

在侦查过程中，并不只是侦查行为主体会与其他博弈参与者形成合作。因此，侦查方要善于区分各博弈参与者之间的关系，具体问题具体分析，不仅要分析自身与哪些行为参与者之间能够实现多大程度的合作，而且要客观分析其他参与者之间的合作和合作程度。

对有无合作机会的区分，其意义在于辨别各参与者之间博弈的性质，以便采取相应的措施。与其他参与者的成功合作可以降低侦查成本，因而侦查行为主体应当尽可能地创造条件促成其他参与者对侦查方采取合作态度。由于作案人或犯罪嫌疑人之间就逃避侦查进行的合作以及证人之间就隐瞒真相进行的合作将妨碍侦查的进行，因而侦查方对此类合作应尽可能加以干预以瓦解之。也就是说，侦查方应当通过各种措施保障己方与其他参与者的合作，破坏对己方不利的合作。

前已述及，合作的保障在于回报，它以互补性利益、约束协议和回报策略为依托。对于侦查行为主体而言，促成己方与其他博弈参与者的合作的根本点是保证合作会得到回报，并就此达成有约束力的协议。也即，侦查方应当努力完善合作机制，特别是完善侦查人员乃至整个警察队伍的信用体系。①

---

① 曾有论者专门就警察信用问题进行过阐述，提出当前警察行为正面临着信用的考验，信用缺失现象主要体现在：诱惑侦查的扩张适用；欺骗性方法的非限制使用；承诺不信守；坦白不从宽。警察信用缺失源于认识理念、价值选择和制度三方面原因。在我们看来，解决侦查人员信用问题的关键在于诚实信用原则能否适用于侦查阶段以及其如何把握其适用程度。对此后文还将进一步涉及。

参见刘伟，唐磊.构建警察信用——对我国警察信用现状的评价和探讨.贵州警官职业学院学报，2002（6）.

对此，侦查方针对不同的情形可采取不同的策略和行动。我们仍以侦查人员与作案人的博弈为例。作案人可以分为两种，一种尚处于暗处，未被侦查方纳入侦查视野；一种处于明处，已被侦查方锁定（不论有无充分证据证明）。对于前者，宏观的刑事法律或政策（例如刑法上规定自首、立功制度以及坦白从宽、抗拒从严的刑事政策）以及通过中介给作案人造成侦查人员已掌握其罪行的错觉等方式都有助于督促作案人与侦查人员合作；对于后者，则既可发挥法律、政策的威慑力与感召力，也可通过正面接触直接与其进行利益上的交换（诚然，根本性的利益是不可交换的），并达成新的合作协议。后一点能够比较好地解释侦查人员与曾有违法犯罪记录的特情之间的合作博弈。因为特情动机类型很多，如果不能达成特情所要的利益的互换，这一措施很难有效应用。当然，侦查人员采取上述措施的目的仅在于改变犯罪人对你就他的行为可能作出回应的预测，从而影响他的行为。无论是回报还是许诺，应遵循比例性原则，只要能够成功影响对方的行为，同时只要达到必要的最低限度就行，许诺的代价越小越好。如果是应用措施的威慑力来迫使作案人让步，则该威慑力必须足够强大，强大到让作案人明白合作才是最好的选择。当然，威慑手段必须适度，不能超越博弈中侦查方的制约要素许可的限度。

至于瓦解不利于己方的合作，则需要侦查方以各种方式干预该类合作博弈的参与者或其博弈进程，使博弈双方或多方最终作出有利于案件侦破的策略选择。对此，最常用的方法莫过于释放干扰性和误导性信息或者直接介入。例如，侦查人员可以对事先达成攻守同盟的嫌疑人分别释放对方已经坦白的假信息，督促嫌疑人选择坦白（也即背叛对方）的符合纳什均衡的策略，激化他们的矛盾，从而挖掘更多的有用信息；对于被害人与作案人之间进行的不利于案件侦查的合作的，[1] 侦查方应果断地介入到双方的关系调整中来，让这种合作归于无效。[2]

---

[1] 典型的是"私了"现象，通常发生在一些强奸案和伤害案后。实际上，前述被害人隐瞒作案人信息一案，虽然并非"私了"，即可视为是二者之间存在合作博弈。

[2] 诚然，在不触及侦查的根本利益的前提下，对于双方就加害与被害进行的谅解，可以鼓励，并在对作案人的处理上做适度的请求从轻或减轻处罚。

第四节

"以审判为中心"诉讼制度改革背景下的侦查行为模式转变

　　2017年10月，最高人民法院、最高人民检察院、公安部、安全部和司法部正式发布《关于推进以审判为中心的刑事诉讼制度改革的意见》（以下简称《意见》），《意见》在重申《刑事诉讼法》对侦查的相关规定的同时，就建立证据收集指引、全面客观及时收集证据、完善讯问制度、保障犯罪嫌疑人、辩护人及其他诉讼参与人的诉讼权利、完善补充侦查制度和侦查监督等工作提出了新的要求，为今后一段时间的侦查制度修正和侦查行为的完善提出了具体任务。2017年2月，最高人民法院发布《关于全面推进以审判为中心的刑事诉讼制度改革的实施意见》，对法院如何推动以审判为中心的刑事诉讼制度改革作出了更细致的规定。

　　《意见》共21条，近半条款直接涉及侦查行为和证据问题（包括证据调查）。本书主体内容原本只是从行为科学原理出发探究证据调查行为，只将法律、司法解释等规范性依据视为侦查行为的约束性条件或运行平台。不过，我们绝不可低估规范对行为的制约力。正如前述关于合作博弈的阐述所指出的，合作博弈要求博弈各方达成一个稳定协议。一项法律规则会引申出一套博弈规则。如果将约束参与人行为选择的协议变换为不由参与人自主决定的法律规则，则法律规则可以起到促进合作、实现集体理性的作用。[①] 规范提供了一种社会稳定机制，使得人与人之间产生基于这一稳定机制基础之上的信任和预期，从而使非合作博弈转向合作博弈，并使这种合作博弈稳定下来，在社会类似博弈事件中起到相同的引导和控制作用。

　　规范的约束包括两个方面：有时它禁止人们从事某种活动，有时则界定在什么样的条件下某些人可以被允许从事某种活动。在此意义上，规范乃是

---

① 魏建.博弈、合作与法律.山东社会科学，2001（3）.

一种人们在其中发生相互交往的框架或者说就是行为的指引。规范构建社会互动的方式是，"通过建立规则来引导规则的社会行为者进行策略决策。这意味着，如果制度成功地构建了我们之间的互动，它们必须有一些机制以确保我们遵守它们。制度通过如下两个机制，来共同构建社会互动和保证行为人遵守规则：（1）提供关于其他行为人选择的信息；（2）其他行为人对不遵守规则给予制裁的威胁"。① 换言之，在规范构建的规则体系下，博弈参与者彼此之间具有关于规则内容的共同知识，能够期待其他参与者会以符合规则之方式行事，并且当有人违反规则时，其他博弈参与者有能力找到对违规者进行惩罚的办法，即存在救济渠道。

证据调查行为模式和侦查行为模式与刑事诉讼模式息息相关，当整个诉讼模式朝着审判中心方向变革时，随着规范约束机制的变化，证据制度、证据调查行为模式和侦查行为模式必然而且理应作出调整。尽管这种调整并不改变行为科学角度的证据调查行为过程的一般模式和特殊模式，但却会对微观意义上的证据调查行为的程序、结果评价以及调查行为主体的认知产生重大影响。

虽然这种调整或影响并非短期可以完成，但证据调查行为主体必须预见到转变的结果，并提前做好准备。对于最为重要的证据调查行为主体即侦查机关来说，至少会呈现以下两项变化。

一、侦查行为的加速科学化和规范化

2017 年 5 月 20 日，中央全面深化改革领导小组第二十四次会议审议通过《关于深化公安执法规范化建设的意见》。同年 10 月 17 日，公安部在京举办深化公安执法规范化建设落实以审判为中心的诉讼制度改革研讨会，公安部法制局负责人介绍了近年来全国公安机关在执法规范化方面的成就，如完善执法各环节制度规范、细化标准指引、改革受立案制度、建立刑事案件法制部门"统一审核、统一出口"制度、健全涉案财物管理、完善人权保障

① [美]杰克·奈特.制度和社会冲突.周伟林译.上海人民出版社，2009（56）.

制度、落实执法办案责任、规范执法办案场所、建立现场执法和讯问过程视音频记录制度、推行执法资格等级考试等。

从侦查规范化的实践来看，现阶段主要以实现侦查行为的标准化、流程化和可控等为目标，尽管成绩显著，但仍存在一些问题。例如，目前的执法细则实际上不"细"，部分内容缺乏科学论证，对证据和证明的要求与既有司法解释尚有差距。比较理想的状态是，侦查机关应当根据法律、司法解释和业务实践，制定真正具有可操作性、分层次、区分案件及措施类型的侦查细则，以之作为培训内容和取得执法资格的条件，并以符合细则作为考量侦查人员执法正当性的核心标准。科学的侦查细则应与执法诸多环节相关联，涉及案件分配、侦查措施适用条件、方法等问题，但又不限制具体侦查方法，其拘束力主要设定于程序性问题和每项侦查决策的结果评价等方面。再如，公安机关于2017年出台了包括《公安机关现场执法视音频记录工作规定》在内的一系列规范，明确了部分执法行为的自我证明方式和标准，但却回避关键问题，如执法时执法记录仪非人为损坏或遇有紧急情况无法摄录情形下的执法行为合法性证明问题。实际上，科学的侦查规范化，在为侦查机关的证据与审查判断设定指引的同时，还应当有一整套的证明标准体系作为侦查行为合法性的基础和指引。在与这套证明标准体系相对应的刑事执法责任体系中，也应严格区分执法组织责任与执法人员个体责任、制度性错误与非制度性错误，做到科学追责，合理追责。

值得注意的是，不能同时带来效率的规范化，是无意义的规范化。侦查行为是法治"照顾"的重点区域。执法公正是规范化的应然目标，但不是唯一目标。规范化不仅解决具体侦查行为的合法性问题，同时也应当有助于提升侦查效率。随着犯罪的智能化、有组织化和高科技化程度提升以及犯罪总量的增加，侦查机关打击犯罪的难度不断加大。转向以审判为中心的诉讼制度后，公众和国家对打击犯罪的需求并不会降低。从实践来看，侦查机关一直在积极探索提高侦查水平的各种方法，并且已经采取了许多卓有成效的措施。在理论界和实务界，提升警务装备层级、增加侦查的技术含量和补充警力等呼声从未间断。客观上，国家对侦查机关的投入也在不断增长。但是，硬件的增加并不必然增进效率和公正。况且，在现阶段的经济条件下，侦查资源还难以实现大幅度提升。因此，希冀在新的法治环境下提高侦查水平，就必须改革现有侦查机关体制机制，加速推进"大侦查体制"改革，改良侦查模式，对现有资源进行优化组合，通过侦查科学化手段提升侦查品质。换言之，理想的规范化不是简单的有章可循、有法可依，而是遵循法治与侦查自身规律要求、兼顾公正与效率的科学的规范化。

二、侦查权的新平衡

"以审判为中心"将带来侦查权的重新限制和扩张，必须在限权与扩权之间达成新的平衡。

确立以审判为中心的诉讼制度，必然会要求对侦查权进行更加严格的监督和约束，限权是其应有之义，特别是将侦查机关出于侦查需要而构建的一些处于法律模糊地带的规范或侦查模式完全纳入法治轨道，典型如立线侦查机制问题。所谓立线侦查，是指侦查机关根据获取的线索或以特定嫌疑人为起点，运用各种侦查手段侦办可能发生的刑事案件的主动办案模式，常用于疑似被侵害失踪人员等案（事）件的调查。由于立线侦查启动时往往没有立案，其在立案前所运用的调查措施有时会涉及对犯罪嫌疑人人身权利或财产权利的强制，个别案件甚至会采取本应在立案之后才能针对严重危害社会的犯罪案件才能使用的技术侦查措施。应当承认，现行立线侦查的诸多做法有违背《刑事诉讼法》之嫌，而且由于这些措施大多在立案前采用，检察机关也难以进行立案监督或侦查监督。但是，从侦查实践来看，对于疑似被侵害失踪人员的调查，如不尽早使用上述措施，将难以侦破其中隐藏的重大案件。综合以上因素，可以考虑借鉴电信网络诈骗案件和儿童失踪案件办案模式，降低立线侦查机制所适用案件的立案门槛，将立线侦查机制完全纳入刑事诉讼轨道。

推动以审判为中心的诉讼制度改革，在制度层面去"侦查中心化"，并不意味着对侦查权只能进行单一方向的压制。在关闭一扇门的同时，应考虑侦查需求而打开一扇窗。虽然不再以侦查为中心，但侦查制度和侦查模式的改革不能走入极端，而应考虑侦查机关的合理扩权。例如，《刑事诉讼法》

有必要明示侦查不公开原则及其例外。法国、意大利、日本等国和我国台湾地区的刑事诉讼法均规定了侦查不公开原则。在以往律师辩护权被抑制的情况下，由于律师参与权和知情权有限，不规定该原则并不会有太大问题。但一旦实行以审判为中心的诉讼制度，律师的辩护权及调查取证权将得到实质性提升和保障，其辩护空间将极大扩展。在此背景下，以侦查不公开原则约束包括侦查人员、辩护律师在内的各方主体，限制其在侦查阶段对外披露履行职务时所获知的信息，将有助于平衡侦查行为主体与辩护方的利益。

总之，推动以审判为中心的刑事诉讼制度改革，侦查行为模式的调整势在必行，但此调整应当兼顾法治精神与侦查规律、侦查公正与侦查效率的双重需要。

第五章

证据调查行为的激励机制

在行为科学特别是组织行为学上，激励是核心问题，它贯穿于行为研究的全过程。任何组织要想最大限度地提高组织行为效率，除了采取最适合环境因素和组织目标需要的组织结构，大力改善具体行为的模式外，还需善用激励措施，刺激组织成员或其群体的工作积极性，使组织成员与组织自觉发挥主动性和创造性，提升工作品质和效益。事实上，能够称其为最佳的组织结构和行为模式，在理论上也应当是一种最能营造激励气氛的结构。诚如本书第三章所提到的，组织结构设计时即应充分考虑证据调查主体之个体因素，此即可视为激励之需要。本章将简要介绍当今比较重要的激励理论，并重点探讨这些理论在证据调查行为过程中的应用，结合对现行的若干种传统与非传统型激励措施的分析，对以提高证据调查行为效率为目标的激励机制的完善提供若干建议。同样地，处于论述方便之目的以及原理共通之原因，本章内容仍以侦查行为为范例。

第一节

激励的理论前提与理论基础

一、激励

在不同语境中，激励被赋予不同的内涵。无论对激励做何种解释，都是力图揭示行为发生的动因，或者对人之行为选择的干预乃至控制的内在机理加以说明。换言之，激励总是和动机联系在一起，"是影响与工作背景有关的行为激起、引导和保持的条件"。[①] 激励对行为的推动、引导和维持作用

---

① 引自边一民等. 组织行为学. 浙江大学出版社，1998：156.

在英语中，激励和动机是同一个单词（motivation），只是心理学上往往译为动机，而管理学、经济学上则译为激励，两者在许多情况下指谓一致。

都建立在行为人的心理活动之上，它"涉及需要、需求、紧张、不安和期待。在行为背后有一种趋向行为的推力或拉力。这意味着在个人与周围环境之间存在着某些不平衡或不满意的情况"。① 因此，激励实际上是人与人之间施动与受动的关系模式，其目的是预测、控制人的行为，使预期行为由无到有，由弱到强，由低频出现到高频出现。激励的过程也就是行为发生的趋势过程，是在外界推动力或吸引力的作用下，通过自身的消化、吸收产生出一种动力的过程，这种动力是内在变量，是内部的心理过程。

侦查行为激励是影响侦查行为及其关联行为激起、引导和维持的条件，是以侦查人员和侦查组织对侦查行为的积极性和效率为目标而采取的激励，它并不直接作用于侦查行为本身，而是通过对侦查人员、侦查组织的影响而发挥作用。之所以仍使用侦查行为激励的表述，是为了强调侦查行为目标在激励中的导向作用。在侦查组织中，需要激励的事项很多，例如侦查人员的廉洁、政治觉悟等，但从侦查组织目标角度上来说，侦查行为才是激励的真正目标，正如斯蒂芬·S.罗伯逊所指出的，激励的有效性源于人有需要。当需要得不到满足时，所造成的内在张力将引发寻求特定目标的探测性行为。我们要力求引导这一张力释放的过程，使其符合组织目标的要求。可以说，激励概念包含着这样的要求：个人需要应该与组织目标相一致，激励要成为指向组织目标的航标。②

在探讨侦查行为激励的时候，自然而然地要涉及到：为什么要进行激励？应以何为根据来进行激励制度设计？或许西蒙的话是对侦查行为激励的必要性的最好说明："组织要生存和成功，就要向组织成员提供足够的刺激，来促使他们向组织作出必要的贡献，从而完成组织的任务。"③

在行为科学的发展进程中，业已形成众多的有关激励的理论。虽然这些

---

① [美]E·卡斯特、E·罗森茨韦克.组织与管理——系统方法与权变（第4版）.李柱流等译.中国社会科学出版社，2000：346.

② 参见陈振明.国家公务员制度.福建人民出版社，2001：314、315.

③ [美]赫伯特 A.西蒙.管理行为（原书第4版）.詹正茂译.机械工业出版社，2004：151.

理论多数是通过对私营部门的观察和实验而得出的，但是它们对于作为公共部门的侦查组织的激励仍具有极为重要的借鉴意义，这些理论同样也能构成侦查行为激励的理论基础。正如学者指出的；"当与私营部门比较时，管理一般是跨部门的，在私营部门中使用的激励策略对公共部门的管理者是有用的"。[1] 不仅如此，虽然这些理论在对激励问题的解释上也未必是全面的，[2] 还存在这样那样的缺陷，有的甚至从来就未得到充分验证（如马斯洛的需要层次论），但这些都不妨碍它们对侦查行为激励的指导意义。

以下我们将就侦查行为激励的理论前提以及对研究有助益的理论基础（激励理论、心理契约理论和新制度经济学理论）加以简要阐述和分析。需要说明的是，不存在一种理论能够解释所有复杂的实际激励问题。不过，通过分析可以发现，大部分激励理论并不存在矛盾，它们具有互补性，对它们进行综合应用可能是解决纷繁复杂的激励问题的有效途径。[3]

二、理论前提：人性假设与委托代理理论

（一）人性假设

人是激励问题的核心，对人性的判断是一切激励思想、理念乃至具体方式、手段形成的前提和依据。探讨侦查行为激励的理论前提，实际就是要研究侦查人员实施侦查行为进行激励的可能性，这必然涉及侦查人员的人性假设。在行为科学理论上，至少已经形成六种人性假设。

1. 道德人的假设。从现实看，我们不排除部分"道德人"的客观存在，许多侦查人员的确出于高尚的理想和职业品质兢兢业业地开展工作，但是我

---

① Guy B. Peters and Donald J. Savoie, Civil Service Reform: Misdiagnosing the Patient, Public Administration Review, 1994（54）: pp 423.

② 詹姆斯·迪斯就曾说过："心理学家最困难的任务之一就是说明行为背后的驱策力。对任何生物体，即使是最简单的生物体的激励，现在也只是部分地了解。"

转引自申来津. 激励本体解读. 理论月刊，2003（6）.

③ 侯光明. 现代管理激励与约束机制. 高等教育出版社，2002：50.

们显然不能把"道德人"标准用作对全体侦查人员的道德要求，否则影响侦查行为的个体因素和组织因素也不会如第三章所描述的那么复杂。特别是，传统"道德人"假设把现实生活中的组织中的成员置于理想化境界，使得现实社会人成为不食人间烟火的完人、圣人，这显然无法解释当前有些侦查组织和侦查人员绩效低下乃至出现职务犯罪等现象，当然更无法解释当前对侦查行为实施激励的原因。因为，如果都是"道德人"，则无需激励，亦无需制度的控制。

2．理性人假设。理性人假设又分为三种：完全理性人说、有限理性人说和主观理性人说。完全理性人说认为任何个人都充分理解自身利益所在，并都能采取正确对策去最大化谋取自身利益，人能运用逻辑推理，从事实出发，推出纯粹客观的结论，而且都能够根据客观的条件和自己拥有的禀赋从许多个选择项中作出最优决策。有限理性论已在第四章论及。

主观理性人说把人的理性分为客观理性和主观理性两种，前者指人的行为的客观结果总是有利于最充分实现自己的利益，前两种假设即是此类；后者则指每一个人都依据自我偏好集对各种事物作出独立的主观价值判断，并依照这种主观价值判断来作出趋利避害的行为决策，力求能最大化地实现自己的利益。也就是说，这个最有利的标准是由行为者本人来制定并进行判断的。主观理性人假设的主要内容是：每个人具有特定的偏好集，构成独特的自我价值判断体系，该体系的形成受到遗传和环境因素的影响，且处于不断的变化之中；每个人之间的价值不可比较或加总；个人是自我价值判断的唯一源泉；每个人都是以自我为本位的具有主观理性的人本主义者；每个人的能力的有限性和一些不可测因素，主观理性往往不一定取得客观理性的效果。[①]

3．经济人假设。泰罗是这种观点的代表人物，其基本认识为：获取最大的经济利益是人主要的工作动机；人总是在组织的操纵、激励和控制之下被动工作的；人总是以一种理性的、精打细算的方式行事，力图用最小的投

---

① 兰邦华．人本管理：以人为本的管理艺术．广东经济出版社，2000：90；也可参见张理智．人本主义经济学．中国财政出版社，1996．

入取得满意的报酬；人的情感是非理性的，会妨碍人对经济利益的合理追求，因此组织必须设法控制个人情感。詹姆斯·布坎南扩大了经济人假设的适用领域，他把人类社会分成经济市场和政治市场，并指出："政治过程与市场过程是类似的。在每一个过程中，个人投身于社会相互作用以图推进他们自己的目标（不管目标是什么）。在参与社会活动的个人的目标或目的以外不存在别的目标和目的。"① 在经济市场和政治市场上活动的是同一个人，所以根据布坎南的观点，"经济人"范式不仅适用于经济市场，也同样适用于政治市场。

4. 社会人假设。社会人假设由人际关系学派的倡导者梅奥等人于 20 世纪 30 年代依据霍桑试验提出。其基本观点是：人们工作的主要动机是满足社会需要，而不是经济需要；人们需要一个良好的工作气氛，渴望与同事建立良好的人际关系；工业革命与现代化的结果使工作变得单调而无聊，因此必须从工作的社会关系角度寻求工作的意义；非正式组织有利于满足人的社会需要，因此，非正式组织的社会影响比正式组织的经济诱因对人有更大的影响力；人们希望得到的是领导者的认同以及社会需要的满足。

5. 自我实现人假设（Y 理论）。该理论产生于 20 世纪中期，马斯洛和克里斯·阿吉里斯是该理论的代表人物。"自我实现人假设"的基本观点是：一般人都认为工作和休息、娱乐一样自然，人的需要是多层次的，但最高需要是在自我实现上；人们一般都积极进取，努力适应环境进而有所成就，最终实现自治和独立；大多数人都有解决问题的丰富的想象力和创造力，在现代工业条件下，一般人的潜力只得到有限的发挥；人们能够自我激励和自我控制，在适当条件下，不但能承担责任，而且能主动承担责任。外部激励和控制对人的影响利大于弊，个人的自我实现同组织目标的实现并不一定冲突，可以达成一致。在适当的条件下，个人会主动地调整目标，使之与组织目标相适应。

6. 复杂人假设（超 Y 理论）。它是在批判上述人性假设基础之上形成的，代表人物是美国行为科学家埃德加·沙因。他认为，经济人、社会人和自我

---

① [美] 詹姆斯·布坎南. 自由、市场和国家. 北京经济学院出版社，1988：88-91.

实现人假设，各自反映出当时的时代背景，只适合于某些人和某些场合。而人的动机是复杂的，不能简单地归结为一两种情况。事实上，工作动机常常包括生理的、心理的、社会的、经济的等诸多方面，再加上不同的情境和时间因素的影响，差异很大。据此，沙因提出了"复杂人假设"，观点如下：人的工作动机不仅是复杂的，而且是变动的，每个人都有多种需要；动机结构不仅因人而异，而且对于同一个人也会因时而异，因地而异；各种动机之间交互作用，共同形成复杂的动机模式；一个人在组织中可以形成新的需求和动机，这种新的动机模式是原有动机模式与组织环境共同作用的结果；人在不同的组织中可能表现出不同的动机模式；在正式组织中与别人不能和谐相处的人，在非正式组织中可能是合群的，在一个组织中不适应的人，而在另一个组织中却有可能适应得很好；一个人是否感到满意、是否肯为组织目标效力，取决于他的动机结构与他同组织之间的相互关系；工作性质、工作能力、动机强弱以及人际关系等，都可能对结果产生影响；不同的人，同一个人在不同的时候，可能会对不同的管理方式作出不同的反应，因此，没有一种适合于任何对象的通用管理（激励）模式。①

在侦查领域，如果将侦查人员与侦查组织假设为是"经济的""理性的"，是趋利避害的，或者至少包含有这种成分在内，那么，激励就有存在的必要。② 因此，将现实的侦查行为的执行者视为与现实生活中的普通社会人一样具有相应的需求，追求的同样是利己的最大化效用，这是可以进一步讨论对之进行激励的理论前提，即一个理性人必然受到对其有影响的刺激机制的支配，无论他的个人欲望是什么，如果某项活动给他带来消极后果，那么他会趋于放弃这项活动；如果将带来积极收益，那么他会趋于采取这项活动。人的自利性源于自身理性的控制，个人在特定环境下的策略选择是自身对不同策略的收益、成本权衡后的结果。基于这种经济人假设，激励制度有存在之必要。类似的理由，在社会人假设、自我实现人假设基础之上，激励也有

---

① 参见张德. 人力资源开发和管理（第2版）. 清华大学出版，2001：17-19.
② 或许可以认为，把对经济人必需的激励措施适用于道德人，虽然不会奏效，但定亦不会有负面影响。

其存在的价值空间。

我们认为，道德人之外的任何人性假设均可成为激励之前提，但是复杂人理论无疑是最能反映侦查人员实际状况的。因循人性之复杂性，建立在这样理论假设基础之上的激励机制必定是一个复杂的体系。不过，作为一种制度构建的基础，经济人假设体现出人的最利己的一面，以能满足这种经济人需要而构建的激励机制，在理论上也应当能满足社会人、自我实现人或复杂人之需要。所以用并不完全符合实际的经济人假设作为制度构建基础，也未必是一种错误。由是之故，尽管本书主张复杂人假设，但并不否认以经济人为假设去构建激励机制的思路。

（二）委托代理理论

侦查组织和侦查人员的可激励性的理论前提为复杂人假设，但是对侦查组织和侦查人员进行激励的最终结果却是为了促进和实现组织的整体目标。整体目标由法律设定，至少名义上表达的是法律制定者对公众利益诉求的反应。因此，激励实际上也是要求侦查组织能够通过特定措施，让作为组织成员的复杂人（也即组织的代理人）采取适当的行为，最大限度地促进公众利益，从而在社会公众与侦查组织之间、侦查组织与侦查人员之间形成了委托—代理的关系。此时，侦查人员扮演双重角色，是公职人员和社会普通人员的双重身份的结合（当然，这也使前文所述机会主义行为具备了产生的主观因素）。

在现实生活中，外界环境的复杂性、多样性和不确定性一方面致使具有有限理性之人所掌握的信息不可能预见一切，另一方面又导致了人们之间掌握信息的差异性，并由此产生了信息的不对称性。现代经济学研究激励理论的一项重要内容就是研究在信息不对称的情况下，如何通过设计一套非价格机制，如合约、制度、法律等激励与约束机制，来促使代理人（个人或组织）采取适当的行为，以最大限度地增进委托人—公众的福利。

根据传统的"道德人"假设，即使存在信息不对称也并不必然导致委托代理问题的产生，在这种人性假定之下，代理人代理权的存在和行使都必须符合其与委托人达成的契约，因为只有这样的代理行为才是道德的，才符合

"道德人"本色。但是现实总是与理想事与愿违，"道德人"假设无法对种种现实情况作出合理解释。而根据经济人假设或者复杂人假设，人是自利的，其行为表现为趋利避害，而给公共部门带来风险的是组织内部人员的"利"、"害"与组织、公众的"利"、"害"并不必然重合，公职人员并不必然以组织、公众之"利"为"利"，以组织、公众之"害"为"害"。这样就造成了对侦查人员采取的行动有时难以预测，对组织乃至对于社会福利的影响难以控制。从委托代理理论的角度继续延展，侦查组织和侦查人员所掌握与运作的权力都不是他们自己所有的，他们仅是以代理人的身份接受公众的委托管理国家社会事务。但是需指出的是，代理活动中接受公众委托的侦查组织在某种程度上仅是作为形式上的最高权威者来体现的，而其权力的实施却往往通过具体的侦查人员来进行。[①]这使得公众与侦查组织间的初始委托代理关系复杂化，因为在这一过程中进一步形成了公众、侦查组织、侦查人员的多层委托代理关系和委托代理链。更何况，侦查组织内部存在众多的下设组织，而侦查人员又有上下等级之分，代理链的梳理更显困难。

根据委托代理理论，在各方所获信息充分的情况下，委托代理双方的权利义务可以在双方达成的契约中加以限定。委托方明确表达自己的利益要求，并承诺代理方实现目标后的对价支付方式。对于委托代理的事务，达成契约的代理方除了具有有限的由委托方授予的自由裁量权之外，行动几乎完全由委托方支配。此时各方均可获得完全信息，不论在公众与公共行政人员之间的代理链多么长，公众对事务管理的内容、执行过程及其结果都能够完全了解。但是，在现实生活中，上述的理想条件几乎是不可能齐备的，侦查人员获得代理人资格之后，一方面各方可获得的信息是现实不对称的，另一方面有限理性的侦查人员具有选择官僚主义或滥用权力等动机的可能性，其行为选择的公正及努力的程度难以被真正了解，于是委托代理关系有可能被扭曲。代理人可能运用其权力利用一些垄断信息来实现自身的利益，而这时作为委托者的公众或者作为第二级的委托者的侦查组织就会处于不利位置。

---

① 对此可以类比其他公共部门中组织和个人的关系。

参见王小龙. 我国公共部门的劳动契约和敬业激励. 经济研究，2000（11）.

除此之外，侦查组织作为公共部门，侦查人员提供的"产品"绝大多数都是以集体劳动方式完成的。侦查组织外在环境的不确定性，所面临的执法对象的复杂性，以及社会及组织和个人价值评价标准体系的多重性，都增加了侦查人员工作业绩的计量难度，我们很难制定一个清晰的标准来计量个体的行为绩效。这种状况容易形成所谓的双向"非透明"现象，即组织中的某个成员可以知道自己的投入，在不监督他方行为时却很难掌握他方的投入，他方也很难掌握我方的投入。在激励监督机制不完善的条件下，集体中的成员由于趋利避害思想的支配，就有较大可能企图通过偷懒来减少自己的努力，而这种偷懒行为往往来自于他人的影响，类似于经济学中的"劣币驱逐良币"现象，它对于解释当前我国公共部门整体绩效偏低有一定的现实意义。

三、理论基础之一：激励理论 [①]

行为科学上的激励理论众多，可以大致分为内容型激励理论、过程型激励理论和公平与挫折理论。

（一）内容型激励理论

内容型激励理论亦称需要型激励理论，它们从人的需要出发去解释推动、引导并维持某种行为去实现目标的因素，着重研究人的各种需要，确定这些需要的主次顺序或结构以及满足何种需要将导致最大的激励等。具有代表性的这类理论有：

1. 马斯洛的需要层次论。马斯洛提出，合理的动机理论假设，人们都持续处于一种被激励的状态，但这种激励的性质是起伏波动、相当复杂的。他将人的需要分为自低到高的五个层次：生理需要、安全需要、社交需要、

---

① 以下激励理论的详细阐述，如无特别注明，参见边一民等.组织行为学.浙江大学出版社，1998；[美] 迈克尔·瓦休等.组织行为与公共管理（原书第3版）.刘铮等译.经济科学出版社，2004；俞克纯.激励·活力·凝聚力——行为科学的激励理论与群体行为理论.中国经济出版社，1988.

尊重需要和自我实现需要。① 一旦较低级的需要得到满足，个体就会把他的关心转向较高级的需要。马斯洛也指出，较低级的需要一般比较高级需要在更大程度上得到满足，但并不排斥一段时间内有多个需要存在的可能性。他提出层次具有某些特点：较高需要在进化上发展得较迟；需要越高级，对纯粹生存的意义越小，需要得到满足的时间越长，就越容易长期消失；在较高需要水平上生活，意味着生物性能更高；较高级需要在主观上看很少是急需的；较高级需要产生更称心的主观结果；较高级需要的实现需要较好的外部条件。马斯洛同时也指出，各种需要水平是相互依存和相互重叠的，而且较层级的需要的出现都在较低级需要充分满足之前。

需要层次理论从未被普遍证明，但它以其直观的感染力被人们广泛接受，被许多管理者毫不迟疑地用作激励员工的指南，因为它"为更好地激励人们去工作提供了某些方向，明确了人们优势需要的支配作用，以及如何设法去逐步满足这些需要"。②

2. 阿得弗的ERC理论。阿得弗（C. Alderfer）的理论称之为存在（Existence）、关系（Relatedness）、成长（Growth）理论，简称ERC理论。它将人的需要分为存在需要（包括衣食住行以及组织为得到这些因素而提供的手段如报酬、福利、职业安全感等）、关系需要（人际关系的需要，通过与职务内外其他人的相互作用获得满足）和成长需要（个人发展和完善的需要，需要通过发展对个人极为重要的能力和才能而得到满足）。与需要层次理论相比，ERC理论有一些重要的变化：一是不那么强调需要层次的顺序；二是认为较高级需要受到挫折可能导致倒退，使人更加关心较低级需要；三是如果为个人提供了满足某些需要尤其是关系需要和成长需要的较好条件，这些需要的强度可能会增长。

3. 麦克莱兰的成就需要理论。麦克莱兰认为，在人的生存需要基本得

---

① 马斯洛晚年对该理论机进行了修改，增加至七个需要。

② 孙彤. 组织行为学教程. 高等教育出版社，1990：228.

关于马斯洛理论的意义和缺陷，也可参见 [英]M.艾森克主编. 心理学——一条整合的途径（下册）. 华东师范大学出版社，2000：689.

到满足的前提下，人的最主要的需要有三种：成就需要、权利需要和合群需要（情谊需要）。成就需要是根据适当的标准追求卓越、争取成功的一种内驱力。权利需要是影响和控制别人的一种欲望或驱力。合群需要则指人们寻求他人接纳和友谊的欲望，或获取他人赞同的欲望。成就需要对个人和组织起着特别重要的作用。该理论假设，具有高度成就需要的人愿意接近那些成功概率适中的任务，而回避那些过于容易或过于困难的任务，因此与任务相关的成功机会的大小可能会影响接近该任务的倾向。成就导向的活动也受到其他外部刺激的影响，接近或继续一项任务的倾向既依赖于情境的困难程度，也依赖于个人的动机。成就需要显然能够通过学习获得，而并非由先天经验预先决定，这种学习可通过安排特殊的培训计划达到，而且在某些时候可能就是人被安排在某种职位上的结果，因为这种职位是受成就激励的人们所期望的。

4．赫兹伯格的双因素论。双因素理论原是一种关于工作满意的理论，后来被改造成激励理论。赫兹伯格等人将正向表现一般都与产生积极工作态度的情境相联系、对工作而言是内在的因素称为"激励因素"，例如成就、责任、赞誉、个人成长机会和提升机会；而将那些主要与产生消极工作态度情境相联系的情况、与工作背景而不是工作活动本身相联系、对工作而言是外在的因素称为"保健因素"，例如工作保障、人际关系、物理工作条件、公司政策、薪水待遇和管理水平。赫兹伯格从激励的观点出发区分人的两类需要：一类需要关系到人的自我实现的驱动力，实际上就是马斯洛所说的自我实现的需要。这种需要只有通过工作本身的内在因素即通过激励因素才能达到。第二类需要源于人们的动物本性和他们避免痛苦的需要，这类需要由与保健因素有关的需要组成，它们只是消除痛苦，不能对真正的满意起作用。

尽管遭到很多批评，[①] 但该理论确实在两个重要领域对工作起了促进作用：第一，对于许多工作而言，它是工作设计的基础，指导人们设计出更具有吸引力的工作；第二，该理论开始引起人们对内在动机的兴趣。那些关心

---

① 参见 [美] 斯蒂芬·S·罗宾斯．组织行为学精要（原书第7版）．柯江华译．机械工业出版社，2003：47．

内在动机的人意识到，工作本身的特点能提供一种环境，个体能从工作中得到满意，无需接受外部的强化。两者导致的一个重要实践就是，给予职员更多的责任去计划和管理自己的工作。[①]

（二）过程型激励理论

过程型激励理论是在需要型激励理论基础上发展起来的，它从激励的起点——未满足的需要到需要的满足这样的过程来探讨、分析人的行为如何被推动、引导和维持或最后终止等问题，着眼于寻找那些对行为起决定性作用的关键因素，弄清它们之间的相互关系，并在此基础上预测和控制人的行为。为此，这些理论一般都采取动态、系统和权变的方法分析研究激励问题。具有代表性的理论有弗鲁姆的期望理论、洛克（E. A. Locke）的目标设置理论和斯金纳（B. F. Skinner）的强化理论。

1. 弗鲁姆的期望理论。期望理论是以理性—经济人的观点为基础的一种认知理论，它假设人都是决策者，要在可供选择的行动中选择一种当时看起来最有利的行为。但是，事实上这种选择无须最有利的，因为人们意识到个体在理智和认知备择方案的能力上是有限的，他们也会受习惯和其他可能妨碍决策的因素的限制。期望理论的基本激励公式是：激励程度＝效价 × 期望。其中，激励程度指一个人工作积极性的高低和持续程度，即努力的大小。效价指个人对所预期结果的评价高低，即个人主观上认为结果能满足需要的程度。期望指个人对某一行为导致某种结果和结果满足需要的概率大小的经验性判断，在数学上称为主观概率。根据人的期望模式，个人的期望又可以区分为两个层次，第一层次是对通过努力达到一定绩效的可能性的判断，第二层次是对达到一定绩效后获得奖励的可能性的判断。此种划分又可以使期望公式呈现一定的变化。

---

① 关于双因素理论对侦查行为的意义，参见黄利生. 双因素理论在侦查员思想政治工作中的借鉴意义. 福建公安专科学校学报，1999（5）.

期望理论曾被誉为关于激励最为全面的解释。[①] 目前针对该理论的批评主要集中在该理论的假设和方法论上，但是，该理论强调报酬和工资、强调员工所期望的行为以及员工期望本身，这些是值得我们重视的。

2. 洛克的目标设置理论[②]。目标设定理论的出发点是人类行为的目的性。与绩效有关的工作行为最为直接的前提就是员工们的各种绩效目标，目标设置对于绩效有着明显影响。目标设定理论认为，目标是行为的最直接动机，设置合适的目标会使人产生想达到该目标的成就需要，因而具有激励作用。洛克等人提出，任何目标都可以从三个维度来分析：目标的具体性，即能精确观察和测量的程度；目标的难度，即实现目标的难易程度；目标的可接受性，即人们接受和承诺目标和任务指标的程度。研究表明，有目标比没目标好，有具体目标比空泛、抽象的目标好，难度较高而又能被执行者接受的目标比没有困难的目标好。合适的目标所具有的激励作用较大。在洛克之后，人们又从目标的功能、目标的必要条件、目标的维度、反馈、目标的可接受性、群体与个体目标等各角度对该理论进行了补充和完善。

目标设定理论对于行为激励的意义在于，它认为设置合适的目标是管理情境中最直接有效的激励方法和技术，还告知组织管理者如何把组织目标转变为个人目标，如何进行反馈和奖励，以充分调动员工的积极性。

3. 斯金纳的强化理论（或称为操作制约理论）。斯金纳认为人是一个"黑箱"，内在心理状态是不可知的，他提出控制和预测人的行为无须了解人的内在状态和心理过程，只需从行为主义的学习理论来研究和解释人类行为的形成机制，而学习过程的最基本原理就是强化。所谓强化，指行为的结果即行为导致的奖励和惩罚会反过来影响行为的发生，只要控制行为的结果，就可以达到控制和预测人的行为的目的。常用的强化手段有正强化、负强化和消退。强化手段所产生的激励效果的大小，和强化实施的程序也有关系。强

① [美]斯蒂芬·S·罗宾斯. 组织行为学精要（原书第7版）. 柯江华译. 机械工业出版社，2003：52.

② See E. A. Locke and G. P. Latham, A Theory of Goal Setting and Task Performance, Upper Saddle River, NJ: Prentice Hall, 1990.

化实施的程序包括持续的强化和间断的强化，前者是对每个行为都给予强化，没有中断和缺省。间断的强化则是非连续的强化，不是每个行为都给予强化，而是按照某种规律有选择地给予强化，包括固定比例强化、可变比例强化、固定间隔强化和可变间隔强化。一般而言，在符合要求的新行为刚出现时宜采取持续强化，一旦新行为建立之后，可以逐步过渡到某种间隔性强化。

强化理论的提出，有助于我们充分利用管理中的奖励和惩罚手段达到行为矫正的目的，具体原则主要有：奖励与惩罚相结合；以奖为主，以罚为辅；及时而正确地强化。

（三）公平与挫折激励理论

公平理论和挫折理论是从激励的终点——需要的满足与否以及由此造成的结果来研究激励问题的。需要的满足形式有公平与不公平之分，而需要的不满足会给人带来挫折，不公平和挫折都会降低人们的激励水平。

1. 亚当斯（J. Stacy Adams）的公平理论。公平理论关注人们对其工作结果与其工作投入、或者这两者的比例的公平性看法。公平理论集中讨论了人们如何看待自己从工作和组织中得到的结果与自己贡献出的投入这两者之间的关系，由此对期望理论和需求理论其补充作用。

亚当斯着重指出，对激励起决定作用的是一个人所得到的结果与一个人所付出的投入之间的相对比值，而不是绝对比值。具体而言，激励是受一个人自己的结果/投入比率与其他参照者的成果/投入比率之间的比较状况所影响的。参照者可能是个人认为与自己有关情况差不多的另一个人或另一群人，也可能是自己以前曾担任过的某一工作或是自己所期望的结果/投入比率。公平存在于一个人认为自己的结果/投入比率与参照者的结果/投入比率相等之时。当公平存在时，人们具有继续对组织贡献目前水平的投入以获得与目前水平一样结果的积极性。若组织中有尽可能多的员工认为自己受到了公平的对待，这时的激励水平是最高的。如果人们希望在公平的条件下得到更多结果，那么他们就应该具有加大其投入的积极性。当认为个人的结果/投入比率与其参照者的结果/投入比率不相等时，就存在不公平。不公平分为报酬不足的不公平和报酬过高的不公平。不公平会在人们内心形成压力、紧张，同时刺激他们通过使两个比率趋于平衡而恢复公平。①

2. 挫折理论。挫折理论不研究如何激发人的动机，调动积极性，而是研究阻碍人们发挥积极性的各种因素，了解挫折产生的原因，遭受挫折后的表现以及应付挫折的办法。所谓挫折，是指当个体从事有目的的活动时在环境中遇到障碍而又不能克服，使其目标无法实现、需要不能获得满足时的紧张状态。挫折由各种客观因素和个体因素造成。不能达到目标是一种客观现象，但是否体验挫折却是主观性的，与个人的抱负水平有关。挫折会对个体心理产生重大影响，并导致一系列的行为表现。挫折造成的行为表现主要有攻击、退化、固执和妥协等，② 并往往以综合形式出现。

挫折理论的实际作用在于帮助人们减轻或消除挫折感。正确对待挫折，亦对激励有相当重要的辅助作用。

<hr>

① 参见 [美] 加雷思·琼斯，珍妮弗·乔治. 管理学基础. 黄煜平译. 人民邮电出版社，2004：201-202.

公平理论得到了实践的一定检验，但是人们也发现它并不能解释人的全部行为，人们的有些行为可能与公平感没有任何关系。

② 攻击行为受挫折驱力强弱、范围、以前遭受挫折的频率和攻击导致惩罚之可能性等因素影响，攻击行为可能直接指向阻碍达到目标的障碍物，也可能指向其他替代物。攻击行为可以较好地解释侦查过程中的部分刑讯逼供行为。倒退，指个体在遭到挫折后会表现出与年龄不相称的幼稚行为，如不能控制自己情绪、受暗示性增加、缺乏责任心、听信谣言等；病态的固执，是指强制性地重复某种无效的动作，尽管反复进行没有结果但仍不放弃地表现；妥协，即遭受挫折后接受不能达到目标这个现实而顺应现状，通常有文饰作用、投射作用、替代作用、反向作用、表同作用等表现。

四、理论基础之二：心理契约理论[①]

组织成员和组织之间除了正式的人事契约之外，还存在着另一种形式的契约。美国管理心理学家埃德加·施恩（E. H. Schein）于 20 世纪 60 年代提出心理契约概念，用来指代个人将有所奉献与组织欲望有所获取之间，以及组织将针对个人期望收获而有所提供的一种配合。"心理契约"是联系员工和组织的心理纽带，也是影响员工行为和态度，进而影响员工工作绩效、工作满意度、对组织的情感投入以及流动率等的重要因素。对心理契约进行有效的管理对在组织中形成良好的雇佣关系，尤其是改进招聘程序、稳定新员工队伍具有重要的指导意义。侦查人员与侦查组织之间，也存在着心理契约现象。研究心理契约并且改进对心理契约的管理，对有效激励侦查行为，提高侦查效率和侦查人员的职业责任感具有重要意义。

心理契约包括两部分内容，一是组织成员个人目标与组织目标和承诺的契合关系；二是组织成员在经过一系列组织行为构成的组织经历之后，与所在组织形成的情感上的契合关系，体现在组织成员对组织的依赖感和忠诚度上。简言之，组织能清楚组织成员的发展期望，并尽量提供条件满足这种期望，而每一位成员相信组织能实现他们的期望，并为组织目标和组织发展奉献全力。可见，心理契约是存在于组织成员与组织之间的隐性契约，其核心在于组织成员的满意度。它虽然不是一种有形的契约，但确实又发挥着与有形契约相似的影响。其含义可以描述为这样一种状态：组织目标之实现与组织成员个人成长的满足条件虽然没有通过一纸契约载明，且其动态变动性使其无法以成文形式载明，但二者却依然能找到决策的各自"焦点"，就如同用一纸契约加以规范一样。

心理契约有三个特点：主观性、动态性、与组织期望之间的差异性。心理契约和期望的差异主要是心理契约不仅具有期望的性质，还包括对责任和

[①] 关于心理契约理论的详细阐述，参见施恩. 职业的有效管理. 三联书店，1992；魏峰，张文显. 国外心理契约理论的新进展. 外国经济与管理，2004（1）；张丽娟. 基于心理契约理论的"90 后"新生代员工激励措施. 经营与管理，2017（4）.

义务的承诺与互惠。期望没有得到实现会引起失望，而一旦心理契约被违背则会导致愤怒。后者是一种更加强烈的消极情感反应，会导致个体重新评价自己和组织的关系，并对组织承诺、工作绩效、工作满意度和员工离职率等形成不利影响。管理人员应该认识到，心理契约的违背可能产生与正式契约违背相当，甚至更严重的后果。因此，加强心理契约的管理具有稳定员工和激励员工的实践意义。

五、理论基础之三：新制度经济学理论

现代人总是生活、工作在一定的制度环境当中，可以说，制度无处不在。制度是人类社会赖以形成秩序的保障。社会需要稳定，就必须形成一定的组织，并且在组织的规制下，以一定的、为绝大多数成员所认可的方式或规则进行各种层面的交流与交换。在经济学说史上，对制度进行专门研究并将其贯穿于经济思想史始终的是制度经济学派。[①]

对于"制度"的概念，有诸多不同的理解。在传统制度经济学看来，制度是指组织以及组织的运行规则，制度的实质就是"集体行动控制个体行动"。新制度经济学派更多地关注特定体制形态内的相互作用，而不是综合性的政治规则结构。按照新制度经济学代表人物道格拉斯·C.诺斯（Douglass C. North）的观点，制度的概念分为三个层次：宪法程序、制度安排和规范性行为准则。宪法秩序是第一类制度，它规定确立集体选择的条件和基本规则。这些规则是制定其他规则的规则。第二类制度是指制度安排，包括诺斯和另一位经济学家奥克森的分类中所提到的操作规则。第三类是指规范性行为准则，即具体准则。马尔科姆·卢瑟福在综合了新老制度主义经济学的观点后认为，制度是行为的规律或规则，它一般为社会群体的成员所接受，它详细规定具体环境中的行为，它要么自我实现，要么由外部权威来实施。有

---

① 关于新制度经济学理论，可以参见 [美] 科斯等著，[法] 克劳德·梅纳尔编.制度、契约与组织——从新制度经济学角度的透视.刘刚等译.经济科学出版社，2003；江洪涛.制度经济学—制度及制度变迁性质解释.复旦大学出版社，2003.

必要对一般的社会规则（有时称为制度环境）与特定的组织形式（有时称作制度安排）加以区别。尽管组织也可以视为一套一套的规则，但规则只在内部适用。组织有章程，组织是集团行为者，同样也受社会规则的约束。①

新制度经济学理论对侦查行为的激励机制改进同样有所启示，具体而言有以下几点：

其一，新制度主义强调制度的重要性。制度经济学将人和组织放在种种约束之下加以考察，强调规则、规范或者制度所起的作用。认为在所有的约束当中，制度是最为紧要的。侦查人员工作在由一系列制度组成的制度体系当中，激励机制即是其重要组成部分。由于任何非制度化的活动都不可能长期有效和有序地推动侦查行为的进步与发展，所以，侦查人员工作积极性与高绩效的持续保持就有赖于科学、合理、充满活力，同时又能自我修正的制度体系的保障。

其二，新制度主义强调程序的公平性。制度的有效性不仅取决于制度本身，还取决于制度制定过程的科学性。其重要特征之一即是制度制定过程的程序公平性。程序公平是任何有助于社会进步的制度的本质要求，内含程序公平的社会制度可以降低社会交易成本、鼓励社会的生产性努力倾向。同理，内含程序公平的激励机制可以降低侦查人员管理成本，极大地促进侦查人员高绩效行为倾向。

其三，新制度主义强调制度的创新性。制度要保持活力，必须不断创新。侦查行为激励机制同样面临着创新的问题。

---

① 江洪涛．制度经济学—制度及制度变迁性质解释．复旦大学出版社，2003：1、2.

激励机制构建的一般理论

　　根据系统学的观点，机制是指系统内各子系统、各要素之间相互作用、相互联系、相互制约的形式和运动原理以及内在的、本质的工作方式。侦查行为激励机制即为组织系统中激励主体与激励客体之间通过激励因素相互作用的方式。因此，侦查行为激励机制一方面是侦查组织调动组织成员积极性的激发和制约方面所有制度的总和，另一方面也是激励主体（侦查组织）与激励客体（侦查人员、侦查组织下设部门机构、下级侦查组织）之间通过激励因素相互作用的过程。侦查激励机制既由一系列静态的激励制度构成，又是通过诱导因素引导激励客体的行为以实现组织目标的动态过程。

　　构建侦查行为激励机制，就是侦查组织为实现其目标，根据其成员的个体需要，制定适当的行为规范和分配制度，以期实现侦查资源最优配置，达到组织利益和个人利益的一致。由于侦查行为的激励总是要在一定条件下发挥作用，而科学的激励制度又总是以侦查人员的心理为根据，因此机制的构建必须充分考虑众多内在和外在条件，并依科学的路径进行制度设计。

一、构建激励机制的条件分析

（一）侦查组织外部条件

　　侦查人员是公务员队伍之一员。有学者指出，现代公务员激励机制的理想模型是：以市场为导向，以利益激励为基点、政治激励为特色，并辅之以道德激励和法律约束机制的多元化、制度化激励机制。据此，现代公务员激励机制具有以下的特点：强调公务员利益相对独立的重要性；强调公务员物质与精神激励的共同作用；强调对公务员个性加以积极引导，在组织目标实现过程中实现个人目标；强调满足公务员内在需求的自下而上激励的重要性。① 这一理想模型对于建立侦查行为激励机制有着重要的借鉴价值。构建侦查行为激励机制，也必须充分考虑现代市场经济和民主政治之需要，以现实的政治、经济、社会和技术条件为依据：

首先，在政治条件方面，侦查组织已经相当专业化，并且侦查组织内部也存在分工。要使侦查组织正常运作，需要一系列配套的职位分类机制、晋升制度、竞争机制、考核制度、培训机制、廉政机制等制度来保证其良好运作。此外，随着市场经济发展和公民民主意识的增强，世界各国的政府与社会、市场的关系处在不断的调整之中，并兴起了行政改革的热潮，而改革的一个重要目标就是要通过科学管理，谋求人与人、人与事、人与组织、人与环境之间的协调，达到人适其事，人尽其才，事尽其功。这些都是侦查行为激励机制制定和运行的政治制度背景。

其次，在经济条件方面，虽然政府角色在市场经济条件下定位于社会管理事务而不是微观上的经济主体，但是市场机制的运作理念和方式必然会冲击政府部门的管理模式。在市场经济条件下，"经济人"理论假设每个主体都内在地追求个人利益的最大化。市场经济的这一精神实质必然反映到侦查行为的激励机制中来。在市场经济条件下，必须承认物质利益对公务人员的重大激励作用。因此，构建侦查行为激励机制应符合复杂人特性。同时，经济的飞速发展和社会财富的积累，亦为这种制度安排提供了可能。

再次，在社会条件方面。随着社会的进步，人们的主体意识、平等意识、权利意识、竞争意识、法律意识等观念必将随之确立。随着市场经济的发展，人们逐渐树立了自由、平等、公平竞争、以成就取人的观念，商品经济的发展也为人们带来了更多的成才机会和发展空间。现代组织制度坚持以人为本的理念。这些都为有效激励机制的建立创造了良好的社会环境。

最后，在技术条件方面。新科技革命将人们带入了一个高信息化。信息化的发展满足了激励机制的量化和客观化要求，激励客体的特点、技能、工作年限等资料均可自动化、电子化处理，有利于激励效果的比较，提高效率。

上述条件，亦可从另一角度进一步归纳为物质因素、精神因素和体制因

---

① 参见梁丽芝. 重塑公务员激励机制的原则及其理想模型. 人事管理，2002（6）.

素等。在现阶段，物质因素是指由政府或其他主体掌握和分配的物质，这些激励因素又可转化为货币形式。物质性因素是客观和可（被激励客体以及第三人）感知的，也是可以计算的。由于物资性资源具有稀缺性，侦查组织掌握的物质资源总是有限的，而且其使用受制于政府预决算等限制，因此对物质性资源的获取常具有竞争性，侦查组织不可能无限度地把物质性资源用作激励手段；精神性激励因素是指用来满足被激励者外在性需要的社会感情性资源，包括友谊、亲密的关系、信任、认可、表扬、尊重、荣誉等。精神性激励因素是抽象的、不易测量的，基本上不需要成本，但具有特指性和排他性，只能由获得者本人独享，无法转让，因此也不能无限度地适用。与物质性激励因素相比，精神性激励因素能满足激励客体较高层次的需要；体制因素包括经济体制因素和政治体制因素。例如一系列的社会保障制度、行政管理体制及其改革等。

（二）侦查组织内部条件

在侦查组织内部。侦查组织自身具有一定的激励资源。"在激励性组织中，组织环境无疑是富有激励性的。"[1]其一，工作本身可以成为侦查人员需要的一部分。侦查组织能够提供一系列的内涵丰富的工作，不仅能使侦查人员感受精神的充实，从工作中体会到乐趣，而且也是侦查人员个人成长的一种体现；其二，侦查组织可以对侦查人员的个性发展和合理行为提供支持，从而取得侦查人员对组织目标的认同；其三，在群体关系上，侦查组织内部各群体之间的关系是支持性的，侦查人员通过组织内部群体合作为组织目标贡献力量；其四，侦查组织文化具有使组织成员从内心产生一种高昂情绪和奋发进取精神的效应，对侦查人员是一种内在的引导。加强组织文化建设，可以使侦查人员从内心深处自觉产生为组织效劳的奉献精神。

（三）侦查组织成员的个人条件

侦查组织成员的个人条件即侦查人员的个体因素，本书在第三章第一节

---

① 刘正周. 管理激励. 上海财经大学出版社，1998：168.

已经对个体因素做了简要阐述，个体因素的差异为激励措施的选择提出了新的要求，即激励措施应实现个别化，认真考虑侦查人员的个体需要和其他心理特征。

二、构建激励机制的一般路径

构建侦查行为激励机制应充分考虑现实条件因素。不过，在具体设计激励机制时，还应重点考虑被激励者的需求结构、激励的目标结构以及那些能引发激励效果的诱导性因素，这也是构建激励机制的基本路径：

（一）侦查人员的需求结构分析

前已述及，人的需要是驱动人从事工作和进行创造性活动的根本推动力，激励必须以人的需要为基点。对于我国现实侦查人员的需求结构，根据前述诸种需要理论学说尤其是马斯洛的需要层次理论，亦可从我国社会发展阶段、文化心理、文化传统和侦查职位特性等多方面分析侦查人员的需求结构。

首先，由我国社会发展阶段决定，在现阶段，经济需要应该成为侦查人员的首要需要。对于多数侦查人员而言，工作首先是谋生手段。作为首位需要，经济需要能满足马斯洛需要层次中的大部分低层次需要。所以，用满足经济需要这一激励措施可以在较大程度上调动侦查人员的工作积极性。

其次，从文化心理和文化传统来看，侦查人员亦有较强的中上层需求。改革开放前，尽管人们不讲求物质利益，但身份隶属却有绝对重要的意义，使得安全与依附的需要在需要结构中居于突出地位，这一点与对集体主义的强调是密不可分的。个人对集体（或组织）在心理上的依附思想逐渐延伸到人们的工作领域，成为人们工作价值观的一个组成部分。而从文化传统上看，传统上以宗法而论等级关系、论个人价值的观念虽然已经失去了其存在的基础，但是作为一种意识形态并未完全消除。结合其他许多现实因素的考查，可以认为，包括侦查人员在内的公职人员具有较高的社会地位，晋升需要是公职人员较强的需求。但是，晋升的渠道有限，怎样满足这种需要以及开发侦查人员的内在需要，从而调动侦查人员的积极性成为构成侦查行为激励机制的极为重要的现实问题。

最后，从侦查职位特性来看，侦查岗位是一项特别能体现权力需要和成就需要的职位，侦查人员的成就感，一方面可以在工作过程中体验到，另一方面还可以在达到一定的绩效后体验到。在激励机制构建时，对于这种权力、成就体验有强化的必要，当侦查人员获得一定的绩效后，就应兑现相应的奖励，例如通过晋升，赋予更大权力，从而促进更大的积极性。

（二）侦查行为激励的目标结构分析

洛克的目标设定理论为我们怎样将组织的目标与员工个人的工作绩效联系起来提供了逻辑思路。"多数组织都是以某一标的或目标为导向的，这些目标提供了组织的目的，指明了组织决策和活动的方向。如果方向相对具体，要评价特定活动对目标的贡献以及这些活动的用途都不会太难。"[①] 对管理层来说，必须充分意识到参加到组织中来的个人的目标，这些目标是各不相同的，激励机制的功能之一就是要使个人在追求自己的目标的同时，实现组织的目标。[②] 换言之，组织成员也将实现组织目标作为达到个人目标的手段和途径。

上述情形亦适用于侦查组织。"对于政府机构来说，组织目标就是组织的最终控体即立法机构的个人目标，也是公民的个人目标。"[③] 我国立法将侦查组织目标整合在侦查组织所属的国家机关目标之下，即多见于各机关的组织法如《警察法》《检察机关组织法》等法律规范，是这些国家机关目标

① ［美］赫伯特 A. 西蒙. 管理行为（原书第 4 版）. 詹正茂译. 机械工业出版社，2004：132.

② 参见刘正周. 管理激励. 上海财经大学出版社，1998：98.

③ ［美］赫伯特 A. 西蒙. 管理行为（原书第 4 版）. 詹正茂译. 机械工业出版社，2004：133.

需要说明的是，西蒙是从组织决策角度对组织目标进行界定的，他认为组织目标是"组织角色施加的与个人动机只有间接关系的多个限制条件集合，一般都体现各类组织参与者所重视的各种诱因和贡献的限制条件"。参见该书第 150 页。

的子目标。在我们看来，最高层侦查组织的组织目标大体上可以表述为打击犯罪和保障人权，更具体地说是合法且高效地实施侦查行为并取得良好的侦查绩效（也即宏观意义上的侦查目的），这一目标被纳入整体的犯罪控制体系中或者更庞大的法律控制体系中。在侦查组织的层级结构中，该目标则被层层分解，最终分摊到每一侦查人员和每一案件，形成从宏观到微观的一个目标系统——这实际上是侦查组织目标管理的主要方式。

我们认为，对于创建侦查组织内部的激励机制而言，组织目标具有导向性作用。分析侦查组织的目标结构，正是为了说明组织目标的最终实现取决于其成员的工作积极性和主动性，因为最宏观的组织目标实现程度必须由各微观目标的综合实现程度来决定，换言之，侦查组织的组织目标的实现以及实现程度，最终都要取决于全体侦查人员的工作积极性和主动性。只有在侦查人员工作热情普遍高涨的情况下，侦查组织的绩效目标才有可能在较高水准上实现，然而，组织成员的积极性和主动性的提高与其追求的目标有直接的关系，而该个人目标又和其个体需要结构密切联系。只有在其追求的目标不断地得到满足的情况下，侦查人员才有可能充分发挥自己的聪明才智、激发出高度的工作热情。为此，组织目标应当能够包容个人目标，侦查组织应鼓励侦查人员制定和实现个人目标，充分尊重、爱护个人的个性和人格。[1]实践证明，保持个人目标与组织目标的一致，才能有效地减少内耗，形成团队的最大合力，提高工作效率和效益。诚然，这里所说的个人目标都是指正当目标。

综上，在创建侦查行为激励机制时，应作出正确评估，将组织成员的个人目标与组织目标结合起来。

（三）侦查行为激励的诱导因素分析

从前述需求结构和目标结构的论述可以看出，个人参加到组织中来，作为组织的代理人实施组织行为，是因为组织能提供满足其需要和实现其个人目标的各种"奖酬"。正如巴纳德、西蒙等人所指出的，这些奖酬就成为

---

① 从侦查行为角度来说，侦查人员的个性对于侦查方法的创新具有十分重要的作用。

产生某种行为的刺激因素，组织便可将这些刺激因素作为引发员工符合期望的行为的诱导因素。[①]组织对个人最明显的刺激因素就是薪金或工资，即经济性奖酬。但由于个体之间的差异，不同的人需要得到不同的奖酬，而同一奖酬对不同的人来说也可能具有不同的价值。例如，杰勒曼就指出，即使是经济性奖酬对不同的人来说也具有广为不同的意义，"对于有些人来说，金钱则代表着生活的基本稳定和感情生活有保障；对于有些人来说，金钱则代表着权力；对还有一些人，它则是对他们在社会中的成就大小的一种量度；对别的一些人，它则只不过代表达到舒适与奢侈生活的目的的一种手段罢了"。[②]

可见，为了满足不同侦查人员对于奖酬内容的不同需要，组织在制定激励机制时可列出奖酬内容的"菜单"，让侦查人员自己选择。[③]除了经济性诱导因素之外，组织的认同、组织提供的个人锻炼和发展机会、组织提供的带薪休假期和对工作方式选择的自由等，都可以成为很有吸引力的诱导因素。当然，侦查人员对这些奖酬资源的获得必须与他们的工作绩效紧密联系起来，而且所设置的酬劳在横向和纵向上可以相对比较，从而使相当的绩效可以获得相当的酬劳。

三、构建激励机制的原则导向

合理的激励原则是构建激励机制的指导性理念。激励机制是一个包含众多激励制度和措施的复杂体系，为了保证制定和适用的统一性，需要确立一定的激励原则，并在此前提下再根据各自情况进行具体的制度设计。我们认为，让侦查行为激励机制遵循可操作性、效能性、持续性的原则，在科学、规范、严谨的轨道上运行，这是建立侦查激励机制并保证其顺利施行所必须

---

① 参见刘正周. 管理激励. 上海财经大学出版社，1998：101.
② 转引自 [美] 爱德加·薛恩. 组织心理学. 余凯译. 经济管理出版社，1987：121.
③ 诚然，这种选择不可能是随意的，而必须是侦查组织能够依法提供并且不损害公平原则之前提下进行。

具备的最基本的制度或政策要求。

首先，激励机制必须遵循可操作性原则。可操作性是对激励机制实用价值的规定。在现实的激励过程中，激励机制应当能够为侦查组织成员普遍认知，易于理解，便于操作，采用的激励方法科学、规范、精练，均围绕侦查组织成员而设计，遵循"以人为本"的管理理念。有学者根据"以人为本"理念和警察机关现状，提出了"以警为本"的警察管理理念。[①] 不管如何，在激励机制各环节和程序的规划上，应保持严谨，并加强激励机制的保障措施的建设，以对激励机制发挥可操作性功能提供制度支持。

其次，激励机制必须遵循效能性原则。效能性原则是指在对组织人员实施激励时，必须充分考虑激励实际效果的大小。激励的效能性处于可操作性和持续性原则的中间环节，一项激励方案只有在具备可操作性后才会追求效能性，也只有在实现其效能性后才有可能要求完善此项方案，使之制度化和持续化。在现实中，效能性与可操作性的关系应是正比例关系，人们制定的激励机制可操作性越强，其效能性就越高，激励效果就越明显，侦查人员的职业责任感越强，受外界影响诱发的"败德行为"才越少。从现实来看，立法机构和侦查组织自身已经制定了一套防范侦查人员败德行为的法律法规，尤其是近年办案责任制的推行，包括办案质量终身制的提出，对于侦查人员的侦查行为提出了更高的要求，强化了终身追责思路，并构建起了一整套制度体系。[②] 这套体还处在不断完善的过程中，对执法和司法实践必然产生深远影响，但是现在面临的主要问题也是这套防范机制的效能问题。除了由于激励机制执行者能力缺陷所带来的实际效能性问题外，机制自身的效能性建设应是下一步改革重点。

最后，激励机制必须遵循持续性原则。激励机制要想增强机制本身的可操作性，充分发挥自身效能，就必须科学规划激励过程，谋划激励竞争机制

① 参见王大中．树立"以警为本"的理念．// 何家弘．公安学论丛（第 1 卷）．法律出版社，2005．

② 关于办案质量终身负责制及办案责任制相关问题，参见严鹏．侦查办案质量终身负责制研究．中国人民公安大学，2017 届硕士毕业论文．

发挥效能的可持续性，因为这在持续激励侦查人员的同时，还可以减少重新规划激励机制的成本，同时减少组织人员因缺乏二次、多次激励而给组织带来的损失。

上述原则应用至激励机制构建之实践，还应注意到以下几个问题：

第一，在激励手段上，应清醒地认识到激励手段的条件性，特别是不可盲目迷信经济激励手段。虽然根据复杂人等理论假设和相关需要层次理论以及侦查人员的现实需要，经济激励手段在调动组织成员积极性上具有不可忽视的作用，但同时也应防止过度崇拜经济激励甚至视之为唯一激励手段的倾向。在实践中，应正确认识经济激励的有效性、局限性及其转化的条件，适时、适度地运用这种激励手段，把个体需求的满足同组织目标的实现有机地结合起来，把精神激励同物质激励结合起来。不仅如此，激励手段的设置应考虑当前之现状，实行"同步激励"[①]。

第二，应注重各项激励手段的功能发挥。双因素理论认为不同因素的功能是不同的，同一因素在不同条件下其功能也是不同的。这种把因素与功能加以区别的观点，是值得我们思考和借鉴的。从我国当前情况看，经济激励无疑还是一种必要的激励手段，但手段的运用并不意味着能发挥该手段的全部功能。无论哪种激励手段，其实质都是通过满足人的需要而发挥激励功能的，为此，同种激励手段，由于满足人们需要的程度和范围不同，其激励功能会有明显的差别。在我国侦查行为的实际激励中，不仅要着眼和满足于有无或有多少种激励手段，而且要注重研究和探索如何有效发挥激励手段的激励功能，增强其激励性，使其真正发挥出激励作用，在更高水平上把侦查人员的工作积极性调动起来。

第三，在激励环节上，应注重实现组织层级目标设置的科学性。是否达成目标，是应否得到奖惩的依据，目标对组织成员的激励作用可想而知。目标设置的科学性、合理性，直接影响激励机制的正常运行。因此，侦查组织应掌握好工作目标的难度，运用科学方法对工作目标进行合理的、可操作的测定，并注意提高奖酬目标的效价。在设置奖酬目标时，必须克服随意性和

[①] 参见梁丽芝.重塑公务员激励机制的原则及其理想模型.人事管理，2000（6）.

单一化的问题，应对工作人员的需要状况进行深入细致的调查研究，针对工作人员的优势需要来确定奖酬目标。同时，要考虑人们需要的差别性，尽量设置多种奖励方式和奖励内容。

第四，在激励的具体实施过程中，应注意提高激励结果的有效性。激励应避免形式化和简单化的倾向，树立效率观念，尽量避免和减少激励过程中的"损耗"，正确认识目的与手段、动机与效果的关系，真正把达到激励效果、提高激励效率作为激励工作的目的，使各种具体的激励措施紧紧围绕这一目的展开，力求在必要投入的基础上，取得高效的激励结果。

第三节
现行激励制度分析

当对侦查行为激励的一般理论问题进行初步探讨时，实践中侦查激励措施的制定和运用也应当纳入讨论范畴。

侦查行为激励制度可以分为两种：传统型与非传统型。前者已经融入一般的组织管理行为中并且大多有法律和规章为依据，例如侦查人员作为公务员而享受之公务员奖励制度。非传统激励则主要是指前些年各地侦查组织曾倡导并实施的新政策，如"点警制""包干制""招标制"等，这些制度多数还在探索之中，有的基本已经被否定，主要是各地侦查组织的个别行为。以下将对这些制度、措施或政策进行简要分析，并进行一定总结。

一、传统型激励制度及其分析

传统型激励措施大多与现行公务员管理制度存在密切的联系，是后者的有机组成部分，主要包括薪酬激励、考核激励、晋升激励和竞争激励。

（一）薪酬激励

薪酬是国家对侦查人员劳动的酬劳和奖励，包含了工资、奖金、养老金、医疗保险、带薪休假等项目。根据双因素理论，薪酬属于保健因素，具有预防性效果，能起到保持人的积极性、维持工作现状的作用。

薪酬激励既是物质激励的主要方式，同时也是侦查行为激励系统的重要部分，积极的薪酬制度对于提高侦查绩效具有杠杆效应。1997年前，我国公共机构薪酬普遍不高，较难反映其岗位责任。从1997年以来，我国对公务员主要采取了普遍加薪的手段来激励组织人员。公安部于2016年12月1日公布的《中华人民共和国人民警察法》（修订草案稿）[①]第78条规定，国家建立符合人民警察职业和岗位特点的工资、津贴、奖金、补贴等保障制度。

现阶段，侦查人员的薪酬已经有了大幅提升，生活待遇有了较大的改善，绩效也得到了一定的提高，但是薪酬激励效果仍然不是特别理想，实际薪酬增长远远落后于房价等消费品价格的增长幅度。2015年开始，我国适度提高了警衔津贴标准，提高了警务工作人员待遇。但从我国目前的薪酬体制来看，报酬的绝对数量还是偏低，而且问题主要表现在当前薪酬设计还是过于僵硬，业绩性薪酬在总薪酬中比重偏低；不同级别之间的薪酬差异较小，不能反映各种级别、职位人员的劳动价值含量；地区差异较大。形式上的公平并未带来实质上的公平。诚然，这些问题亦是整个公共机构较为普遍存在的问题。

（二）考核激励

考核激励是对组织内部人员的工作业绩通过量化方式进行全面的、系统的、客观的评价，涉及组织人员的薪金调整、奖金发放和职务升迁等诸多部门人员的切身利益。绩效考评的功能在于其能够为上级管理层作出对在职侦查人员的奖惩决定提供重要的信息，为实施对侦查人员的晋升和嘉

---

① 参见 http://www.mps.gov.cn/n2254536/n4904355/c5561673/content.html，2017年8月15日浏览。

奖提供客观依据;从被考核的侦查人员角度看,绩效考评可以为其提供反馈,侦查人员可以及时发现自身的错误和不足,促使其防微杜渐,及时发现和解决问题。

应当承认,我国侦查组织是相当重视考核激励的。以公安体系内的侦查组织为例,尤其是近年来,以等级化管理为基本手段的民警考核激励和县级公安机关年度工作综合考评等公安队伍管理长效机制、有关职能业务部门一年一度的执法质量考核、派出所等级评定和看守所达标晋级等级评定等考核评比工作持续开展。除了自评考核外,考核工作主要由被考核者的上级或组织内部的考核部门执行。从总体上来看,目前侦查组织内部并未形成一套统一的标准,还处在各自为政的状态。①其中的问题主要集中在:在考核方式上,上级考核所占比重较大,使得下级对上级的意见只具有参考性,影响下级的工作情绪;考核结果存在严重的平均主义,缺乏客观公正性,不能作为奖惩的准确依据;考核内容过于抽象和单一,标准或者过于笼统或者又过度量化,等级设置过于粗糙,普遍没有建立针对组织机制为特征的具体考核指标;评分标准较为单一,不够科学,考核方法流于形式;主观性、随意性较大。

2016年3月1日实施的修订后的《公安机关执法质量考核评议规定》就上级公安机关对下级公安机关、各级公安机关对所属执法部门及其人民警察执法办案质量进行的考核评议作出规定,具体涉及接处警执法情况、办理案件情况、实施行政许可、登记备案等行政管理情况、执法监督救济情况、执法办案场所和监管场所建设与管理情况、涉案财物管理和涉案人员随身财物代为保管以及证物保管情况、执法安全情况、执法办案信息系统应用管理情况和其他需要考核评议的内容。②公安机关的侦查行为也受该规定的规制。该规定多数条款都与侦查行为的考核评议有关,其中最直接的是第6条规定

---

① 这本身并不一定是坏事,因为考核工作本身就应因地、因人等有差别。但是,如果有一套具有可操作性的统一的考核指南,或许会取得更好的效果,可以避免地方侦查组织领导人在考核方面话语权过度膨胀。

② 参见该规定第4条。

的办理案件的标准："（一）受案立案及时、合法、规范；（二）执法主体合法，并具备相应的执法资格；（三）案件管辖符合规定；（四）案件事实清楚，证据确实充分，程序合法；（五）调查取证合法、及时、客观、全面；（六）定性及适用法律、法规、规章准确，量处适当；（七）适用强制措施、侦查措施、作出行政处理决定符合规定；（八）执行刑罚、行政处理决定符合规定；（九）依法保护当事人的合法权益，保障律师执业权利；（十）案件信息公开符合规定；（十一）法律文书规范、完备，送达合法、及时，案卷装订、保管、移交规范。"该规定第23条还规定，"执法质量考核评议采取日常考评、阶段考评、专项考评、年终考评相结合的方法。日常考评成绩作为年度执法质量考核评议成绩的重要依据"。

客观而言，要评价一线侦查人员的绩效孰高孰低并不是那么容易。实际上，上述规定过于抽象，即便提出了许多指标，仍然难以细化。即使细化为具体分值，但如何设置不同分值的分量，以何为依据，仍需谨慎论证。尤其是，这种针对公安机关所有警务活动的考核标准和方法，未必适合于侦查行为考核。实践中，有的侦查组织以所破获案件本身的严重程度来衡量绩效，有的则根据破获案件的数量来衡量，有的则运用各种标准进行综合评价。不管怎样，多数是以结果来权衡的。很少有人提出应根据侦查行为本身的难易度和侦查投入与产出之间的比较来衡量。后两者最能体现侦查人员之间的差异，但或许也因具有较强的主观性，较难操作，而很难被纳入到考评实践上来。在考核机制上，"为什么考"、"考评谁"、"谁来考"、"考什么"、"用什么考"、"怎么考"、"何时考"和"考后怎么办"以及"怎样组织考"，[①]这些问题都还需要理论和实践上的进一步深究。

（三）晋升激励

晋升激励是指为了进一步激发组织成员的工作热情，而将组织人员由原来的职位选拔到更高的、承担责任更大的职位上，其在组织职位结构中的职权、待遇等也相应地提高。

---

① 参见马骁.公安机关考评工作应当注意的几个问题.云南警官学院学报,2003(4).

职务获得晋升是个人成就的集中体现，根据双因素理论，它属于激励因素，目的主要是以职位晋升为形式来促进组织成员间的竞争，激发人们进取心和创造力。正常来看，侦查人员都有晋升职务的内在需求，而决定公共部门人员能否得到晋升的条件，主要看他们的工作态度、工作能力和工作业绩。在晋升机制规范的条件下，个人绩效可以作为晋升的充分条件。与物质激励相比，晋升激励是一种较为节约成本的激励方式，除去因晋升激励而给组织所带来的物质利益变动之外，通常都将晋升激励列入精神激励的范畴。在轻视物质激励的年代，职位晋升是我国政府部门精神激励中最传统和最为普遍的激励方式，晋升激励作为精神激励在侦查行为激励方面也发挥了重要作用。从公安体系内的侦查组织来看，晋升分为职务、级别的晋升和警衔的晋升，它们适用的标准、原则和规范依据不同，发挥作用的方式也不同，但都是晋升激励的重要手段。

在现实的"熟人社会"中，晋升激励机制容易受到一些特殊因素的破坏。权力配置中的近亲繁殖现象，直接破坏晋升激励机制的效果。有些部门的领导认为自己的"圈内人"才是最可靠的人，因此把自己的"圈内人"安排在领导职位，给予快速升迁，破格提拔。因循公平理论，这种做法的后果是比较严重的，会直接造成多数组织成员工作积极性受到打击，易形成虽然自己努力表现，但也会因为非公平的原因失去晋升机会的心理预期，从而失去继续努力工作的兴趣和热情，或者把更多的精力放到成为"圈内人"的努力上。

值得关注的是正在进行警察职务序列改革。中共十八届三中、四中全会决定和中央关于全面深化公安改革"1+3"意见方案明确提出，要建立人民警察职务序列，完善人民警察分类管理制度。[1] 前述警察法草案第48条规定，"国家根据人民警察的性质特点和管理需要，对人民警察实行分类管理，建立有别于其他公务员的管理制度。国家建立专门的人民警察职务序列和职级晋升制度。"由于这项改革尚在试点阶段，还没法进行有效性评估，但其对于解决公安机关包括侦查人员在内的人民警察的职业晋升通

---

① 公安机关人民警察职务序列改革试点工作启动．人民公安报，2016-9-19．

道，无疑是有益的。

（四）竞争激励

竞争是促进组织内部资源有效配置的高效方式。科学的竞争机制可以有效激发组织人员的工作热情，促进部门整体绩效的提高。与此同时，良好的竞争机制还会维护和增强组织人员激励过程中的公平性，提高组织内部人员间的凝聚力。经历竞争过程，可以对优秀者的行为进行正向强化，如表扬、奖励和提升等，对不合格者的行为进行逆向强化，如批评、惩罚、降级等。

薪酬制度、考核制度和晋升制度背后已经隐含着竞争的成分。在侦查组织的各种激励方式中，竞争激励应处于基础性策略的地位，因为归根结底，上述三种策略都是为了更好地促进组织内部的人员竞争，提高人员绩效。这种方式应是将来侦查组织激励制度发展的方向。我国侦查组织内部已经初步引入了竞争机制，制定了一系列的竞争激励政策。不过，总地说来，竞争激励制度尚不够完善，问题较多。

由于本节第二部分的非传统型激励制度就是竞争激励制度的适例，故将对目前竞争激励制度的不足之处放在该部分进行一一分析。

二、非传统型激励制度及其分析

侦查组织为了调动办案人员的积极性，打破"大锅饭"的破案机制，采取了一系列的改革办法，涌现了众多侦查激励措施，比如20世纪90年代后期所实行的破案责任制，包括探长制、搭档包干制、分层包干制、探组轮案制、重大案件领导包案制、挂牌督战制等，充分体现了各级侦查组织对侦查行为激励的重视，展现了改革的勇气和魄力。现在各地侦查组织在日常业务活动中，还在不断探索更能够激发侦查人员积极性和创造力的做法。新的措施层出不穷，但限于本书篇幅的限制，仅对其中的点警制、搭档包干制、破案招标制和目标管理机制等进行分析。

（一）点警制

　　点警制由荆州市公安局东宝分局最早推行。所谓点警制，即指办案单位在接警、出警、勘验、立案后，所有刑警和责任区民警接受群众点名，办理除重特大刑事案件、经济案件以外的一般刑事案件和治安案件；报警人所报案件一经立案，即有权直接点任意民警为案件承办人。被点中的民警可根据案情需要再点自己的办案"搭档"。群众点警之后，当班民警即填写《点警案件跟踪督办登记表》。此表全程随案运行，被点民警要在表上记录每日工作摘要和办理结果，结案后由点警人在意见栏上签署"满意、基本满意、不满意"。民警的工资、奖金、福利、评先进、晋级晋职与其工作实绩挂钩。实施"点警制"后，张榜公布各所、队民警的基本情况，同时民警还要主动到责任区演讲、推荐介绍自己，使群众对民警有知情权、选择权。[①]

　　"点警制"推出后，在社会上引起了强烈反响。针对点警制形成了两派相反的意见：一种观点认为，普通群众对警察的了解渠道有限，虽然警方将警员的照片、警衔、荣誉张榜公布，但这些材料的可信度让人生疑。真正能享受到点警好处的可能大都是有警察朋友或熟人的人，会导致人情案，有损执法公正。另一种观点来自于点警制的推行者，他们认为：首先，群众应有选择将警察执法权交给谁来行使的选择权；其次，群众对警察不熟悉，只能说明警察平时工作不到位，深入基层还不够，而这正是"点警制"要解决的问题之一；最后，在推行"点警制"之前，"人情案"现象已经存在。"点警制"实行回避制度和办案结果听证制，规定点警人与被点民警之间的关系必须符合法律规定的回避条款，点警案件办理完毕后，凡群众对办理结果有疑问的，可以提出质询，办案单位邀请居委会干部、居民代表、执法监督员以及当事人和办案民警举行听证会，确有执法不公现象的，进行复查。另外，点警权属于利益受侵害一方，而不是应受打击处理的一方，这样，即使点警

① 彭业武.武汉警方新举措：你选哪位警察为你破案.法律与生活，2003（2）.

人与办案人是"朋友",也不会影响到办案质量。①

我们不否认民众对于点警制的质疑,但也不怀疑点警制对于警察对被点案件的侦查热情。不过,点警制实际上将竞争机制引向了"谁更善于向报警人推销自己"(不一定是实际的办案能力),显然,这方面的成功者将更容易获得报警人的青睐,使案件向这些人集中,极易造成类似"马太效应"的效果,这对案件负担已经较重的侦查人员而言,所导致的必然结果是,报警人所点的案件将获得优先权,而其他案件则被排在后面,这种不依案件本身的轻重缓急而只唯报警人需要的优先事项安排并不利于整体侦查绩效的提高。不仅如此,将选择权交给报警人或被害人,一开始就会使被点中的侦查人员在立场上出现偏差,而法律对他们侦办刑事案件之立场的预设应是中立的,也就是所谓的"客观义务"。诚然,由于重特大案件和经济犯罪案件等并不在被点之列,所以点警制的实际影响和意义并不会如宣传的那么大,负面效应也在可控范围之内。

(二)搭档包干制

搭档包干制,是一些检察机关的称谓,而在公安系统一般称为探长制。由于某些检察院的搭档包干制是在借鉴探长制基础上形成的,故在此只讨论搭档包干制。

搭档包干制是检察机关反贪污贿赂机构在侦查案件时,对侦查力量的安排、任务分配以及所引发的责任与奖励等诸要素实施综合管理的一种规范。所谓搭档,就是将侦查人员以二人或更多人为基数组成侦查小组。所谓包干,包括四个方面的含义:一是专案专包,独立完成侦查的全过程;二是包任务,必须完成机关领导交给的全年办案任务;三是包责任,要承担因案件质量不高特别是撤案和错案所引发的各种责任;四是包配合,各搭档小组在其他小组突击案件、追捕逃犯、采取强制措施力量不足以及出

① 参见彭业武.武汉警方新举措:你选哪位警察为你破案.法律与生活,2003(2).关于"点警制"的支持意见,还可以参见马先宝.关于"点警制"之浅思.湖北公安高等专科学校学报,2001(1).

现其他特殊情况时，由机关领导统一指挥，完成好临时分配的各项任务。在实践中，为了贯彻搭档包干制，采取了一系列步骤：一是实行优化组合，按照政治、业务素质强弱相结合，以老带新的原则，组成搭档小组，搭档小组组长和搭档之间实行双向选择；二是引入竞争机制，设立查办案件奖。每侦结一件一般案件或大要案，即按照不同标准奖励搭档小组，或者提高搭档组长的级别和职权。[①]

搭档包干制的优势是明显的：包干的方式有利于改变过去侦查人员依赖领导的工作方式，增强侦查人员侦办案件的主动性；搭档的方式则有利于侦查人员侦查技能的相互学习。此外，客观而言，由于办案人员相对固定，案件侦查的保密性也能够得到一定的保障。但是，搭档包干制也可能存在内部监督不力、侦查合作障碍等问题，需要有一定的配套措施的补充，而且也可能引来质疑：侦查人员侦办案件本是其职责所在，为何又要在每侦办一起案件后即予以奖励？

（三）破案招标制

破案招标即将具有一定特征的案件以类似于经济活动中项目招标的方式交由竞标胜出的侦查人员，赋予其一定的侦查资源（职权、人力和物力），并承诺案件侦破后给予一定数额的奖励或同时给予优先晋升的机会，未侦破则承担相应的责任。破案招标制度在实施时往往还附有期限要求。各地破案招标措施的具体内容并不完全一致，但大多有以下几个特点：首先，破案招标只适用于有限数量的案件，这类案件往往都是已经经过一定时间侦查陷入僵局且具有一定影响的大案。从实践来看，陷于侦查僵局的命案是最常用来招标的，即所谓"命案招标"；其次，侦查组织在将案件交付胜出者时往往有侦破期限要求，侦查组织不会容许案件由中标者无限期侦查下去。

和点警制等制度一样，破案招标制也是颇有争议的一项制度。批评意见涉及激励和法律两大领域，概括起来有：（1）难免使一些需要保密的信息泄露，势必会对一些重大案件的破获产生不利影响。采取招标方式破案，许

---

① 参见候书玉. 侦查体制改革的尝试. 人民检察，1996（7）.

多符合竞标条件者，便都可以参加竞标。那么，竞标者为赢得标书，成为那唯一的中标人，就不得不在标底制作上下番功夫，他们除了要从组织招投标者那里获得"大路信息"外，自然要多方打听，主动收集，以获得大量与该案相关的信息，甚至包括那些不可"与外人道"的保密信息。（2）看似提高了破案效率，同时也使许多宝贵的警力被无端浪费。落选者为制作标书同样也耗费了大量的精力，但最终落选使这些劳动变得一文不值。（3）"承包经济"色彩的破案机制在带来竞争压力的同时，也难免增大动作过程中的"摩擦系数"。越是重大的命案，就越是需要公安队伍的整体配合和协同作战，但由于招投标，一个部门的刑侦队伍被人为地分成了若干个工作单元，难免会形成各忙各事的混乱局面。这样，公安队伍的整体协同作战能力势必会受到不小的消耗或牵制。（4）招标破案的动机不纯，可能使得破获命案的过程被功利化目标所左右，使一些中标人因一案而荣，又因一案而毁，从而使公安人员风险意识增强的同时，其应有的责任意识相对淡化。虽然短期内有效，但从长期来看，警员的公共责任心及敬业精神淡化，可能产生"逆向选择"或"败德行为"。[①]（5）从法律经济学角度，引入这一制度后，侦查人员中标的案件，受害人的收益会因侦查人员对此案件投入大量精力而有所增加（即便未侦破也可获得精神安慰），但是没有人投标的案件会使受害人收益相比前者减少。另外，国家和社会的收益总体上将比引入该制度之前有所下降。[②]

有学者从法治角度对破案招标提出了尖锐的批评：首先，破案招标制的最大问题是法律程序对于个案的不同等对待。"破案招标"的做法使侦查拖沓这种工作作风成为了侦查人员不但可以不规避反而合法化的制度上的保证。刑事诉讼程序必须同等对待同等的人，因为对相同的事情处理不同是不理性的，对同等的盗窃行为适用两种不同的侦查程序同样是不理性的。其次，

---

① 以上意见，参见彭业武. 公安机关推行内部竞争 警察破案招标引发争议. http://
news.rednet.com.cn/Articles/2003/03/395867.htm.
② 田晋宁. "招标破案"与法律效益——"招标破案"的法律经济分析. 经济师，
2004（9）.

法律是一个改变激励因素的体系，因此规制行为一定要公开。如果法律（包括程序法）的内容只是到事件发生后在适用法律时才为人所知，法律的存在对于受法律规制的各方行为就不可能产生影响。"破案招标"的做法实际上就是使一部分侦查权的行使游离在了刑事诉讼法的规定之外，也就是国家事先规定的法律没有对公安机关行使侦查权给予任何的影响和制约。所以，这种招标的做法缺乏基本的法律依据，是公安机关自己在法律之外另行给自己设定的特权。再次，破案招标只是一种改革试验，在一个国家统一的法律体制下、在同一部法律的统一规制下不应存在两种不同的法律适用方式，在司法改革或改良过程中不应存在试验田，法律要求明确、稳定。①

支持者则认为：（1）从实践来看，公安机关破获的绝大多数案件都是广大民警集体辛勤劳动的成果，但也确实存在一些久攻不克、难度很大的案件，这就需要一方面应该检查、考核责任民警的工作是否到位，另一方面必须进行适当的调整、集中优势力量去攻坚克难，而招标破案制就是一种优化警力、财力、物力配置的调整形式。（2）实行破案招标是实行政府组织内部严格经济管理责任制的一种合理形式，不仅公安局可以实行，其他政府组织内部也应该实行。破案招标制是节约归己、超支自负，完成奖励、未完成惩罚，符合经济规律，很好的激励机制。（3）破案招标以有合法授权和行政职责的主体为招标对象，并不存在违法越权问题。②

我们认为，首先，作为一种激励制度，破案招标制度在本质上是案件分配制度和侦查资源组合方式的革新：在案件分配制度上，传统的案件初次分配和再次分配多由领导直接指定，在实践中，指定的依据各种各样，有的依凭侦查能力，有的依凭各侦查人员的工作量，随意性和主观性较大，侦查人员对案件的接受是被动的。实施破案招标制后，侦查人员主动揽案，对其侦查行为的激励效应明显；在侦查资源组合方式上，由胜出者自组侦查力量，侦查力量内部配合、协调与沟通将比领导指定要好得多，从客观上说是有助

① 参见汪建成，刘玥．效率的误区——破案也能招标吗？．人民法院报，2002-11-1.
② 参见彭业武．公安机关推行内部竞争 警察破案招标引发争议．http://news.rednet.com.cn/Articles/2003/03/395867.htm.

于案件侦破的。相对于案件再分配的科学化和侦查资源的重新组合，奖金和晋升机会的激励是一个很重要的诱因，但并不是唯一的，有时也可能并不是侦查人员应标的真正原因（例如，有时可能仅是成就感的需要）。

其次，实行破案招标并不意味着侦查组织放弃对未用于招标案件的侦查，相反，用于招标的案件还是已经侦查但陷于僵局的案件。适用招标制来应对这些案件，是因循案件本身特点而制定的侦查应对策略。而对于普通案件和侦查条件较好的案件，无需此种激励措施，这本身也是一种公平的表现。

最后，破案招标制只是一种内部激励制度，关于其破坏法律统一适用的批评是不恰当的。法律的适用方式本身就不可能机械地要求整齐划一。同是盗窃 1000 元，有的地区作为刑事案件处理，有的地区仅当成普通违法案件，对刑法的不同解释不但没有被认为违背刑法，相反却被视为是法律的灵活适用。同样的道理，侦查组织内部对于案件分配制度的改良和应对个案而重新组合侦查资源，也没有违背刑事诉讼法及相关法规。对刑事诉讼法的一些规定不可做过于机械的理解，否则侦查行为将无法进行，因为对于任何案件来说，所应用的侦查资源和侦查方式都不可能是完全相同的。

诚然，破案招标也存在一定缺陷，这些缺陷如不适当弥补，最终也将损害侦查人员的积极性，激励效果适得其反。正如有学者指出的，一方面侦查人员在竞标过程中应吃透案情、量力而行，不应盲目竞标；另一方面，招标管理部门要建立起一套很好的竞标论证、评估机制，使真正既有侦破实力又有一定的经济承受力和心理承受能力的侦查员担当重任，防止一些侦查员不自量力、盲目竞标，最后案子破不了奖金拿不到还赔上风险抵押金，自己受刺激、家庭也跟着受影响的现象出现。[①]

（四）目标管理机制

目标管理机制是在泰勒的科学管理学说和梅奥的人际关系理论基础上

---

① 此为郝宏奎教授的观点，参见彭业武. 公安机关推行内部竞争 警察破案招标引发争议. http://news.rednet.com.cn/Articles/2003/03/395867.htm.

形成的，之后以目标设定理论为依据。目标管理机制已在我国各个政府部门包括公安机关及其侦查部门推行。所谓目标管理，即预先设定组织目标，并将它分解成若干子目标，层层下派，最终达致侦查人员个人，侦查人员的奖惩等与目标完成状况直接挂钩。我国公安机关于 20 世纪 90 年代初开始推行目标管理责任制，经过十余年的实践与探索，整个目标管理体系已经基本成型，实践证明对公安机关包括侦查组织的管理和激励发挥了重要作用。但在实际工作中，还存在一些需要改进和完善的地方。

众多理论工作者和实践人员已经注意到了目标管理机制中存在的诸多问题。例如，有论者指出：一是具体目标确定难。由于侦查工作随机性很大，在实施目标管理的过程中，常常根据形势以及党委、政府中心工作等需要，适时开展专项活动。这些活动在年初制定绩效考评目标体系时并不能完全预见到。二是工作目标量化难。目标具有向量特性，包括方向、大小、作用三要素。侦查工作目标大小高低必须有具体数值来表示，做到定性与定量描述相结合。但是，侦查组织通常使用的 "破案数""破案率""损失数"等考评指标，在制定之初就受到种种主客观因素的制约。三是目标分解到位难。目标确定以后，应当根据目标的具体内容和各部门的不同职责，将目标分解落实到各业务部门，使全局目标变为若干个部门目标。但是，侦查破案工作，既是刑侦部门的一项主要任务，同时，预审、治安、户政部门以及基层派出所也都有挖掘提供线索、协助或直接参与破案的责任。破案率的高低，与侦查水平高低、侦查部门配合程度、基层基础工作水平、技术装备状况等破案环境因素都有直接联系。如把破案率低下的责任归咎于任何一个部门或单位，则显失公允。四是绩效考评兑现难。[①]

除此之外，亦有论者进一步补充提出了现行目标管理机制的不足：一是目标内容制定不够科学合理。指标面面俱到，过细过多，特色目标、重点目标不突出，必达目标、争取目标不明确，重过程轻结果，重数量轻质量，致使目标考评的绩效导向难以体现。二是目标考评组织体系没有理顺。多头考

---

① 参见李清洗.对公安岗位目标绩效考评机制的思考.福建公安专科学校学报，2004（4）.

评，层层加码，造成基层疲于应付，不堪重负。基层不仅要应对上级业务机关的考评，还要应对各级政府、人大、政协等部门组织的行风评议、执法检查等指标考核，成天忙于应付。三是考核范围不全面，保障体系不健全。重业务素质考核，轻队伍管理；重普通民警考核，轻领导干部考核；重基层单位考核，轻机关科室考核；管理力量薄弱，手段方法陈旧，缺乏技术支撑；忽视了警种之间、岗位之间、年龄之间的差别。四是流于形式、走过场，没有真正达到目标管理的促进作用。[①]

（五）主办侦查员制度

2014年6月，中央全面深化改革领导小组第三次会议审议通过《关于司法体制改革试点若干问题的框架意见》，提出要完善"主办侦查员办案责任制"。在2014年10月，十八届四中全会通过《中共中央关于全面推进依法治国若干重大问题的决定》，从保证司法公正、提高司法公信力的高度再次强调要"完善主审法官、合议庭、主任检察官、主办侦查员办案责任制，落实谁办案谁负责"的制度。2015年2月，中共中央办公厅、国务院办公厅联合印发《关于全面深化公安改革若干重大问题的框架意见》及相关改革方案中的《公安机关管理服务和执法工作改革方案》明确提出："探索建立主办侦查员制度，在公安机关具有刑事司法属性的侦查人员中，按照一定比例和条件遴选优秀人员担任主办侦查员，突出其在侦查办案中的地位作用，落实办案质量终身负责制，构建侦查办案责任与检察、审判责任有机统一、相互衔接的刑事司法责任体系。按照责权利一致原则，建立与主办侦查员职责任务相适应的职业保障制度。"[②]

上述改革方案提出了主办侦查员制度的改革目标，但是未涉及具体方案。目前，全国若干个公安机关正在开展这项制度的试点工作，改革的具体

---

① 参见徐天合，施洪金.对公安机关目标管理的几点思考.湖北警官学院学报，2002（4）.

② 以上关于主办侦查员制度的脉络梳理，参见王晓伟.建立主办侦查员制度有关问题的探讨.山东警察学院学报，2016（4）.

状况尚未披露，改革的成效有待检验。不过，仅就其设计目的来看，这是一项极具激励价值的制度，如果具体环节（包括主办侦查员的遴选、责任、考核、待遇等）设计合理，或许能起到类似于检察院和法院员额制改革的激励效果。[①] 诚然，激励并非主办侦查员制度的唯一目的。

三、总体评价

由上述分析可知，我国侦查组织已经建立了一套辐射面较广的激励机制同时正在进行制度创新，以期改善激励效果。但除各项制度自身的缺陷之外，就总体而言，整个激励机制还存在以下两大方面问题：[②]

一方面，从激励制度的制定主体和程序来看，长官色彩过浓，主观性和随意性较大。激励制度虽然由上级侦查组织或侦查组织领导层推动制定和实施，但并不只是对领导和上级侦查组织的激励。以侦查行为为目的的激励制度必须切实考虑所有侦查行为决策和实施者尤其是普通侦查人员的需要。因

---

① 围绕员额制亦有不同声音，特别是在执行过程中也出现了诸多问题，但就制度总体方向来看，对于提高司法行为质量是有重大意义的。主办侦查员制度可以参考员额制，但亦应有自己的特色，毕竟侦查行为与检察行为、审判行为有较大不同，特别是一些大型侦查行为，需要动用的警力和警务资源非常多，对警力的相互配合要求非常高。

② 曾有论著从总体上对侦查激励机制做了总体评价：（1）对激励的内涵和作用认识模糊；（2）重形式、轻内容，评先进和奖励按比例进行，缺乏实际效果；（3）重个休、轻群体，只看到树立的典型而忽视大多数人的群体激励；（4）重言教、轻表率；（5）重短期、轻长期；（6）重有形、轻无形，有些工作实践中领导只重视看得见、摸得着的工作（如破案率、追赃等），而对从事不易看见的无形且作用往往非同小可的工作则忽视激励；（7）主观意识强，客观意识差；（8）竞争意识强，激励意识差；（9）对目标激励重视不够，或者目标定得过高使人望而生畏，或者目标定得过低使人感到没有奔头，或者目标缺乏深透的解释；（10）解决侦查人员后顾之忧不够。现在来看，并不能认为这些问题已经得到根本性解决。

参见赵加俊. 对完善刑侦激励机制的几点思考. 公安学刊，1999（3）.

此，激励制度的制定必须着眼于对侦查组织内部所有与侦查工作相关人员的需要，而了解他们需要的最简单的方法就是让被激励者参与激励制度的制定：

"游戏规则"的制定权应该归属于游戏的所有参与者（自然应包括普通侦查人员），而且制定的途径应符合科学、民主、法治的要求。

另一方面，就现行激励机制本身而言，仍有进一步规范化、科学化和系统化之必要：

其一，为了能使激励机制发挥预期的效果，在激励过程之中必然涉及软件措施的支持（包括现有激励机制的贯彻维护以及革新改进），同时也涉及硬件保障（相关财、物等物质资源的消耗）。二者相比，硬件保障属于技术性层面，而软件措施更倾向于观念性层面。二者的共存和配合是激励能落到实处的保障，而这有赖于激励机制自身的规范化。规范化使一切运作有章可循。

其二，激励机制的运用应有长久打算，不是一朝一夕，也不宜朝令夕改。因此，激励制度的设置应当力求科学化。

其三，激励机制往往并不只是一种制度的适用，它还涉及众多制度的配合，其中包括激励的监督制度和约束机制。良好的监督和约束体制可以看作是对制度本身的一种逆向强化，起到防微杜渐、纠偏除错的保障功能。侦查组织激励机制的运行如果缺乏组织内部和社会的公开监督制约，则反而容易为晋升、考核、选拔、薪酬等方面的"败德行为"打开方便之门，非但难以起到调动侦查人员积极性的作用，久之还导致人们对组织推行的激励制度漠然处之，使激励机制难以发挥应有的效能。

第四节

激励机制的完善

我国侦查行为激励机制的建设正处于探索和不断完善阶段，所以出现各种问题也属正常现象。我们认为，依托于行为科学上业已发展成熟的激励理论，根据侦查行为激励的现状和侦查工作的实际，今后的激励机制发展应朝着科学化、规范化和制度化的方向发展，为此，可以考虑从以下方向对现行制度进行完善。

一、完善目标管理机制

完善的目标管理机制包括四个环节：目标的确定、目标的展开、目标的实施和目标最后完成情况考核。[1]

（一）目标的确定

目标的确定是决定目标管理机制是否合理、能否实现的关键所在。一方面，必须保证被考核者在目标体系设定时的广泛参与。无论是具体目标、考核的方式、考核的关键指标、考核流程还是事后的奖惩，都应鼓励并创造条件吸收被考核者的参与，这是确保目标管理公开、公平以及富有激励性的前提条件。根据新制度经济学原理，被考核者的参与有利于提高考核工作的科学性，只有当被考核者参与了考核方式与标准的制定过程，并在其中发表自己的意见并得到尊重，目标管理及相关考核的结果才更容易获得普遍认同。要保证被考核者的广泛参与性，就有必要设计出一套行之有效的参与制度体系，包括参与的程序、参与的渠道和参与的保障措施。参与的渠道可以多样化，既可以是传统的座谈会、问卷调查等形式，也可以在侦查组织内部的办公网上进行沟通交流。

另一方面，必须保证目标的有效性。目标体系设计的基本依据是岗位职责分析与工作说明，既要全面，覆盖到与侦查人员侦查工作及相关工作的方方面面，同时又要有所侧重，充分体现部门、职类、级别的差异性。目标体系既要有定性判断，又要有定量测评，以确保从不同的侧面反映侦查人员的全面绩效信息。当前的目标设置相对较为单一，有的侦查组织甚至在实质上

---

① 参见杜栋.管理控制.清华大学出版社，2002：143.

只设置了破案率的单一指标。更多的侦查组织则将目标与公安机关整体目标相联系，即将数字公安项目、经济公安项目、法制建设项目、科教兴警项目、破案率、发案率、处理率等组成目标体系。目标如不细化、量化和硬化，则难以执行和最后考核，然而，破案率应达到多高的标准才算是合适的目标，或者其他目标又应如何进行量化？这些都是需要在调查研究基础上作出慎重回答的。影响侦查组织的宏观目标设置的原因很多，例如政治任务、民意以及领导个人原因等，侦查组织很难单独作出决断。从理论上说，科学的目标设置必定只能建立在侦查组织现实的侦查潜力基础上，既不应该超越侦查能力而追求过于缥缈的目标，也不宜远低于侦查能力而瞄准过低的目标。前者会因无法实现而挫伤侦查人员的进取心，而后者亦因太过容易实现而产生懈怠之心，二者都违背了期望理论之要求。我们认为，可以考虑在上一年度真实数据的基础上，根据对本年度犯罪情势的预测以及侦查资源作出恰当的规定。除此之外，制定目标要有主动性和竞争性，既重点突出又兼顾一般，即有"优先项目"之考量，以便集中有限资源，确保至少达成主要目标。至于"优先项目"之界定，应视各地和各专业侦查部门具体情况以及面临的犯罪情势的轻重缓急而定。

（二）目标的展开

侦查组织宏观目标通过自上而下的层层分解、层层落实，把宏观目标细分化和保证措施具体化，一直分配到个人和各相对固定的侦查小组。然而，关键的问题是，目标的分解如何才算是公平？有的侦查组织以平均数为依据。[1] 我们认为，目标展开的公平性不可能仅从平均数上得到体现：一是不同案件侦查的难易度有差别，等量的案件数不意味着等量的难度；二是出于案件侦查的实际需要，侦查组织内部的侦查人员彼此之间不是孤立的，而是需要整体配合的，侦查人员之间的组合只具有相对意义，很难精确指出各侦

[1] 也有人主张目标应在公安机关局领导、中层干部和普通警察三层展开，坚持职、权、责、利四者统一，才能将目标真正分解到位。

参见李清洗.推行岗位目标绩效考评机制的难点及对策思考.公安研究，2004（4）.

查人员在某案侦查中的贡献。因此，我们不赞成过于精确的微观目标设置，以避免新的不公平以及侦查人员之间的合作障碍，而主张目标展开至由一定侦查人员组成的部门，例如以科室为单位的底层机构，同时将参与合作的次数和有效性作为目标管理体系的一个重要考核指标。至于侦查人员个人之目标考核，则应累积更多的考核项，毕竟，侦查组织所设定的目标只是侦查人员全面绩效的一部分。不论如何，展开后的目标应与目标承担者的政治、经济等利益挂钩。

（三）目标的实施

这一阶段的主要工作是建立目标责任制，授权实行自我控制、组织控制和组织协调控制等。离开责任制就无法推行目标管理。授权则是指授予承担目标的下位组织和组织成员为完成目标所需要的权力。自我控制是承担者把自己执行目标的实际结果，与目标进行对比、校正，找出偏差原因，克服困难，最终实现目标的过程。目标实施过程中的组织协调控制则主要在于组织对目标进度的过程检查（中途检查）、督促和协调。组织控制则可以便于了解、协调工作中存在的各种问题，查找并及时纠正偏差。组织协调控制的内容主要有三个方面：一是对目标本身的调整和修改。要给负有责任的各级部门，特别是基层充分、灵活地安排工作和处理一些问题的权力，使各级的目标管理都具有自我控制和自我调节能力，切不能简单化地用一把尺子衡量不同地区、不同任务的基层组织；二是对具体工作的协调。侦查工作具有活动分散、形式多样、情况多变、行动要求迅速、准确等特点，因而在目标实施过程中加强协调控制尤为重要；三是对部门之间的协调。侦查组织各业务部门之间要不断地协调它们之间的关系，化内部矛盾为竞争向上的动力，避免恶性竞争，把各部门活动纳入全局性工作轨道，使各部门的活动和谐一致，发挥出整体优势，确保目标的实现。

（四）目标完成情况的考核

考核是对目标、责任制的具体分解而产生的考核标准和考核方法，是对部门、个人完成目标情况的检查、确认和评价。考核一般采用外部评价和自我评价相结合的办法。① 考核必须建立起上下级有效沟通的严格监督机制。必须特别指出的是，考核不能只根据结果的比较，还应看到过程以及结果与以往相比的改进情况。

根据考核结果决定"奖罚"的种类和程度。这应依据目标机制设定时所定下的标准和种类进行。奖惩是已被实践证明行之有效的正负强化手段。无论是对先进的褒奖还是对后进的惩罚，都对他人起着一种暗示、刺激、鼓舞、鞭策的作用。在当前的社会条件和组织环境下，应注重物质激励和精神激励的均衡，并且拉开奖惩的档次。在经过考核认定应当予以奖惩时，激励手段运用的时机也是非常重要的，把握准了最佳时机，选择好了最恰当火候，能够最大限度地发挥激励的功效，起到事半功倍的效果。过去往往适用年终结总评，一次兑现的奖惩模式，我们认为今后可以更为灵活一些，更多地采用一事奖惩，专项奖惩等做法。②

二、建立全程心理契约管理

绩效评估、薪酬、晋升等激励机制的主要内容无论在理论研究还是制度实践上都受到了重视，但是心理契约却长期没有得到侦查组织的注意。尽管心理契约是隐性的，但它又切实存在并深刻地影响着侦查人员的心理与行为。因此，侦查组织切实承认并认真履行与侦查人员之间的心理契约，其实践意义不亚于遵守任何成文的人事管理规定（或成文的契约）。心理契约一旦瓦解，将促使侦查人员不再信任侦查组织，甚至拒绝与组织的合作，从而最终

---

① 除此之外，在考核阶段颇值得关注的是目标考核时的信息反馈环节。目标考核不能忽略考核者和被考核者的双向交流，这是一个改进今后目标设置和实施的重要沟通渠道。

② 需要说明的是，依托于目标管理机制的目标考核或业绩考评也是存在弊端的，也存在不利于激励的一些因素。例如，它过于关注侦查人员的目标实现结果，而对他所工作的组织体制关注不够；又如，目标管理中依照类别、等级强制分配责任目标的方式在鼓励侦查人员之间展开竞争时没有给予侦查人员之间的合作以必要的重视。

危及组织的正常运转并伤害到侦查行为的正常实施。①

侦查人员与侦查组织的心理契约形成于侦查人员初任培训过程，在侦查人员职业生涯中发展，并始终作用于其职业生涯。要维护心理契约双方权利义务的平衡，就需要对其进行全程管理。全程管理心理契约，应该成为完善侦查行为激励机制的一个崭新思路。

在培训过程中，新录用的侦查人员与组织中负责培训和管理的人员之间频繁接触，逐渐对组织形成一定的印象，并对诸如薪酬、职业发展前景等关乎未来待遇以及事业前途的问题形成一定的期望。而组织在录用标准的设定上即对新进人员有一定期望，而后更随着培训等的进行而加强。心理契约的管理也应从心理契约形成之时（培训时）开始。在培训过程中，培训部门就应该明确自己正在给被培训者传递什么信息。培训人员应当了解新成员的真实期望是什么，而组织又能为他们提供什么。他们应该给被培训者如实介绍组织现行的体制、制度，侦查人员的权益和职责以及工作的具体要求等等，让他们对侦查组织及即将从事的岗位有一个真实而全面的总体印象。契约双方在侦查工作的要求、侦查组织实际情况等保持一致或相似的理解，这是建立侦查组织与新成员之间牢固心理契约的基础。

由于与新成员建立心理契约的是培训部门，因此培训人员明示或暗示的承诺对心理契约的形成影响显著。要使心理契约得以维持，就必须使这些承诺能够实现。因此，侦查组织有必要派员全程参与培训过程，掌握心理契约的具体内容并向新成员的直接上级传递该契约的内容，从而使后者能够准确知悉契约内容，有利于今后的工作指导。

当新成员进入工作状态时，往往会经历一个从充满激情到激情淡化的过程，这在许多组织都是常见的心理调整过程。负责心理契约管理的人员必须充分意识到这一点，并进行正确进行管理和调整。如果新成员失去了他们起初的工作热情，就要允许他们自由表达不满，并且聆听他们所说的内容，恳请他们提出意见和建议，以便为分析他们的心理提供相关资料，并改进对他

---

① 心理契约对于组织和组织成员之间关系的意义，参见朱晨海．关注员工"心理契约"．企业研究，2003（24）．

们的管理。如果分析的结果是组织未切实履行心理契约，那么就应该通过与新成员的直接上级以及所在部门的领导者进行沟通，共同商讨改进方案。如果问题出在新成员身上，就应当协助该成员的直接上级和部门管理者，与该成员进行有效沟通，共同探讨问题的成因、症结以及解决的途径。

心理契约管理应贯穿侦查人员职业生涯的始终，随时关注心理契约的履行情况，是稳定侦查队伍的有效措施。从激励角度来说，也是激励能取得更大效益的推动力。

三、对组织成员进行合理分类，实行有差别的激励方案

前已多次重复，对侦查人员的激励应以他们的需要为根据，而他们各自的需要是多元化的。复杂人假设则提出没有普遍适用的激励措施。从此意义上，针对不同对象、不同需要而制定不同的激励方案非常有必要。不过，在现阶段要求侦查组织为每一位侦查人员量身定做单一的激励方案显然不太现实，而且因为个别化程度太高反而可能会给公平性的判断带来新的麻烦。折中的做法就是对组织成员进行合理分类，对不同类别的侦查人员实施不同类型的激励方案。

我们认为，侦查组织内部，可根据成员的职责权限、工作难易程度和所需能力大小等标准进行分类，以差别性激励方案实现激励实践中的公平性和实用性。这里有几条分类标准：第一种分类是以职权、责任的大小为标准进行的分类，领导人员和普通侦查人员，前者职级高，权力大，责任大，工作复杂，需要很强的应变能力；后者级别低，承担责任相对较小，并且多依领导命令行事，工作的程式性程度较高。第二种分类标准是以工作的不同分工进行的划分，具体可分为业务型和保障型人员，前者从事具体的侦查业务，后者则主要对前者的工作提供后勤、文书等各项保障工作。第三种分类就是依照组织成员的年龄层次进行划分，分为年轻、中年和老龄三个层次。第四种分类则是依照成员的能力进行划分，分为杰出、合格、一般和不合格等阶梯。

科学的分类应是与科学的竞争、薪酬、晋升机制相适应的。例如，对于

领导人员，由于他们工作性质的重要性、复杂性、非程式性以及所担负的责任，对其应当给予较高的物质激励和较易受到提拔的人员提升通道，以换取他们的高效工作。对于业务型人员，由于其从事工作的技术含量较高而且直接与组织目标相关，应当给予较之普通管理或后勤人员更优的激励，这是提高侦查组织总体水平的必要途径。不仅如此，对于不同类型的组织成员，所适用的激励方法也应有所区别。以精神激励的适用为例，年轻成员刚处于职业生涯发展初期，发展规划和方向还未最终确定，大部分人员尚处于对自身重新认识阶段，此时对他们施以精神激励中的情感激励收效会较好；中年的组织人员经验丰富，比较注意个人的成就和在团体中的地位，因而根据工作能力和表现，给予适当的晋升激励则相对有效。而对于不同能力的组织成员，适用的激励方案也不能是同等的；因为，在激励的同时还应考虑激励成本的约束和被激励人的素质能力问题，即能力与激励的配比问题。对于低素质的人员施加过多的激励，必然会造成社会资源的损耗；而对于高素质人员的激励不足，则会降低公共部门人员的士气。

综上，科学的分类实质就是协调公平与效率的关系制定的方案。侦查组织在贯彻目标管理和目标考核的同时能否营造出积极向上、奋发进取的氛围，关键是要看激励竞争机制是否完全地处于公正、公平、公开的态势。而差别性激励方案将不同素质、不同能力、不同职责人群进行了合理分类，促进了公平性的贯彻，从而这是完善激励竞争机制、保障措施落实的必经之路。

实际上，正在进行警察职务序列改革和主办侦查员制度改革的核心就是对警察及侦查人员进行科学分类，由于改革尚在启动阶段，本书无法对其具体方案的科学性进行客观评价。

四、重视激励环境建设，并积极引导、调节组织成员的需求结构

环境与需求结构是激励发挥作用的主要外因与内因，两者均不可偏废。

分析激励环境时，必须明确一点：侦查人员行为的得失在很大程度上取决于他们所在的系统，包括政策、步骤、程序、培训、装备、领导指示和工作指南等，这些因素强势影响了侦查人员工作的好坏程度。

因此，当问题产生时，更有效的方法是首先将注意力集中在系统上，即：检查过程而不是责备个人。必须改变归因的传统模式：在出现问题时将责任归咎于离问题最近的个人。只有这样，才有可能改变侦查组织管理实践中出现的众多弄虚作假现象。① 虽然我们强调激励是针对侦查人员并以他们高效实施侦查行为为目的，但是激励要发挥作用必须有一个良好的硬环境和软环境。

从硬环境来看，为侦查人员设定目标后，就应为他们配备相应的侦查资源（包括人力、物力、财力和权力）。虽然目标大小与侦查资源多少并不绝对成正比，但是一般来说，如果侦查组织侦查资源匮乏，就不应在目标的设置上设定太高的要求，而必须面对自己的现实能力。组织不能把自己整体上都无法实现的目标层层下压给组织成员，不能让后者面临必然无法完成的任务，这种激励措施无法取得实际效果。

从软环境看，如果现实的制度或政策不能为被激励者"松绑"，则激励的效果可能会适得其反。例如，目前繁多的专项斗争和非侦查业务（如安保）使得侦查人员不能全力以赴地去干好本职工作，而每次专项斗争都有量化的任务与考核目标（并且通常都要比往年有所增加），完不成就要受罚，这就造成有些侦查人员在日常工作中发现了犯罪线索后，不是立即去打击犯罪，而是把犯罪嫌疑人"养"起来，把手中的线索"藏"起来，为下一次严打或专项斗争留点后手。又如曾被一些侦查组织广泛采用过的末位淘汰制，它的本义显然是激励侦查人员个个争先。但是必然要有人被淘汰（并不一定因为能力差，而只因为排在了最后一位），这一点使得被淘汰者与侦查组织都受到损害，既不合侦查组织警力不足的现状，也容易失去了其他侦查人员对组织的信任与忠诚，更损失了彼此之间的合作。可见，坚持"以人为本"的理念，为被激励者创造一个良好的激励环境是侦查组织面临的重大课题。

与此同时，在内在因素上，虽然组织成员的个体需求是纯粹的个体因素，

---

① 当前，弄虚作假最为突出的就是虚报或隐瞒数据，其中的一个主要原因就是当前侦查组织通常只注意结果考评而忽视过程考评，过于追求精确的量化结果。这些都是使得激励走向反方向的组织制度环境因素。

其形成具有内发性，但是并不等于组织不能对之加以引导。一般而言，通过教育、培训提高侦查人员思想认识和职业素养等方式是可以在一定程度上改变侦查人员的需要内容的。

五、建立宏观监督与约束机制，促进相关激励制度建设

监督的逆向强化，是促进激励机制良性运行的保障性机制。完善的监督机制将会使激励的全过程置于严格的公开监督之下，保证激励者会依照既定的激励机制办事，实现激励的公平性和公开性。与此同时，由于激励本身也可能存在弊端——可能会导致某些被激励者为了达致激励目标而不计手段，对被激励者行为的监督还可起到约束作用，抑制激励的不良效应。

但是，从目前的实践来看，这方面的监督和约束制度还不太完备，这可能与过去强调个人品德多而强调制度约束少以及激励机制的制定过于随意有关，致使很多原本应取得良好效果的激励制度或政策得不到应有的贯彻和执行，不能收到预期效果，也导致极少数人打着激励的名义实施违法行为。今后有必要制定与激励机制相关的法律法规或规章，根据不同的激励形式制定出相应的监督制约制度，配之以相应的硬件措施，走法制化、制度化道路，把对侦查行为激励机制运行环节中的监督制约工作抓好。

另外，为了有效激励，还要加强组织成员自身监督制约意识的确立，这是强化组织人员心理内在约束的过程，是抓好激励机制有效发挥的根本问题，具体就是通过强化组织人员监督制约意识的塑造，使其引起高度重视，时刻不忘主动积极的接受监督，以此来促进监督制约制度的落实，保障侦查激励机制的有效发挥。

除了上述改革之外，在薪酬、晋升等传统激励制度上也有相应的可改进之处，[①] 而且随着各地公安机关改革推进和警务创新，新的激励制度也将不

---

① 例如，在晋升制度方面，可考虑增加侦查人员对应的级别设置，坚持竞争上岗制度并优化其程序和监督机制。

断涌现。总而言之，在激励机制完善以及激励实践中，要使激励能够达到目的，就必须从实际出发，有针对性地运用激励策略。一方面可以根据环境的变化，及时调节或物质、或精神、或两者结合的诱导性因素，最充分激发侦查组织成员的积极性、创造性，并防止激励不当而走向反面，以取得激励的最佳效果。另一方面，我们还可以主动运用诸如教育、培训激励手段对部门人员进行"需求调整"和"需求引导"，随后采取不同的激励措施。

第六章

证据调查行为的评价机制

对于将要实施的证据调查行为，人们自然会对它在将来的表现有所预期；对于已经实施完毕的证据调查行为，很自然会面临是否成功的讨论；而在证据调查行为实施过程中，人们需要根据业已取得的部分行为结果来决定是否对其加以修正。因此，评价理应成为证据调查行为研究的重要课题。本章拟以侦查行为为例，对行为评价的含义、性质、评价主体、心理运作机制、标准等问题进行初步探讨，以期为相关调查政策的研究提供一些可行的思路。需要预先说明的是，在评价问题上，公、检、法机关的证据调查行为与辩护方的证据调查行为既有相同之处，如在抽象评价标准层面上，又有不同之处，如在具体的评价标准层面上。概而言之，这种局面源自不同主体所担负之诉讼职责的极大差异。

第一节
行为评价的一般问题

一、评价的含义

评价论是价值哲学中最具实际操作意义的部分。[①]哲学上的评价，是"人

---

① 参见钟克钊. 主体需要与价值判断. 江海学刊，1994（5）.

价值问题是近些年国内哲学界极为关注的一个问题，不过，对于什么是价值，则争议纷纷：有的认为价值就是客体对主体的意义，是主观的，价值就是评价；有的也持这种观点，但认为价值不等于评价，虽然价值离不开评价；还有的认为价值是客观的，评价是主观的。本书采用的是最后一种观点。关于价值与评价之关系的争论，参见陈筠权，岩崎允胤. 历史观·真理观·价值观——中日"唯物史观和价值观的统一"研讨会论文集. 北京出版社，1995：35-36.

把握客体对人的意义、价值的一种观念性活动"，"反映了人类活动的一个本质特点：合规律性与合目的性的统一"，"人类的一切活动，都是为了发现价值、创造价值、实现价值和享用价值，而评价，就是人类发现价值、揭示价值的一种根本的方法"。①

在以行为为研究对象的行为科学中，虽然很少有论著会专门阐述行为评价问题，但是行为评价的内容往往被融入到对行为的描述之中。无论是行为决策、行为实施还是行为后的总结回顾，都离不开评价行为。行为科学上所指的评价与哲学上的评价的含义并无实质的差异，而只是抽象程度的不同。

评价贯穿人类活动的一切领域，包括侦查活动。侦查行为本质上是一种认识活动，而认识活动是认知活动、评价活动的统一。②侦查行为过程充斥着评价，侦查行为主体需要对侦查情势作出客观评估，需要在不同的侦查方案间加以选择，需要预估将来的风险，等等，这些都是评价。总之，为了正确适用侦查行为，侦查行为主体在侦查过程中需要对众多的情势和状况作出评断，并以之作为下一步侦查行为的决策基础。可见，对于具体的侦查行为而言，评价已经成为侦查行为过程不可或缺的组成部分。对此，本书第四章第一节已经有所涉及。不过，这类作为侦查行为过程组成部分的评价活动并不能涵盖本章所要讨论的侦查行为评价。

本章所谓侦查行为评价，是指专以侦查行为为客体的评价，是评价主体就侦查行为对评价主体之意义或价值进行判断的一种观念性活动，而且主要是指外在的可以为他人所感知的对侦查行为的认识和评估。侦查行为评价是如此普遍，甚至评价主体脑海中对已实施或正在实施或已经实施的侦查行为

---

① 冯平. 评价论. 东方出版社，1995：1、2.

② 严格地说来，认识活动是认知活动、评价活动和审美活动的统一。参见陈新汉. 评价论导论. 上海社会科学院出版社，1995：6-9. 侦查活动能否在认知和评价之外成为一项审美活动的问题可以进行探讨，但是，不可否认，一项流畅的案件侦破活动是可能给予侦查人员以一定的精神上的愉悦的。或许正因为如此，有学者指出，侦查学是科学和艺术的结合体。参见 [苏] 拉·别尔金. 世界奇案新探——刑事侦查学随笔. 李瑞勤译. 外语教学与研究出版社，1981：24-25. 也可参见何家弘. 同一认定——犯罪侦查行为的奥秘. 中国人民大学出版社，1989：293-294.

的任何质疑或赞许，都包含着评价的成分。

在此，我们应强调评价客体的特定性和整体性：其一，只有侦查行为才是侦查行为评价的对象；其二，虽然行为的构成要素涵盖行为主体、行为对象、行为环境、侦查方法、侦查目的、行为结果等诸多要素，对单个构成要素的评价有时是对行为整体评价的必经环节，但是这里所言的侦查行为评价仍是一种综合性的评价，除非对单个要素的评价的目的是为了获取对整个侦查行为的认识或判断，否则至多只能算是对侦查行为某要素的评价。

从评价客体的特征可以看出，侦查行为评价主要指以下情形：（1）评价主体对业已拟定或认为业已拟定但未进入实施阶段的侦查行为的评价；（2）在侦查行为实施阶段，对业已实施的侦查行为①的评价；（3）对实施终结的侦查行为的评价；（4）对不具备终结条件的未完成侦查行为的评价。

无论是在诉讼过程中，还是侦查人员、侦查组织的绩效考核抑或侦查学术研究，侦查行为评价都是非常必要的。

二、评价的性质

哲学上讨论评价，主要是在价值论意义上进行的，因而对行为的评价在性质上体现为价值评价。本书对侦查行为评价也是从价值论角度定义的。不过，有学者在论述刑事诉讼行为评价时提出，"即便是价值评价也首先涉及评价的客体究竟是不是应当作为价值评价的对象的问题。换言之，只有在作为价值评价的客体在事实上是否已经存在或者将要存在的客体是否属于价值评价的对象这一问题得到解决后，对该客体有用性的评价才能成为可能"。

---

① 业已实施的侦查行为，因侦查行为之含义不同而有所区别：对于宏观侦查行为而言，业已实施完毕的侦查行为是指宏观侦查行为中业已实施的中观侦查行为或微观侦查行为，例如某次专项斗争中已经执行的个案侦查行为或采取的电子监听措施；对于中观侦查行为而言，业已实施完毕的侦查行为是指中观侦查行为中业已实施的微观侦查行为；对于微观侦查行为而言，业已实施的侦查行为是中观侦查行为中已经实施的其他微观侦查行为。

因此，作为一项认识活动，评价应当包括事实评价和价值评价，价值评价处于评价的最高层次，事实评价则是价值评价的基础或者前提。[①] 不仅如此，该学者在构建其评价体系时还注意区分了事实评价、法律评价、伦理评价和价值评价，认为：判断诉讼行为是否成立的问题属于事实评价；判断成立的诉讼行为是否合法，属于法律评价；判断诉讼行为是否遵守诚实信用原则的问题则属于伦理评价；关于诉讼行为是否有效的评价则属于价值评价。这四类行为是有机联系的整体，存在依次递进关系，相互联系，共同发挥对诉讼行为的导向功能。[②]

侦查行为是诉讼行为，据此我们假定上述学者观点也可应用于侦查行为，即侦查行为评价也可划分为事实评价、法律评价、伦理评价和价值评价，或者也可以行为是否成立、行为是否有效、行为是否合法、行为是否有理由等标准对侦查行为进行评价。

我们认为，上述观点有一定道理。侦查行为的评价的确不应仅指价值评价，事实评价也应是重要的基础性评价。但是，上述观点也存在一定的不足：

其一，事实评价和价值评价是一种基本分类，伦理评价、法律评价与事实评价、价值评价并非并列的评价形式，它们所依据的分类标准并不相同。对此，我们可以从事实评价与价值评价及其相互关系上找到依据。事实评价又称事实判断，是指关于客体本身是什么的判断；价值评价又称价值判断，是指关于客体对主体的意义是什么，对主体意味着是什么的判断。事实评价和价值评价的区别在于，在价值评价中包含了两大类信息：其一是关于价值客体本身的以及它与其他相关客体之间关系的信息；其二是关于价值主体需要的信息。这两者对于价值评价而言缺一不可，而事实评价只包含第一类信息。价值评价所揭示的是主体的需要与客体的性质、功能之间的关系，事实评价所揭示的是客体本身的性质和特点，而价值评价是决定客体的质的因素：

① 邓云．刑事诉讼行为基础理论研究．中国人民公安大学出版社，2004：295.

该书中对刑事诉讼行为的定义是：对刑事诉讼行为是否成立、刑事诉讼行为的法律性质及其伦理合理性和效果的评价。

② 邓云．刑事诉讼行为基础理论研究．中国人民公安大学出版社，2004：301.

人的需要。①事实评价与价值评价之间是相辅相成协同作用的，前者是后者的基础和手段，后者只有以前者为基础才是有效的。但是价值评价不能直接从事实评价中推导出来，不加入"人的需要"这个因素，仅从事实评价是不可能推出价值评价的。同事实评价与价值评价的分野相比，伦理评价和法律评价显然是以行为是否与伦理或法律相合所做的评价，是以伦理或法律规范为标准的评价，它们与事实评价、价值评价的划分标准不一致，不属同一层次，而与道德评价、功利评价、非规范评价等评价形式为一类。

实际上，我国台湾学者中也有人主张，刑事诉讼行为的评价应区分为诉讼行为是否成立的评价、诉讼行为是否有效的评价和诉讼行为是否适法的评价，但同时也指出，判断诉讼行为是否成立属于事实评价，判断诉讼行为是否有效和是否合法则属于价值评价。②总之，侦查行为评价在性质上包含的是事实评价和价值评价。虽然侦查行为评价也要以伦理或法律为标准，但伦理评价和法律评价只是价值评价的一种。诚然，事实评价和价值评价在侦查行为评价体系中的地位是不一样的。从实践的需要来看，事实评价（即判断是否侦查行为）相对简单，但是价值评价则易引发争议，并和一系列侦查制度和政策紧密相关，值得密切关注。事实评价和价值评价地位不同，评价内容不同，评价的标准也会有所区别。

其二，前述观点未能指明侦查行为评价的功利评价色彩。所谓功利，是指功效和利益。功利评价，就是以一定的利益需要为尺度，衡量客体是否满足这一需要，以及在多大程度上满足这一需要的活动。功利评价是人类评价活动中最为基本和最为普遍的。功利评价的一个显著特点，就是它直接指向行为，与行为选择有直接的关系。③正如 W.D. 拉蒙特所指出的，人们作出评价，是因为人们面临选择，是因为人们需要在现实的多种可能和人的多种欲望中作出选择。④侦查行为评价显然是一种直接指向行为的评价，它以该行为或

---

① 冯平. 评价论. 东方出版社，1995：254.

② 参见蔡墩铭. 刑事诉讼法论. 台湾地区五南图书出版有限公司，1999：128、135.

③ 参见冯平. 评价论. 东方出版社，1995：272-274.

④ [英]W.D. 拉蒙特. 价值判断. 马俊峰等译. 中国人民大学出版社，1992.

今后行为的完善为目的，因而具有功利评价性质。功利评价的色彩使得侦查行为评价与效率、经济等原则之间得以建立密切的关系，使效率成为评价侦查行为的重要指标。

其三，前述评价体系实际上并未概括诉讼行为评价之全部。就侦查行为评价而言，除了侦查行为之是否成立、合法、合伦理和有效之外，还有其他内容需要作出评价。对此，本书将在"侦查行为评价的标准"部分做进一步分析。

此外，就伦理评价而言，诚实信用原则也明显不能概括伦理之全部。

综上，我们认为，侦查行为评价在性质上可因评价内容之不同而区分为事实评价和价值评价，不同的评价所依托的标准也会有区别。

三、不同评价主体所为之评价的特点

在人类活动中，评价具有判断、预测、选择和导向等四项功能，即以人的需要为尺度，对已有的客体作出价值判断；对将要形成的客体的价值作出超前性判断；将具有价值的客体进行比较，从而确定哪个更有价值，也可称之为对价值程度的判断；以评价所判定的价值为基础引导、调控人类活动。[①]任何人都可以对侦查行为进行评价，虽然不同主体所做的评价所引发的效果或要达到的目的不同，表现出来的特点也不一致，但上述功能基本都能得到体现。

依据评价主体的身份和立场，评价可以大致分为被侦查方对侦查行为的评价、侦查方对侦查行为的评价以及侦查外第三人对侦查行为的评价。侦查外第三人对侦查行为的评价主要是一种社会评价（如舆论批评、群众评价）或者是研究性的评价（如学者评价），它对具体侦查活动的影响有时甚至是

---

① 参见冯平. 评价论. 东风出版社，1995：2—5.

消极的。[①]一般而言，这种影响对个案侦查行为本身的影响是间接且微弱的，但随着互联网的发展特别是自媒体的兴起，这种影响会越来越大甚至会变得非常直接。在面对这种舆论压力时，侦查人员有可能无法作出客观判断，从而导致侦查行为更为冒进，甚至出现方向性错误。对于这一问题，我们已经在其他著作中进行过讨论，本书不再赘述。[②]

被侦查方对侦查行为的评价主要是指作案人和犯罪嫌疑人对侦查行为的评价。侦查行为由侦查主体制定，但因关系作案人和犯罪嫌疑人之切身利益，后者不可避免地会给予侦查行为较多的关注。作案人在作案过程中的伪装行为、作案后的逃避侦查行为，往往都是以对侦查人员将要采取或正在采取的侦查行为的评价为前提的。许多作案人在作案时会预测案发后侦查人员将要采取的侦查行为，并根据对这种预测的侦查行为的评价修正对其行为加以调整。作案人在作案前或作案过程中对案发后的侦查行为的预测往往是以侦查人员的侦查行为预案或侦查行为模式为样本的，根据对这些侦查行为的评价，作案人可能会实施一些"出其不意的行为"，从而可能暂时逃出侦查视野。典型的案例如张君集团、彭妙计集团系列抢劫杀人案以及周克华系列抢劫杀人案。以张君案为例，主犯张君曾反复阅读有关侦查书籍，认真研究公安机关处置突发事件的工作套路。通过对公安机关在案发后的围追堵截、盘查等手段方法的预测和评价，他在作案后并不立即逃离作案地，而是在现场附近就地隐藏，即使逃离现场，单个行动，不带任何可疑之物，公安机关一般也不会盘查，遭遇盘查，只要沉着也不

---

① 如媒体在案件侦查过程中过度报导侦查人员采取的方法，会给作案人提供更多的有利信息，对侦查行为成效的恣意批评则可能会使侦查人员陷于办案不力境地，增加其精神压力，使其有可能违背侦查规律急于求成。对于媒体在侦查中的积极和消极两方面的影响，可以参见本书第四章第二节"危机管理程序"中的相关阐述。

② 刘为军.侦查中的博弈.中国检察出版社，2011：225-233.

会出问题。这种做法使其屡屡逃脱侦查。[①] 当然，在侦查过程中，由于作案人难以完整了解侦查行为的全部内容，因此，其对侦查行为意图和具体措施的认识评价往往也带有预测甚至猜想的成分。作案人的这种预测性评价行为是非常值得研究的，对作案人的评价行为的预测应当成为侦查人员在构建侦查行为时重点考虑的因素之一。

侦查方对侦查行为的评价是最为重要的评价。[②] 基于侦查权的专属性，在侦查过程中，侦查方的评价往往是由负责案件侦查的侦查人员完成的，侦查过程中常见的案情复析、复勘现场等活动就包含着对原定侦查行为的评价。但也不排斥有时是由其他人员进行评价的，比如邀请专家会诊疑难案件以及上级侦查机关对案件侦查的督导。不过，个案侦查行为实施完毕后的评价，则有可能会由办案人员所属侦查机关或其领导或上级机关等有权主体进行。由此，侦查方对侦查行为的评价形式可以相应地划分为两种，即自我评价和外部评价。除了主体差别外，注意到两种评价形式在其他方面的区别也是非常有益的。在不存在侦查主体更换的情况下，自我评价的主体同时也是原定侦查行为的承担者，对原定侦查行为决策、实施过程的切身体会以及对构成侦查情势重要部分的侦查主体内部情况的深刻把握，使得这种评价较易反映原定侦查行为的失误之处和今后应当取得突破的症结所在。[③] 外部评价也可以根据评价的阶段划分为侦查行为决策阶段、实施阶段和终止阶段的外部评价。外部评价主体虽然往往并不直接介入案件侦查（更换后的侦查主体对前任侦查人员侦查行为的评价是一项例外），但是外部评价主体立场一般较为客观和中立，其评价角度和视野使其能够避免具体办案人员可能存在的"先

---

① 关于本案的侦查得失评价以及犯罪嫌疑人的心理状态，参见戴纲等. 张君犯罪集团心理特征及活动规律分析. 公安大学学报，2001（1）；靳高风. 抢劫银行犯罪研究——实证分析：张君，鹿宪州等22起抢劫银行案. 公安大学学报，2001（5）；李玫谨，屈明. 反社会人格引发的严重暴力犯罪——对张君犯罪心理的剖析. 河南公安高等专科学校学报，2002（1）.

② 如无特别说明，后文所指侦查行为评价均指侦查方对侦查行为的评价。

③ 从侦查目的角度来说，这些症结同时又成为了修正后的侦查行为或全新的侦查行为的目的。

入为主"、思维定势等因素的束缚。就多数案件的侦查而言，由于没有初始侦查人员之外的人员参与侦查，自我评价是最主要甚至是唯一的评价形式，但对于那些久侦不破的疑难案件来说，外部评价和自我评价的有机结合可能是侦查出现转机的最重要原因之一。

侦查方对侦查行为的评价直接指向侦查行为，而被侦查方对侦查行为的评价则指向对侦查行为的应对行为（如反侦查行为、合作行为等），两者基于不同目的所进行的评价均具有判断、预测、选择和导向之功用。尤其是对下一步行为的导向功能，更是评价的价值所在。诚然，基于评价未必就能导向评价主体所追求的最终目的，因为评价本身也可能出错。

关于侦查行为的评价主体，有必要提到美国侦查学家罗伯特·约翰·维克斯的"双重侦查论"。"双重侦查论"是针对侦查死角问题而提出的解决方案之一。[①] 双重侦查包括"轮番侦查"、"交替侦查"和"相互侦查"等形式，其最突出的特点就是同一案件存在两个"无主次之分"的侦查组织。在存在两个并行的相对独立的侦查主体的情形下，他们必然会相互对对方的行为及策略作出评价（包括预测）。对相互之间实现了信息共享的侦查主体来说，这种评价显然是极为有益的，尤其有利于消除另一方思维定势的影响。因而，在警力允许的情况下，针对重大疑难案件实行"双重侦查"是有一定合理性的，不过，两个侦查组织之间应当如何协调、如何实现信息共享避免信息浪费、如何消除恶性竞争等"侦查内耗"现象却也是非常值得探讨的问题。正因为如此，这一方案在实践的实效尚有待检验。

---

① 死角是借鉴军事弹道学角度论中的角度名，系指射击失标和射击失效的一种角度，即不属于射击范围的一种角度，或者射击者不能自觉发现目标的一种角度。维克斯所认为的侦查死角是指"难发现、难观察、难破获"的刑事案件。他认为，侦查死角的内在矛盾是侦查原理和案件结构之间的矛盾，这一矛盾必须通过它的射击角度才能解决，即实行"双重侦查"，这一原理来源于"军事战术中的两侧侧防火力交叉网，这是消除敌人利用死角进行射击与进攻的唯一方法"。

参见任惠华.刑事侦查学史.西南政法大学，1991：173.

四、评价的情境及心理运作过程描述

评价毕竟主要体现为一种观念性活动，当人们对评价客体作出判断时，评价已表现为一种结果。唯评价主体评价侦查行为的过程只能根据行为科学或心理学的研究成果加以大致确定。以下我们就简要探讨侦查行为评价运行的平台（即评价情境）和评价的心理运作过程。

（一）评价情境

在整个评价运行过程中，评价情境的影响是不能忽略的。评价情境是评价主体在进行评价时所处的具体环境，它是评价得以进行的现时的具体条件之总和，亦可称之为评价场景。评价情境可以分为内外两个部分：

评价情境首先表现为评价者的心理背景系统，它由评价者的生理状况、潜意识、个性[①]、知识经验系统、职业规范和观念体系等组成。究其实质，心理背景系统是评价者在一定文化背景和社会关系中通过一系列特定社会活动形成的个体需要系统，它构成了评价主体相对稳定的评价的可能性范围和评价的基本倾向。心理背景系统使评价者总是从特定的评价视角去感知和筛选、解释与评价对象有关的信息，也使评价从根本上无法摆脱主体因素的影响。

其次是外在于评价者的客观背景，也即评价情势。评价情势限定了评价者获取评价信息的范围，限定了侦查行为与评价者之间的信息传递方式。可以说，侦查情势为侦查行为评价设定了时限、域限、目标任务之限、资源之限等种种限制。因评价内容和评价时间的不同，评价情势也呈现为不同形态：在侦查行为过程中进行的评价，其评价情势主要是指侦查情势。[②] 借助于对

---

① 根据奥尔波特的定义，个性是指"决定人的独特的行为和思想的个人内部的身心系统的动力组织"。个性在结构上主要包括了个性倾向性、个性心理特征、个性心理过程、心理状态和自我调节系统等方面。

转引自高玉祥. 个性心理学. 北京师范大学出版社，1989：10.

② 关于侦查情势，更详细的阐述可以参见杨宗辉. 侦查学前沿问题研究. 群众出版社，2002：1-43.

侦查情势的认识，评价者不但可以明确侦查主体的哪些需要才是必须考虑或者优先考虑的，而且还有助于评价标准的具体化；在侦查行为实施终了后对侦查行为的评价，则面临着当时的评价氛围（包括其他评价主体已进行的评价现实和舆论状况、社会状况等）的影响。

评价情境的两个方面是相互作用的。心理背景系统蕴含着评价的多种可能性，而评价情势却只使其中一种可能性转化为现实性。心理背景系统和评价情势都是开放的不断变化的系统，二者相互渗透，因此，在评价中，侦查情势已经不是纯粹客观化的存在，而是被评价者的心理背景所溶解、筛选和主观化了的存在，与此同时，评价情势在二者的交互作用中将作为一种新的经验而融化为心理背景的一部分。

侦查行为评价的运行过程以及评价情境在评价中的影响也可以间接从西蒙的有限理性论而得到解释。有限理性论认为，人类的理性是非常有限的，它受到人的生理、心理及所接受的文化等等的限制。所以在决策过程中，人们不可能知道全部选择的可能性，不可能掌握全部的备选方案，而只能根据决策目标，在决策所处的情境中作出相对合理（有限合理）的决策。[①] 在侦查行为的评价中，侦查行为是否由价值以及有多大价值，这种判断的作出依赖于评价者掌握的关于侦查行为的信息、关于侦查主体具体需要的信息以及其他相关信息，这些信息的获取受到评价情境限制，不可能无限制地收集下去，因此，评价所依据的信息只是一定时间、空间范围之内的信息，基于这些信息作出的评价也只是有限合理的评价。明确这一点，可以使我们在对任何评价结论的判断上都恰如其分，而不至于将其绝对化。

（二）心理运作过程描述

作为一种观念活动，评价自有其心理运作过程。从理想状态来说，侦查方进行评价活动的心理过程应包括确立评价的目的和评价的参照系统、获取评价信息、形成判断等阶段。

---

① [美] 赫伯特·西蒙. 现代决策理论的基石. 杨砾等译. 北京经济学院出版社，1989：7.

1. 确立评价目的。评价目的是评价活动的灵魂，它统摄整个评价过程。因此，确立评价目的应该是侦查行为评价活动的第一步。我们认为，对侦查行为进行评价，所回答的是为什么要进行评价。因而，评价的目的也就是进行评价的理由，是为了判断某行为对于所属的更高层次的侦查行为系统而言是否具有价值或具有何种价值。

例如，在侦查行为决策阶段，由于所有决策在本质上都是对各种可实施侦查行为方案相比较的概念，而作出这一比较的基础就是评价，因此，所采用的评价方法必定与决策目的及该目的的表达方式有关。侦查行为评价的目的与侦查行为决策的目的由此呈现出高度的一致性，都是为了选择最优的侦查行为方案。同样地，在侦查行为实施阶段，评价的目的在于检验已实施的行为的效果（也即行为结果对于侦查行为主体需要之意义），判断有无必要继续执行原方案抑或作出修正。由此可见，侦查行为决策和实施阶段的侦查行为评价目的与侦查目的往往是一致的，确定了侦查目的（特别是本书第二章所提及的第三、第四层次的侦查目的）后，侦查行为评价的目的也即确定。然而，侦查行为执行完毕后的评价除了总结侦查经验教训外，还有通过评价侦查行为去评价侦查人员或侦查组织之意图，故相对而言更为复杂。本章第二节将专门探讨这种评价。

2. 确立参照系统。这是进行具体评价操作的前提。侦查行为评价的参照系统就是指评价主体用以对侦查行为的意义予以不同程度肯定或否定判断所参照的比较因素体系。它包括价值主体（对谁）、评价视角（就什么方面而言）、评价视域（与什么相比）和评价标准（以什么为标准）四个方面。[①]这里说的价值主体，指的就是侦查行为主体。因此，在侦查行为主体与侦查行为这组需要和被需要的价值关系中，是否符合侦查行为主体需要是衡量侦查行为价值的尺度。由此可以引申出评价的视角，即评价所选取的角度。并非所有的侦查行为主体需要都可以成为评价的视角。侦查行为评价决定的是侦查行为的意义，因而其视角只能着眼于侦查行为目标的实现。评价参照系统的第三个方面是评价视域，即评价者选择判断侦查行为的比较范围。在侦

---

① 参见冯平. 评价论. 东方出版社，1995：82.

x

查行为的评价上，评价视域不仅仅是指被评价的侦查行为及其构成要素，也包含已经实践检验过的类似的侦查行为。

在侦查行为评价的参照系中，最为核心的是评价标准问题。价值主体也即侦查主体的需要是评价标准的基础。在评价过程中，侦查行为的评价标准呈现主体性特征，因为评价主体总是从自身利益出发来品评侦查行为之是非得失。换言之，"利益是主体进行评价活动的主体标准"。利益标准是对主体需要的反映，[①] 而主体需要是一个含有多层次、多方面标准的体系，因而主体对侦查行为的评价标准也必然呈现为一个由多种标准组合成的体系，它具有以下几个重要特征：

一是理性标准和非理性标准的结合。理性标准是经过主体理性思考后用理性形式表现出来的评价标准。例如侦查人员以是否遵循分别辨认、混杂辨认等要求来评价已经实施的辨认行为是否恰当。非理性标准是未经主体理性思考且难以理性思维形式表达的评价标准。例如有的侦查人员有时凭直觉或个人好恶认定正在实施的侦查行为是否恰当。理性标准和非理性标准并非正确与错误之分别，尽管我们总在努力使非理性标准向理性标准转化，但在评价效果上，依据理性标准可能会得出错误的评价结论，而依据非理性标准则也可能得出正确的评价结论。我们只能说，按照理性标准获得正确评价的概率要比按照非理性标准高。

二是多样性标准和统一性标准的结合。基于主体需要的多样性和多层次性，同一个主体内可能存在不同的评价标准，各个评价标准之间甚至有可能相互矛盾。例如针对如何设置侦查圈套的问题，侦查人员必须同时进行合目的性和合法性的双重评价，但是由于在该问题上合法与非法之间的界限较为模糊，因而如果合法的侦查圈套难以达到侦查目的，而合目的的侦查圈套又

---

① 在哲学上，利益是反映到主体意识中的主体需要，这种反映可能是正确的。也可能是错误的，而主体需要是主客体之间能否形成价值关系的决定因素，是客观的。因此，主体需要作为价值标准属于本体论范畴，利益作为评价标准属于认识论范畴，不可混同。

参见陈新汉. 评价论导论. 上海社会科学院出版社，1995：129-130.

难以满足合法的要求，那么，合法性标准和合目的性标准不可避免地要发生冲突，因为分别依据两种标准对侦查行为进行评价将得出截然相反的结论。同一层面的不同主体的评价标准之间也可能出现不协调之处。就侦查方而言，负责案件侦查的小组内部不同侦查主体对同一侦查行为有不同甚至相互对立的看法是极为正常的现象，而看法的不同显然来自于不同的评价标准。不同层面主体之间的评价标准同样可能相互矛盾。

尽管侦查行为的评价标准具有多样性，但也具有统一性，一个主体不管具有多少种互不相同甚至彼此矛盾的需要和评价标准，其归根到底要以根本的需要及其根本的评价标准（通过其反映者即根本利益和根本利益评价标准）为出发点和归宿。仍以前述合法性标准和合目的性标准的矛盾为例，一旦主体以合法为根本利益，则在最终的评价时将以侦查行为是否合法为低限，并在此基础上尽可能满足合目的性的需要，反之亦是。或许可以这样认为，多样性标准中的统一标准就是根本利益标准。正因为如此，评价主体的个体差异性和评价标准的多样化并不必然导致评价活动及其结果的不确定性。

三是稳态标准和动态标准的结合。主体需要不仅多种多样，而且是变化发展的，因而，侦查行为的评价标准也处于不断的发展变化之中。这一点在技术方法评价标准中体现得最为明显。随着犯罪智能化程度的提高，侦查技能也必须得到提高，对技术行为的评价就会涉及是否采用更为先进、可靠的方法等问题。不过，通过利益关系表达的主体需要也具有相对的稳定性，因此评价标准的动态性中必然寓有稳定性，并由此产生出一套相对稳定的稳态评价标准。例如，不论评价标准如何变动，对侦查行为的可行性和有效性考察都是必要的。

理性标准与非理性标准、多样性标准与统一性标准、稳态标准与动态标准，它们各自都在评价活动中发挥作用，它们相互补充、相互依赖，共处于主体的评价标准体系之中。

3. 获取评价信息。评价活动需要大量信息，这些信息是由评价参照系统决定的，主要是关于侦查行为、侦查主体需要以及评价情势的信息。评价信息的获取包含了两个基本环节：信息筛选和信息解释（分析与说明）。这种筛选和解释过程是以人的目的、知识水平、信念、经验、情感，或者说是以评价者的心理背景为基础的。它将把侦查主体的实际需要、被评价的侦查行为要素以及与之相关的评价情势剥离于其他侦查信息之外。需要注意的是，侦查主体的需要是多层次的，侦查主体的需要不同，相应的侦查行为所解决的问题也不相同的。因此，信息筛选和解释必须以评价视角（或者说以侦查主体某方面的需要）为直接尺度，并对收集的信息做合目的化的处理。

4. 形成判断、获得结论及评价结论的解释。经过一系列的评价环节，评价者必须对侦查行为的意义作出判断。在理想状态下，作出判断首先要将评价标准具体化，其次以评价标准衡量被评价的侦查行为，在评价视域内存在替换方案的情况下还要对替换方案进行评估，最后得出综合评价值。不过，在实践中，侦查行为评价的心理运作过程并非都是机械化的理性推演过程，评价者的感觉、观念等都可能发挥重大作用，共同决定着评价的结论。评价的判断因评价的阶段而有所不同，大致包括：被评价的侦查行为在整体或者局部上是否合理可行，有无必要继续实施原方案，如果该行为方案无价值或仅有部分价值，则应如何修正或补救，等等。官方的评价往往具有特定法律效力，着眼于特定问题的解决，涉及某些责任的分担等，因而往往需要对外公布其评价理由，这一解释过程也应在评价过程中酝酿和完成，以便在适当的时候可以及时公布并说服相关人群。

在评价之外，还存在一个"评价之评价"问题。应当承认，"评价之评价"是大量存在的，除了对评价本身之价值进行的研究之外，即便在评价的当时，也有可能会对刚作出的评价进行评价。我们认为，虽然大多数"评价之评价"可以纳入评价的环节，即视为一个评价行为反复斟酌过程的一环，并不需要给予太多重视，但是也不能忽视对评价进行评价的意义。"评价之评价"的目的在于判断评价的合理性，即判断评价是否合事实、合逻辑、合目的，是否是评价者在一定约束条件限度之内作出的、符合这些条件之集合的、关于评价客体意义的衡量。①

---

① 参见冯平. 评价论. 东方出版社, 1995: 288.

五、评价的标准

前已论及，侦查行为评价的标准体系是非常复杂的，但是，不论如何复杂，当需要作出评价时，评价就不可避免。为了尽可能地使评价变得客观、公正，我们需要在纷繁复杂的标准体系中把握那些最为根本、可为一般评价者所感知、具有说服力且可进行规范操作的标准。学界对评价行为的讨论主要是在诉讼行为基础上进行的，侦查行为是诉讼行为，因此这种讨论也可对侦查行为评价标准有所裨益。

我国台湾地区学者通常对刑事诉讼行为的评价通常都从诉讼行为是否成立、诉讼行为是否有效和是否合法三个方面来进行。有代表性的观点是，先从是否成立的角度进行评价，如果不符合诉讼法规定的构成要件，视为诉讼行为不成立。对成立的诉讼行为进行效果评价，将已成立的诉讼行为分为有效诉讼行为和无效诉讼行为。有效的诉讼行为又分为适法行为和不适法行为，对于适法的行为则再从有无理由方面分为有理由和无理由。[①]

与前述将诉讼行为评价一分为四（即事实评价、伦理评价、法律评价和价值评价）的观点以及台湾学者的观点相类似，还有学者指出可以依照下述标准对诉讼行为进行评价：[②]

（1）行为是否成立，这是对诉讼行为的最基本评价，是指诉讼行为从事实上看是否已经现实地存在，存在即为成立，不存在即不成立。是否成立是事实评价而非价值判断。

（2）行为是否有效，是在诉讼行为已经成立的基础上，对其是否有利于诉讼目标的实现，对其在诸种诉讼价值的冲突中利大于弊还是弊大于利进行评价的基础上，进而决定是否赋予其预期的诉讼效力。赋予其预期诉讼效力的即为有效，否则为无效。是否有效的判断是一种价值评价。

（3）行为是否合法，此为法律评价，评价的范围包括行为的主体、意思表示、内容、方式、程序等各个方面，符合法律规定的为合法，不合法律

---

① 参见王啸桀．刑事诉讼法问题研究．台湾地区保成出版社，1983：168.

② 参见陈永生．侦查程序原理论．中国人民公安大学出版社，2003：463-465.

规定的为非法，后者通常又被称为不完善的行为或有瑕疵的行为。不同违法行为违反的法律规范的性质和程度不一样，后果也不一样。

（4）有无理由，即对诉讼行为从内容和实体上进行评价，判断诉讼行为是否符合法律对实施特定行为所设定的实体性标准或要件，它不同于前三种标准从程序上和形式上进行的评价。四种标准之间有内在联系，从是否成立到是否有效、是否合法和有无理由，评价标准越来越高，符合标准的外延越来越小。成立是有效的前提，有效是合法的前提，合法是有理由的前提，但成立的不一定有效，有效的不一定合法，合法的不一定有理由。

基于侦查行为的诉讼属性，我们假定上述观点可以直接推及侦查行为。我们认为，上述标准其实可以归结为一点，即合法性标准。理由是，侦查行为的成立与否，应依凭法律规范进行，侦查行为能否取得诉讼效力，根据也是法律规范，侦查行为是否合法当然属于合法性审查，而有无理由其实也是法律的实体性要求（譬如逮捕不仅要求具备审批手续、逮捕证等形式要件，还要求具备《刑事诉讼法》第79条规定的实体要求①）。可见，这四项判断标准归根结底都是法律标准，或者可以认为，这些评价都是法律评价。

如果不考虑评价主体因素，仅从诉讼本身的实际法律需要来说，这些标准已经足够。但是，对于侦查行为主体来说，这些标准固然不可放弃，但却不彻底，仅此不足以揭示侦查行为的实质和侦查行为主体的实际需要。

我们认为，对于侦查行为而言，不但有合法性问题，还有一个合理性的问题，即侦查行为应追求理性。遵循理性的要求，不只是侦查行为作为一种社会行为的自然发展趋势，也是侦查实践特别是对侦查效率的追求的客观需要。实践中，侦查对效率的追求是由众多因素促成的：首先，侦查是一项消耗大量司法资源的诉讼活动，而司法资源的稀缺性决定了其投入和产出必须

---

① 根据《刑事诉讼法》第79条的规定,这些实体性要求是：对有证据证明有犯罪事实,可能判处徒刑以上刑罚的犯罪嫌疑人、被告人,采取取保候审尚不足以防止发生下列社会危险性：（一）可能实施新的犯罪的；（二）有危害国家安全、公共安全或者社会秩序的现实危险的；（三）可能毁灭、伪造证据,干扰证人作证或者串供的；（四）可能对被害人、举报人、控告人实施打击报复的；（五）企图自杀或者逃跑的。

符合经济合理性。在诉讼成本上升、案件隐蔽性增强、数量大等压力下，必须科学、有效地配置有限的司法资源，设计合理的侦查程序，才能使侦查行为正常开展。其次，从不同的诉讼主体的需求来看：侦查机关必须通过大面积、迅速、准确地打击犯罪才能落实国家的刑罚权，维护社会秩序；犯罪嫌疑人希望尽早明确自己的刑事责任，结束悬而未决状态的煎熬，获得迅速审判的程序性利益；被害人对"迟到的正义非正义"的感受更为强烈，他们希望案件尽快告破，抓获犯罪嫌疑人，挽回物质损失，抚平精神创伤，得到国家保护；再次，社会公众对打击犯罪的追求是无止境的，如果不提高侦查效率，侦查机关将面临沉重的社会压力。

综上，我们认为，可以在借鉴前引学者观点基础上予以归纳和扩展，并根据侦查行为评价在事实评价与价值评价上的分别，将当前的侦查行为评价标准界定为：

（一）事实评价的标准

事实评价的标准也即判断侦查行为是否成立的标准。法理上对于法律行为是否成立有两条标准：一是客观主义标准，"行为人的行为必须导致身体的运动（动与静），从而引起外界事物的变动，具有可感知性"；二是法定主义标准，"无论法律规范所设定的行为模式对行为主体及其责任有何要求，只要行为人的行为在事实上符合法律规范的行为范式，就可以认定该行为是法律行为"。

据此，法律行为在事实上得以成立，必须具备行为事实、结果事实以及行为事实与结果事实之间的联系这三个条件。[①] 在诉讼法学界，对于诉讼行为是否成立主要存在两种不同的观点：一种观点认为不成立就是"不具备诉讼行为形式要件"；[②] 另一种观点认为成立是指"具备诉讼法上定型之构成要件"。所谓定型，亦即诉讼法上对于某种行为成立要件之规定。[③] 有学者

---

① 姚建宗.法律行为本体论纲.中央检察官管理学院学报，1996（4）.

② ［日］田口守一.刑事诉讼法.刘迪等译.法律出版社，2000：131.

③ 陈朴生.刑事诉讼法实务.台湾地区海天印刷厂有限公司，1981：121.

指出，刑事诉讼法规范中有的是关于刑事诉讼行为成立要件的规定，有的则是关于实施某种诉讼行为的条件，还有的则是对于刑事诉讼行为的其他要求的规定，后两者不能成为刑事诉讼行为评价的根据。[①] 由上可见，判断侦查行为是否成立的直接依据就是刑事诉讼法规范的规定。在实践中，侦查行为是否成立，可以根据法律对其构成要件的要求间接判断。具体来说，可以通过判断行为主体是否适格、是否具有侦查权、行为方法是否符合法定的形式要求等方式来衡量是否侦查行为，从而使之区别于行政行为、个人行为等。由于法律在没有反证的前提下推定侦查行为主体应知悉其行为的性质，因此行为人有无侦查之意图对是否成立侦查行为之意义不大。此外，其他侦查行为主观要素对于事实评价的作用也是微乎其微的。

需要说明的是，当通过主体的适格性和侦查权属来评价侦查行为是否成立时，不能对主体资格和侦查权做过于机械的理解。侦查行为的实施者只要具有侦查权即可，不一定必须是具体侦查行为的决策者或案件的主办者，否则侦查协作将失去根基。

（二）价值评价的标准

价值评价之主旨在于确认侦查行为对于评价主体之意义或价值。我们认为，在价值评价的标准体系中，对应于侦查行为的法律属性、社会属性和一般行为属性以及评价主体的需要，可以为侦查行为主体在评价侦查行为时确立两项重要标准，即正当性标准与合理性标准，[②] 它们分别反映了主体不同性质诉求。

1. 正当性标准。正当性标准是对法律标准、伦理标准的整合和扩展。

---

① 参见邓云. 刑事诉讼行为基础理论研究. 中国人民公安大学出版社，2004：308.
② 我们曾在论著中主张侦查方法的适用应遵循正当性原则和合理性原则。我们认为，侦查方法适用的原则与侦查行为适用的原则是一致的，此外，评价业已实施的侦查行为，以侦查行为应遵循的原则作为参照系统也是恰当的。

参见杨宗辉、刘为军. 侦查方法论（第二版）. 中国检察出版社，2012：109-117.

在伦理学上，正当和不正当亦即道德善恶。古往今来，人们对什么是正当的一直争论不休，不过，可以肯定的是，行为是否正当取决于该行为对于道德目的的效用。①侦查行为正当，这是基于侦查行为的法律属性和社会属性而赋予侦查行为的限度，也就是说，一切侦查行为都不能以违法或违背社会的基本伦理道德为代价来实现侦查目标。在侦查行为的运用过程中采用正当性标准，就是要将侦查方法纳入一定的规范调整体系之内。这里所指的正当性，并不仅仅有合乎法律之义，也包含着依法治之精神而为侦查之义和依社会基本伦理而为侦查之义：

首先，侦查行为必须遵循宪法和法律的规定。我国宪法并没有直接表述对侦查行为的要求，但是宪法赋予公民和法人的各项权利和义务却是侦查行为过程中必须加以注意的。忽视这些基本权利规定可能会令侦查行为主体陷于不利境地。②侦查也必须遵守刑事诉讼法的规定。我国现行刑事诉讼法对讯问、勘验检查、询问、搜查、扣押、以及逮捕、拘留等诸多侦查方法的实施条件、程序和时限都作了规定，因此在实施这些侦查行为时，必须恪守法律的既有规定，在侦查行为的适用条件和程序上满足法律的要求。经由违法实施的侦查行为而获取的证据原则上不具备可采性。除了刑事诉讼法的规定，侦查行为还必须遵循刑法的规定。刑法规定对于侦查行为具有多重意义。侦查行为的启动往往是以被侦查之事件或人具有犯罪嫌疑为基础的，而构成犯罪的每一要件既决定着案件的定性问题，又可能成为侦查方法选择时的一个侦查途径因素，因此刑法对各罪所规定的构成要件对侦查行为决策和实施具有前提性和方向性的导引作用。

---

① 参见王海明．新伦理学．商务印书馆，2001：41-43.
② 有的国家的宪法中就有对侦查的限制性规定，例如美国宪法第四修正案就规定："公民的人身、住所、文件和财产不受不合理的搜查和扣押；只有基于由宣誓或确认所支持的合理根据，并且详细描述所要搜查的地点、要逮捕的人以及要扣押的物品后，才能签发司法令状。"由这一规定还延伸出了非法证据排除规则，即法院不得采纳警察以非法手段获取的证据并以之认定被追诉者有罪。这种宪法性的限制性规定一般都较为笼统，实践中往往需要通过法院或其他机关做进一步的解释。

其次，侦查行为的运用要遵循警察法和有关侦查职能部门制定的侦查法规。规范侦查是一项复杂的社会活动，而宪法和法律的规定往往较为抽象，规制的领域往往也较窄，需要其他法律法规的补充和配套。警察法的效力和在法律体系中的地位仅次于刑法和诉讼法等基本法律，是侦查的直接的法学基础，它对侦查工作的指导作用体现在规定侦查权限、制定侦查监督措施和规范侦查行为等方面。侦查职能部门为了实践的需要，会根据法律的授权制定大量的法令、条例、规定和实施细则，使侦查工作制度化，也使侦查行为程式化，例如公安部制定的《刑事案件现场勘查细则》《公安机关办理刑事案件程序规定》《公安机关执法细则》等。例如，《公安机关办理刑事案件程序规定》，它在刑事诉讼法规定之基础上，进一步明确和细分了公安机关的侦查权。这些部门法规通常也是对刑事诉讼法相关规定的具体化、明确化，即对法律进行解释，但有时也在填补法律的空白，典型的例子如公安部颁布的《特情工作条例》。① 从侦查法治化的角度来说，刑事特情以及其他许多为侦查机关所实际运用但又没有为刑事诉讼法所调整的侦查措施（例如电子监听、跟踪、网路追踪等），都应当纳入法律规制的轨道。但是，在立法尚不完善和法律解释技术尚不发达的背景下，这种以部门立法形式出现的规定对于侦查行为的规范化操作还是有一定实际意义的。

再次，侦查行为应遵循司法机关对于侦查取证的限制性规定。侦查行为的适用虽然不仅限于取证，但是取证工作是侦查行为的重要组成部分，从诉讼的意义上讲，取证是侦查行为的"灵魂"。为了保证所收集之证据的可采性能够在侦查之后的诉讼阶段也得到承认，侦查行为主体就必须杜绝非法取证，遵循法律规定的取证程序和司法机关关于取证问题的司法解释、判例。非法取证绝不是纯粹的法律问题，不会因法律严厉禁止就迎刃而解。要想最大幅度地减少这类现象，归根到底还在于侦查行为的科学化。诚然，不论如何，都必须将非法手段排除于侦查行为之构成要素（即方法要素）之外。

最后，对于法律没有明确规定的情形，侦查人员在适用侦查方法时还应

---

① 诚然，法律在规定侦查措施时也必须考虑制度化的科学性，必须充分顾及侦查规律以及侦查实践的需要，平衡多方利益关系。

当考虑警察职业道德和社会伦理的要求。实际上，即便在法律限度之内实施行为，也应当考虑伦理道德之制约力。道德伦理标准已成为人类社会的一种情感性的常识判断，它与法律同为社会的控制力量，并与权利、行政及习惯等共同组成了引导人们行为以实现社会目标的工具。法律在制定之时就已经在很大程度上考虑了社会伦理道德的要求。例如，规定"严禁刑讯逼供和以威胁、引诱、欺骗以及其他非法方法收集证据"（《刑事诉讼法》第50条），"对于未成年人刑事案件，在讯问和审判的时候，应当通知未成年犯罪嫌疑人、被告人的法定代理人到场"（《刑事诉讼法》第270条），"检查妇女的身体，应当由女工作人员或者医师进行"（《刑事诉讼法》130条），"侦查实验，禁止一切足以造成危险、侮辱人格或者有伤风化的行为"（《刑事诉讼法》第133条），"搜查妇女的身体，应当由女工作人员进行"（《刑事诉讼法》第137条），等等。这些规定都体现了法律对社会道德伦理的尊重。但是，法律的规定没有也不可能把侦查时必须考虑的所有伦理道德问题均纳入其中，因此侦查行为主体在实施侦查行为时应当自觉注意到一些事关基本社会伦理道德的细节。这是因为，道德伦理的目的，"从社会意义上看，就是要通过减少自私的影响范围，减少对他人的有害行为、两败俱伤的争斗以及社会生活中其他潜在的分裂势力而增加社会和谐"。[①]为此，基于保护最基本的社会伦理道德之需要，侦查行为主体在决定和实施侦查行为时必须慎重考察准备适用之侦查方法在种类、强度、适用条件等方面是否与案件的实际需要相称，是否为社会伦理所能承受。

2. 合理性标准。人类的行为是有目的、有理性的，科学的侦查行为当然更应是一种理性行为。侦查行为评价遵循合理性标准，这是立足于普通人之目的行为的角度来考察侦查行为，即关注侦查行为的一般行为属性，并以此为基础来考虑如何使侦查行为与实施符合理性要求。合理性标准主要与效率有关，行为科学理论为合理性标准奠定了基础。[②]

---

① [美]博登海默. 法理学、法哲学及其方法. 邓正来等译. 华夏出版社，1987：35.
② 需要说明的是，本章所理解的理性，不是博弈论上所假设的那种理性，而是赫伯特·A·西蒙所提倡的有限理性中的理性。对此，本章第二节进一步论述。

以合理性标准评价侦查行为，包含着两个方面的要求：一个来自于侦查行为主体；一个则与侦查行为对象有关。来自于前者的要求是基于侦查行为主体实施侦查行为的目的性和利益需要提出的，也就是说，侦查行为要合理，就必须符合侦查行为主体的目的性和利益需求。来自于后者的要求则是基于侦查行为的规律性。也就是说，侦查行为要如愿在侦查行为对象之上取得实效，就必须尊重侦查行为规律的要求，在侦查方法的设计和具体实施上接受科学规则的引导。

　　具体来说，合理的侦查行为的上述两方面要求，决定了侦查行为应是合规律性和合目的性两个方面的统一整体：

　　一方面，合目的性要求侦查行为接受侦查目的的约束，合乎侦查行为主体根据侦查情势所确定的想要实现的目标。① 据此，无论如何选择侦查行为，它最终都必须服务于侦查目的和具体侦查问题的解决。②

　　如果纯粹从心理因素来考察，侦查行为的合目的性可以扩展成包含着两层含义：一是它的"合意性，即合乎己方的目的动机"③，二是它的延展性，即以侦查行为对象的行为目的为参照。其中，"合意"是侦查行为的立足点，反映了侦查行为是为侦查一方服务的，必须以满足侦查利益目标为其存在的

----

① 如果承认侦查行为主体的目的与其他"侦查中主体"乃至全社会目的之间存在协调和统一问题，或者承认"真正合理的人类实践必须是其具体主体的目的代表了人类社会的目的的"，那么，合目的性也包含着合乎社会规范目的即正当性之含义。因为"实践归根到底是社会而不是纯粹个人的，只有既符合主体自身的实践目的，又符合他人和社会的目的，至少不妨碍他人和社会目的的达到的实践，才是真正合目的性的、合理的实践"（引自王天思：《理性之翼——人类认识的哲学方式》，人民出版社 2002 年版，第 251 页）。诚然，这里所指的他人和社会目的也是指的正当目的，而且，本书为了表述的方便，将正当性作为一个相对独立的标准加以诠释。
② 当然，这里需要说明的是，根据侦查规律，在个案侦查中，侦查人员所认识到的应当实现的目标往往带有假说的成分，在这种情况下，侦查行为的设计和实施也就具备了验证假说的意味。
③ 李炳彦，孙兢. 军事谋略学（上）. 解放军出版社，1989：126.

基本前提。离开主体需求的侦查行为没有任何意义。[①] 合目的性的延展性则体现了侦查行为对象的目的与侦查目的之间的冲突或同一。前已述及，侦查行为并不仅仅针对犯罪嫌疑人和作案人，只要侦查行为所涉及之人都有可能被纳入侦查行为对象体系。因此，侦查行为对象不同，其行为目的就有可能不同。在对象体系中，有的对象的行为目的往往和侦查目的背道而驰，甚至针锋相对，例如作案人的逃避侦查行为；有的行为对象则可能与侦查目的在方向上是一致的，例如知情人的提供线索行为、犯罪嫌疑人的自首行为。为此，侦查人员在决定应具体适用的侦查行为时应当进行综合考察和权衡，根据对侦查行为对象目的以及它们与侦查目的之间关系的判断，决定适用侦查方法时应有的态度、立场和强度。[②] 在实践中，判断侦查行为是否具有合目的性，最好的判断中介应当是侦查行为效果，即以侦查行为结果与侦查目的的符合程度作为依据。

另一方面，合规律性表明侦查行为的实效不可能仅从侦查行为主体一方的主观愿望出发，合乎侦查规律是侦查行为奏效、取得预期之行为结果的现实条件，是避免侦查盲目性的必要前提。合规律性最能体现"理性"之意义。侦查行为主体应尽可能地发现和尊重侦查规律。不过，对于侦查行为而言，难题不仅在于能否让侦查行为符合规律，还在于如何发现和确定侦查规律。我们现在适用的许多侦查规则，例如关于现场勘查、搜查等侦查行为的步骤与注意事项方面的规则，实际上都是经过实践提炼所得出的规律性判断。当然，合规律性显然还是太过抽象，具体操作时仍显不确定。在具体适用时，

---

① 根据本书第二章关于侦查目的的阐述，侦查行为应"合意"的目标或目的既包括侦查的根本目的和具体案件所要达到的整体目的，也包括了具体侦查环节或具体侦查行为所要实现的目的。

② 显然，当侦查方法对象的目的与侦查目的一致，侦查方法对象具有和侦查主体的合作意愿时，侦查方法主体在适用方法上将表现出更多的亲和力，方法的适用往往也将更为直接。相反，当方法对象的目的与侦查目的不一致甚至针锋相对时，侦查方法主体与方法对象在角色关系上将出现冲突，侦查方法的设计和实施将或者表现为强度上的加强（如适用强制措施），或者表现为策略上的迂回性（如采取外围调查手段），等等。

可以用侦查效率指标对该标准进行量化。

合目的性和合规律性，二者具有一种不可分割的关系：一方面，合目的性以侦查目的建立在对行为对象以及侦查活动的规律性认识之基础上。缺少这一前提，侦查目的难以实现。[①]正如列宁在论述人类实践活动时所指出的，"区分为机械规律和化学规律的（这是非常重要的）外部世界、自然界的规律，乃是人的有目的活动的基础"，"人在自己的实践活动中面向客观世界，以它为转移，以它来规定自己的活动"[②]；另一方面，合规律性则以合目的性为归宿。不过，总地说来，在侦查实践中合目的性应当居于优先地位，毕竟采用侦查行为的起因在于侦查主体要满足自己的需要，而目的无非就是需要的外化。只有当侦查主体为了满足特定的利益需要，才有必要去调查事实、查缉犯罪嫌疑人，才有必要考虑侦查的规律性。正是因为遵循规律性是为了实现侦查目的，所以必须特别强调，侦查行为主体应"理解自己本身，使自己成为衡量一切生活关系的尺度，根据自己的本性的需要，来安排世界"[③]。简言之，侦查人员应深刻认识和正确把握自己的需要和行为。合目的性和合规律性也有冲突之时。但是，如果承认侦查人员在调查上的客观立场，承认侦查目的的确定对于侦查人员而言是中立和正当的，那么尊重侦查规律最终是有助于侦查目的实现的。

根据侦查行为的合规律性和合目的性，我们认为，侦查行为运用的合理性原则可以归纳为下述规则：

（1）侦查行为的个别化。侦查行为应因对象、行为环境之不同而有所不同。以个案侦查行为为例，案件种类繁多，无奇不有，即便是同类案件也是各具特点。要实现案件侦查目的，就必须根据每个案件自身的特点去分析其侦查情势，根据案件的类别、性质、作案人可能的特点和侦查情势的发展趋势，因案、因人、因时和因地施策，使侦查行为更具针对性。

---

① 难以实现，并不等于绝对不能实现，在很多案件侦查中都出现过巧合现象。但巧合毕竟是偶然的，追求规律则是追求必然。

② 列宁．哲学笔记．人民出版社，1974：200.

③ 马克思恩格斯全集．第 1 卷，651.

侦查行为的个别化，突出体现在两个方面：

一是在侦查行为的设计上必须做到知己知彼。侦查行为主体在制定和运用侦查方法时，必须深入研究自己和对手的具体情况，把握双方的优劣点和互动情况，尤其是用移情式①的"换位思维"方法"设身处地"地推断作案人或犯罪嫌疑人在特定条件下将如何实施犯罪和逃避侦查。简言之，侦查行为的个别化建立在对侦查情势的细致分析和判断基础之上。

二是侦查行为的设计应充分考虑到案件侦查中的"变数"，并在实施过程中及时根据侦查情势的发展进行调整和修正。侦查活动往往带有模糊性和不确定性，尤其在初始阶段，大多侦查判断或推理是或然性的，因而无论是对侦查情势的认定还是对侦查对策的分析都可能包容了极大的可选择空间，使被侦查人员所实际采用的侦查方法本身呈现出高度的灵活性和不确定性。要将这种灵活性和不确定性转变为确定性，缩小可选择的方法空间，就必须根据事态的发展及时对行为实施效果进行评价并据此决定是否以及如何修正。

承认侦查行为的个别化，是避免侦查行为评价机械化和教条化的重要前提。

（2）有必要实现侦查行为的系统化。一方面，侦查行为对象和行为环境都是系统，有其一定的结构形式。侦查行为适用必须全面考虑，从全局出发，体现系统性原则，绝不能顾此失彼。另一方面，侦查行为原本就是一个由诸多要素或子系统组成的系统，只有坚持全面统筹的系统性原则，才能使行为更为完善。

实现侦查行为的系统化着重强调的是侦查行为的完整性、协调性：首先，系统化要求侦查行为具备完整性。合理的侦查行为应当是要素齐备的，而且

---

① 移情是一个心理学术语，原本指在心理分析治疗过程中，案主（即被治疗者）将其以往对别人（如父母或情人等）的情感关系，以扭曲现实的形式，转移到分析师的身上，使原本单纯的医师与病人的关系，转变为"亲子间"或"情人间"的感情关系。经由移情分析，分析师可从案主移情时的行为表现，了解他以往的人际关系及感情经验，帮助案主从不真实的感情世界中解脱出来。此处所指的移情，是一种换位思考的方法，通过沉入对方的思维世界去考察对方的心理和行为。

能够从整体着眼，统观全局，整体的性质和功能要优于各个要素的性质和功能的简单加和。其次，侦查行为的要素之间，不同层次的侦查行为之间要保持协调性，对于它们彼此之间可能存在的冲突应有合理的解释，从而使它们能形成一定的结构。协调性要求我们重视系统要素之间的差异性和层次性。

上述要求反映在实践中，就是对侦查行为应当进行周密的部署。尤其是在侦查的初始阶段，由于对案情的了解尚不充分，侦查决策的依据并不牢靠，因而在行动方案的设计和部署上强调有点有面，既要在较大的可能性范围之内去查找线索，又要把已经发现的倾向性较为明显的线索作为重要突破口和主攻目标，根据这种安排，只要每一项工作均得到落实，那么即使某一方面的线索查证出现偏差，也不会使整个侦查工作受到太大的影响。除此之外，周密部署原则还要求在侦查行为的方案设计上应注重措施手段的组合和配合使用。

承认侦查行为的系统化，是避免侦查行为评价孤立化和武断的重要保障。

（3）有必要实现侦查行为的效益最大化。作为一种社会行为，也基于侦查行为主体之利益需要，受制于侦查工作的及时性要求以及侦查行为自身的选择性，侦查行为也必然要追随效益最大化，力求选择以尽可能少的时间、人力和物力之消耗，求得尽可能大的侦查行为效果。关于侦查行为效益问题，本章第二节还将进一步阐述。

（三）侦查行为评价标准之适用顺序

以上对侦查行为事实评价和价值评价标准进行了简要论述。不过，运用若干标准评价一项侦查行为，必然存在标准的适用顺序问题。不同的适用顺序一定程度上也反映着评价主体的评价理念。前述数种学者观点即有标准之适用顺序，即因循侦查行为是否成立、是否有效、是否合法以及有无理由，逐步区分行为或侦查行为的性质，并对不同性质之行为作出不同的处理。我们认为，基于这些观点中对标准体系的概括，对于一般的评价主体而言，这一顺序是合理的。但是，正如前面所提到的，对于侦查行为主体来说，这些观点中概括的评价标准是不彻底的，至少还缺少合理性这一重要指标，从前面的阐述也可以看出，合理性的评价与法律、伦理关系不大，而与侦查规律、侦查目的密切联系，与侦查行为作为一种社会行为的自身属性有关。

对此我们也可以从另一个角度进行分析。本书在第二章第一节曾辨析过行为与行动的关系，并将二者在大致意义上等同为有意识的人类活动。也有学者从目的论角度分析，认为人生活动有两个原则：行动原则与行为原则。"行动与行为在想象学描述中都无非是有意向的操作，但在目的论中却有着根本的区别。一个活动，如果它表现为以可能的方式去达到某种结果，那么它是一个行动；如果表现为被允许的方式去行动，则是一个行为。可以说，一个行为就是附加了规范意义的行动"。① 行动原则是一项质量原则，要求合目的性，行为原则却是一个模态原则，要求的是合乎规范。由于人类存在自由个体的行动以及个体间的合作行为，所以两个原则不可或缺："如果一个人在行动上是无价值的，他在行为上也就没有价值；如果一个行动是无价值的，这个行动就不会是有价值的行为。"但是，两项原则之间具有优先问题："任何一个有价值的活动，首先必须是一个有价值的行动，然后才可能成为一个有价值的行为；一种行为规范如果能够具备有效的批评力，当且仅当能够为行动的合目的性所证明。"② 这里对行为和行动的区分标准和我们在第二章第一节中提到的均有不同，人生活动之概念则大致相当于我们在前面提到的人类行为的概念。不过，这里的行动原则与行为原则的区分却和行为评价的正当性标准、合理性标准有着异曲同工之妙，从而间接论证了正当性标准与合理性标准之间的关系以及二者在进行侦查行为评价时何者优先的问题。

为此，我们认为，通过借鉴既有的诉讼行为理论研究成果，基于本书对评价标准体系的概括，侦查行为评价标准的适用可以遵循下述顺序：当需要判断行为是否具有侦查性质时，优先适用事实判断的评价标准，从侦查行为主体、侦查权等多方面着手加以判断；确认侦查行为成立后，进一步的侦查行为价值评价将以其正当性为主。此时，对法律标准和伦理标准应有所区别，法律标准的评价毫无疑问要比伦理评价更严谨。当然，并非所有违背法律规

---

① 赵汀阳. 论可能生活. 北京三联书店，1994：93.

② 赵汀阳. 论可能生活. 北京三联书店，1994：95、96.

范和伦理规范之侦查行为都应被否定。对违反正当性标准的侦查行为的处置，应依法进行；[①] 对于合乎正当性要求，或者虽然不符合正当性要求但法律许可其效力的侦查行为，对其进行合理性评价，并据此将侦查行为分为合理与不合理的侦查行为。然而，当作出这种评价之后，应如何对待被评价的侦查行为以及该行为的主体，则是需要进一步探讨的问题。毕竟，合理性评价与正当性评价的侧重点不同，后者是一种规范性评价，得出的结论大抵可以根据规范的预设做相应的处理，但对合理性评价的结果则没有现成的处置策略，不能根据该结果简单地肯定或否定一项侦查行为。

第二节
个案评价机制：过程性评价与结果性评价的结合

一、问题的提出

由上述关于侦查行为评价的一般性问题的阐述似乎可以得出一项结论，即对任何侦查行为都可以根据上述具有一定逻辑顺序的评价标准进行评价，并最终得出该行为是否成立、正当以及合理的结论。然而个案侦查实践不会

① 不合法诉讼行为是否应归于无效，理论上是存在争议。从立法实践来看，有的国家或地区立法并没有完全排除违法诉讼行为的效力。例如意大利刑事诉讼法第177条规定："只有在法律规定的情况下，未遵守有关诉讼行为的规定才构成无效的原因。"我国澳门地区刑事诉讼法第105条规定："一、违反或不遵守刑事诉讼法之规定，仅在法律明文规定诉讼行为属无效时，方导致有关诉讼行为无效。二、如法律未规定诉讼行为属无效，则违法之诉讼行为属不当之行为。"

以上条文，转引自邓云. 刑事诉讼行为基础理论研究. 中国人民公安大学出版社，2004：367.

如此简单。例如，由于犯罪嫌疑人刚逃离现场不久，较好的策略是立即封锁一定范围，并进行拉网式的搜索，然而时值深夜，又处于居民密集区，此种搜索措施势必严重扰民。那么，该搜索行为正当和合理吗？此种方式抓获犯罪嫌疑人，对于该案的诉讼而言，并无任何不利，从侦查组织的角度来讲，也能体现侦查组织快速反应的成效。因此，即便认为扰民违法或不当，也不妨碍该行为的法律效力，法律不可能因为扰民就认定应释放该犯罪嫌疑人，相反会认定是对居民的保护措施。如果该案是恶性案件，恐怕不会有多少人提出异议。然而该案仅属于轻微交通肇事逃逸案或其他不涉及重大生命财产安全的普通刑事案件，那这种行为方式仍然是合适的吗？虽然此时捕获嫌疑人，侦查主体花费的成本最小，但如果算上居民为此付出的成本，该成本是否仍然最小呢？对于侦查人员乃至社会公众，恐怕并不轻易能给出答案。其中既涉及正当性评价中私权与公权之纠葛，又涉及合理性评价中的成本核算。基于不同的立场，对此必然会有各种各样的看法，并不能轻易认为孰对孰错。诚然，这只是一种带有假设性的逻辑分析，我们亦无意得出一个倾向性的结论，旨在说明个案侦查行为评价实践的复杂性。

前述正当性评价标准和合理性评价标准，放到个案侦查来看，如果用日常用语习惯表述，则无非"成功"二字，即侦查行为是否成功。从实践的访谈来看，对于那些因对刑事案件侦查承担责任而有侦破压力的侦查人员，许多侦查人员的直接回答是结案或者破案，破案了或者结案了，则意味着大功告成。破案，在学理上被表述为侦查组织依法将犯罪嫌疑人实施拘留逮捕或采取其他强制措施的活动，它以案件性质已经确定，主要犯罪事实和犯罪嫌疑人已经查清，并取得了揭露和证实犯罪的主要证据为条件。[1] 结案并不是一个严谨的法律术语，它在含义上大致相当于侦查终结。依据我国学者的界定，侦查终结是指法定侦查机关经过一系列的侦查活动，认为案件事实和证据已经查清，不需要继续进行侦查时，对侦查工作作出结论和对案件作出进一步处理的活动，它是侦查的最后程序，后期处理包括移送起诉和撤销案件

---

① 参见张玉镶，文盛堂．当代侦查学．中国检察出版社，1998：485．

等。① 在侦查规范上，以我国台湾地区为例，成功的侦查应是指刑事案件可以撤销管制，而撤销管制的条件如下：嫌犯全部缉获，赃证物齐全；或者缉获主嫌犯一人以上，并追回部分证物，经查证确实，全案移送法办者；或者缉获全部或部分嫌犯，而赃证物无法追回，但有其他证据，足以证明其犯罪事实，并经查证据确实，全案移送法办者。② 检视这些判断，可以发现，除了证据收集外，现今实务界所真正重视的只是"缉捕犯罪嫌疑人（或主要犯罪嫌疑人）"而已，只要犯罪嫌疑人被移送起诉审判即可视为成功并计入侦查组织和侦查人员的绩效之内。

普通社会公众的看法或许稍有差别，在他们看来，只有作案人因其涉案行为而被捕、起诉并判刑，并取回损失的财物，才能算是成功的侦查行为。以近几年极为猖獗的电信网络诈骗犯罪为例，每年给被害人造成的损失均达千亿元以上，虽然有大批犯罪嫌疑人被抓获，甚至被从境外押解回境内接受审判，但是能够追回和返还被害人的赃款数量不容乐观。同样的情形，在一些非法集资、集资诈骗类的互联网金融犯罪案件中也表现得非常明显。公安机关及协作单位为侦破这些案件投入了巨大的制度和人力、物力成本，但对于被害人而言，恐怕难言成功。

当然，普通公众的评价受评价背景系统的影响，在社会对打击犯罪有较高要求时，公众在评价侦查行为时可能会降低对侦查行为正当性的要求，他们会更看重犯罪嫌疑人是否被及时绳之以法并受到应有的惩罚。反之，如果人们更偏重于权利的保障，那么他们在评价时就可能会把正当性放至比合理性更高的位置。可见，评价本身也深刻地反映着刑事诉讼多重目的之间的权衡。当然，共同的标准是，他们都重视"缉捕犯罪嫌疑人"，在这一点上并没有根本性区别。

判断侦查行为是否成功，对于侦查行为的激励有着重要意义。也就是说，侦查行为的评价一定程度上对侦查行为的激励起着奠基作用。姑且不论"成功"之判断标准是否合理，"成功"意味着对侦查行为的肯定，而失败意味

① 参见张玉镶，文盛堂. 当代侦查学. 中国检察出版社，1998：488.
② 参见我国台湾地区"内政部警政署"《警察犯罪侦查规范》第0八00四条的规定。

着对侦查行为的否定。然而，未能缉捕犯罪嫌疑人的个案侦查行为是否能一律谓之不成功呢？（或者说，对于那些不符合破案标准或结案标准的案件侦查行为能否一律谓之不成功呢？）对于那些被评价为不成功的侦查行为是否就应一律被作出否定性评价呢？这两个问题实际上也就是应如何判定成功侦查行为以及应如何对未成功侦查行为作出处置。对这两个问题的准确回答，不仅有助于人们端正对侦查行为的态度，也有利于相关领域侦查政策或制度的完善。

二、理论基点：条件论

判定个案侦查行为是否成功，对"案件是否一定能侦破"这一问题的回答是绕不过去的理论基点。如果答案是肯定的，那么成功的侦查行为必然是符合破案标准或结案标准的，也就必须缉捕犯罪嫌疑人；如果答案是否定的，那么有些案件注定无法侦破，如果因此而认定侦查人员对这些案件的付出都是失败的，那么对于侦查行为的激励将极为不利，也有损公平。

（一）绝对论、相对论、相对性原理及简要分析

有学者撰文将学界对该问题不同回答概括为"绝对说"和"相对说"两种截然相反的观点，通过理论和实践两个层面对两种观点进行了正反比较，提出了侦查的相对性原理，指出侦查不可能也不必要查清全部刑事案件，即便破案后所得来的案件事实与实际发生的案件事实不可能也不必完全吻合。[①] 我们的论述也可以"绝对说"和"相对说"为切入点。

"绝对说"主张，"犯罪行为是一种物质运动，它与整个世界的物质运动一样，必取一定形态，并按一定的客观规律发生发展。因此，必须确信犯罪行为是可以认识的，刑事案件是可以侦破的"，[②] "要实现一种罪行必然实施具体方法，不管犯罪方法是重复性的还是'独一无二'的，都是犯罪的

---

① 刘品新. 论侦查的相对性原理. 福建公安高等专科学校学报，2001（1）.

② 武汉. 刑事侦察原理. 上海人民出版社，1987：61.

名片，都可以给破案工作提供情报，因此惩罚不可避免"。①

相对说则坚信侦查破案只能是相对的，"从总体上来说，由于客观上存在着对犯罪活动有利的方面，尽管'事物是可以认知的'，但人类对客观世界的认识还有各种局限，我们工作还有某些失误，客观与主观叠加起来，就会出现'无头案'，这就是侦查工作的现实"。②

尽管两说在"案件是否一定能够侦破"的结论上存在难以跨越的鸿沟，但仔细分析，两说还是存在共同点的：其一，有的"绝对说"者亦主张侦查"必须建立在各种事物客观制约的基础上"，③而且持该说者在大多数场合强调的是案件侦破的可能性而非必然性；其二，持"相对说"者未必拘泥于对现状的解释，同时也注重侦查人员素质的提高；④其三，有论者走的是中间路线，既承认案件可以侦破，又认识到侦查中的有利和不利条件，侦查破案是相对的，⑤或者认为侦查中存在"死角"，但"死角"可以解决，即所谓的侦查死角理论。⑥二者趋同的一面，为问题的解决提供了有益的启示。

我们认为，如果仅从整体案件侦查的角度去看待"案件是否一定能侦破"的问题，则这场争论胜负分明。但是，仅从这一角度出发无助于解决对个案侦查行为的评价问题，尤其是那些所谓的"不成功"的个案侦查行为的评价。

---

① [苏]拉·别尔金.刑事侦察学随笔.李瑞勤译.群众出版社，1983：115.

② 曲玉斌.刑侦方略新探.警官教育出版社，1998：237.

③ 武汉.刑事侦察原理.上海人民出版社，1987：176-177.

④ 参见曲玉斌.刑侦方略新探.警官教育出版社，1998：240-243.

⑤ 参见曲玉斌.刑侦方略新探.警官教育出版社，1998：238-239.

⑥ 美国侦查学家罗伯特·约翰·维克斯提出的侦查死角理论是相对说的适例。维克斯认为，刑事侦查并不是万能的，侦探更不像上帝那样无所不知、无所不能，"也有它的局限性"。侦查死角理论的基本观点包括侦查三难论、双重侦查论和死角主体论。他认为，"死角"是由案件"难发现、难观察、难破获"引起的。侦查死角的内在矛盾是侦查原理和罪案结构之间的矛盾。必须通过它的根源——射击角度才能解决。实行双重侦查才是解决侦查死角的根本方法，并提出了"轮番侦查"、"交替侦查"和"相互侦查"等双重侦查形式。参见任惠华.刑事侦查学史.西南政法大学侦查学系，1991：172.

要平息绝对论与相对论的貌似不可调和的争论，还必须在兼顾现实和理想的基础上，正确认识个案侦查与整体案件侦查之间的区别，明确侦查组织侦查能力与侦查人员个体侦查能力这两个概念。

首先，整体案件侦查和个案侦查是不同的。如果持绝对说，那么整体案件侦查的侦破率应达到100%。案件侦查水平与侦查资源的投入程度和方式有着密切的关系。任何国家对侦查资源的投入都是有限的，资源的不足将严重制约整体目标的实现，使人们无法达到理想的状态。但是，一旦变成个案侦查，被我们长期看作制约侦查的一个瓶颈的资源稀缺问题可能就不是一个问题。我们认为，资源的有限性只是一个总体的考量因素。我们说侦查资源或司法资源具有稀缺性，不是说对每一个案件都是如此，而是说相对于所有案件、所有犯罪来说，我们的资源总量不足，甚至严重滞后于犯罪情势的发展。因此，虽然资源的总量会制约被侦破案件的总量，但是对于采用集权式侦查体制且侦查组织领导人权力受制约甚少的国家或地区的侦查组织来说，要针对某次侦破战役或专项斗争、某个案的侦查或者某次微观侦查行为的实施调集大量人力、物力和财力，这并非难事，且早已被实践证明。为此，对于那些被侦查机关纳入优先目标的个案侦查行为而言，其失败在很多时候并不能归咎于资源的缺乏。

其次，侦查组织和侦查人员个体的侦查能力有差别。侦查人员个体的侦查能力是有限的，具备一定规模的侦查小组的侦查能力也是有限的，这种有限性极大制约着侦查行为的成效。能力的有限性在侦查决策时表现得最为明显。西蒙的"有限理性"理论和行为科学上的模糊决策理论等已作出注解。然而，不同侦查人员之间的侦查能力存在差别，这种差别不一定是高低之别，而可能是各有专长的差别。而且，从侦查人员个体一直到最高层侦查组织，在不同规模的单元中，侦查能力大致呈递增趋势。侦查组织能够借助侦查人员的配合和协调使侦查能力在个案侦查上发挥出相当的水平，这也正是相当部分疑难案件得以攻克的原因。因此，如果与整体案件侦查相比，全部侦查能力显然不足外，那么调集优势侦查能力运用于特定个案，则侦查能力不足的问题至少在该个案上是能够得到解决的。

最后，在侦查指导理念上存在着理想和现实两种类型。理想化的指导理念并不像相对性原理所批评的那样虚幻，它在激励侦查人员的侦查意志方面有着自己独特的价值。但是，在构建具体制度时，着眼于整体和着眼于现实的理论构想可能更容易为人们所接受。

对破案率这一客观现实的解释不力可以说是"绝对说"的软肋所在。就整体刑事案件的侦破结果和侦查资源、侦查能力的局限来说，相对论或者相对性原理给出的解释无疑更符合侦查活动的实际。然而，相对性原理也有其不足之处：它主张能否破案与客观案情和侦查人员的主观能动性等均有关联，但侦查人员的主观能动性不起决定作用。[1] 这与许多被视为"死案"的案件仅因更换侦查人员就出现转机并最终破案的现实并不吻合。而且，尤其值得注意的是，就个案而言，如果认为有些案件是不能侦破的，那么对该案件（尤其是疑难案件）的侦查应到何时或何种程度才可以认为是已经无法侦破并可以放弃侦查呢？对个案侦查人员来说，这一问题要比整体刑事案件的侦查结果更具实际意义。对此，"相对说"或相对性原理并没有给出解答（当然，"绝对说"也没有进行解答，但其立论的绝对性使其并不需要明确回答这个问题）。

综上，在不否认几种学说之间的区别的基础上，可以将"绝对说"和相对说适用于不同的领域。"绝对说"更重视个案侦破的可能性，而"相对说"体现了对整体案件侦查水平的深切关注。换言之，面对二者之争，我们的态度不应是急切地表明自己站在何者的立场上，而应该综合考虑具体案件侦查与整体案件侦查在指导理论上应有的差异。一方面必须认识到，在个案侦查中，由于侦查机遇和其他因素的存在，即使所谓"死案""无头案"也不乏侦破的范例，通过侦查主体或措施的转化，许多我们已经打算放弃的案件又出现转机甚至迎刃而解，因此，我们应当对个案的侦破可能性给予足够的重视；另一方面我们也必须承认，侦查中毕竟存在许多制约条件，从整体案件侦查效果来考虑个案侦查问题，必然要求承认某些案件难以或没必要坚持到底，因而有必要经过适当的评价之后，决定停止这些案件的侦查。

---

[1] 刘品新. 论侦查的相对性原理. 福建公安高等专科学校学报, 2001（1）.

（二）侦查条件论的构想

通过前述分析，我们认为，可以在绝对说与相对说或相对性原理之间找到一个折中方案，兼取二者之长，既对侦查行为的现状作出合理解释，又能为相关侦查制度和侦查政策的制定提供理论前提。我们将这一这种方案称之为"侦查条件论"，可从以下几个方面理解：

1. 案件是可以侦破的。[①] 这是开展个案侦查的理念起点，不管是否认识到，案件在发生和发展过程中总要留下各种或显现或潜在的线索，而且侦查途径多种多样，侦破的可能性总是客观存在。虽然客观现实表明的确有相当多的案件最终未被侦破，有一些案件也只是名义上的侦破（即所谓的错案），但是，就个案而言，主张案件的可破性，可以激励侦查人员在侦办具体案件

[①] 案件可以侦破与案件可以认识是同一问题的不同表达。由于案件与历史事件都是不可再现的过去，所以侦查学、证据学或者证据调查学上偏好把侦查与探求史实的历史认识做类比。曼德尔鲍姆曾把怀疑和否认历史认识客观性的种种观点笼统称之为历史相对主义。他将相对主义者否认历史认识具有客观性的主要理由归纳为：（1）历史学家对历史材料不得不加以选择，而这种选择就简化了历史的真实情况，损害了历史认识的客观性；（2）历史学家所描述的历史事件的连续性和结构不同于历史本身的连续性和结构；（3）历史学家必定要作价值判断，而这些价值判断决定着历史学家对过去的说明和解释，这就阻碍了历史学家的客观性历史认识的获取。参见 [美] 莫里斯·曼德尔鲍姆：《历史中的客观主义》，载张文杰等编译《现代西方历史哲学译文集》，上海译文出版社 1984 年版。虽然曼德尔鲍姆对"历史相对主义"否认历史客观性的立场持批判态度，但是如果我们不考虑这些理由的用途，而只把它们当作一种现象描述的话，那么这些现象与侦查行为主体对刑事案件的探求和证明过程有着惊人的相似性。实际上，侦查学上关于案件是否能够侦破的各种争论几乎都可以在历史认识论关于社会历史是否可知的论战中找到自己的对应位置。关于历史认识论的各项争论，参见袁吉富：《历史认识的客观性问题研究》，北京大学出版社 2000 年版，第 154 页以下。当然，案件的可知性既服从于整个世界的可知性问题，又有着不同于一般世界的可知性问题的特点。侦查人员对案件的认识主要是对附属于人（主要是作案人）的现象的认识，侦查人员与作为认识客体的作案人等之间具有相互贯通的社会性。因此，要获得对案件的认识，不仅需要侦查人员发挥特有的主观能动性，还要求其对自身以及所处的社会背景有较深的体会。

时积极寻找线索。或许可以说，任何人都不能在案件刚发生或侦查伊始就认定该案是否能侦破，此时，指导人们去侦查的，只能是该案是可以侦破的信念。

2. 案件"可以侦破"不等于"必然侦破"，案件的侦破是有条件的。侦查行为不是靠可以侦破的信念就可以完成的，案件的侦破需要众多条件的存在。① 可能性只有具备足够的侦查条件才能转化成现实性。所谓侦查条件，就是指制约和保障侦查顺利进行的各种因素：（1）在个案侦查中，侦查条件包括了侦查方、被侦查方和第三方诸方面情况，不限于个案本身条件如现场条件、知情人条件、侦查人员的经验素质等，也包括个案之外但可以影响侦查的因素如侦查体制、侦查模式、侦查预案、舆论和社会价值取向等；（2）从产生和来源来看，侦查条件可能是现成的，侦查人员以相对被动的方式接受，如群众举报、自首坦白、现场遗留物等，也可能是侦查人员相对积极主动去寻找和创造的，如技术侦查等获取的线索。对条件的创造是侦查谋略的实施依据。如果现成的条件缺乏而侦查人员又不能有效创造条件，侦查陷入困境在所难免；（3）侦查条件还可以分为主体条件和客体条件，前者主要指侦查人员的素质和临场发挥，后者包括了全案可供利用的要素。侦查人员的主观能动性是决定侦查结果的关键因素，客体条件只有通过侦查主体的作用才能展现其应有价值并正确引导案件侦查。主体条件因人因时而异，在侦查中极具不确定性，应当成为案件分配、侦查分工乃至侦查主体更换的主要依据。需要说明的是，突出主体条件的重要性，目的在于鼓励侦查人员面对困难时的创新行为，并不意味着所有案件的侦查失利均应归责于个案侦查人员。

由于条件的限制，当面对某案时，如果条件具备，则侦破势在必行，是必然的；但是如果条件不具备，且侦查人员基于自身能力限制或其他客观条件的限制，无法补足条件，那么，侦查行为难免陷入困境。当然，陷入困境的案件不等于就不能侦破，其侦破的可能性仍然存在，人们很难回答：是否更换了侦查行为主体，或者投入更多的资源，或者等待更长的时间，该案就能侦破？因为实践中，案件数量太大，新的案件又在不断发生，侦查组织无

---

① 在本书的界定中，条件本身就是侦查行为的一部分。

法对所有未破案件都追加资源或给予更多的重视。问题只在于，从其他方面来看，该案的侦破是否还值得人们期待，或者是否还值得人们花费众多的资源去追寻似乎虚无飘渺的线索。如果得出否定答案，那么侦查行为自然应停止，只不过其原因不应是它不能被侦破，而是在特定情形下它已经不再需要被侦破或在指定期限内侦破。可见，当出现侦查条件危机时，仍然不宜简单地否定案件的可侦破性，而应转向价值观、成本、民众期待等方面的衡量。

3. 案件可以侦破不等于必须侦破，整体案件侦查能力和侦查资源的限制为我们提出了另外一个问题：既然必定会有一些案件因为条件的限制而无法侦破，那么对于这些丧失侦查条件的案件就应该采取一定的措施，停止侦查，以免造成不必要的浪费。与此同时，由于资源总量的有限性，使得侦查组织在面对众多的个案时不得不有所选择，即对不同案件倾注不同的资源，或者被迫在无法顾及时主动放弃了某些案件的侦查。因此，在进行侦查行为评价时，对于未能侦破的案件不能等同视之，而应通过评价行为判断未能侦破的原因，不宜对不具备侦查条件的案件侦查行为过多苛责，并且应在制度上为这种情形预留空间。不仅如此，即便条件有可能满足，但是如果条件的满足过于遥远或者成本难以被承受时，也应当停止侦查，对于因此而导致的未能侦破，不能追究办案人的责任，不能以此作为评价他们绩效的依据。

三、结果性评价和过程性评价在个案侦查行为中的应用

由理论基点的讨论再回到个案侦查行为的评价上来。回顾成功侦查行为评价的实践，可以明显地看到，无论是侦查实务人员还是普通公众，所坚持的都是一种结果性评价，即以侦查行为是否取得实效——无论该实效是指缉获犯罪嫌疑人抑或其他——作为判断是否成功的唯一标准。但是，如果赞同侦查条件论，承认案件侦查的条件性，那么，对于那些不具备侦查条件的案件不再继续侦查，就不能简单地认定为是不成功的，因为，如果某些案件缺乏不是由侦查人员所能决定的侦查条件而致使其未能侦破或者未能按期侦破，并据此结果认为侦查行为不成功的话，对于被分配承担该类案件侦查的

侦查人员而言，是极不公平的，有违公平理论之要求。①

我们认为，对于侦查行为是否成功的评价，应当有两种类型：一类以结果评价为主；一类则以过程评价为主。对于具备侦查条件或者侦查条件能够通过侦查措施补齐的案件，其侦查行为是否成功应当以结果评价为主，判定侦查行为成功，其结果不仅是"缉获犯罪嫌疑人"，亦应有其他正当性与合理性的衡量；相应地，对于那些不具备侦查条件或者暂时不具备侦查条件的案件，侦查的成功性蕴涵于侦查行为过程之中。正如有学者指出的，有许多刑事案件本质上就难以侦破，何况又有其他非侦查因素的不良影响，为了避免无法破案的挫折感，侦查人员对所谓的"成功的侦查行为"应重新定义，即该案确已全力加以侦办，且所有破案线索均被确实查证检验时，即可称为成功的侦查作为。②过程性评价的引入意味着侦查行为的成功标准的修改，即从侦查取得实效转向侦查组织对案件付出足够努力。这一转变的好处是，它使侦查行为的评价机制更为客观和公正，更易被行为主体接受。

然而，过程性评价的引入也蕴涵着它与结果性评价的冲突。在一般情况下，两者往往相互渗透和依存：过程性评价较优的案件侦查行为往往意味着较有可能取得良好的侦查行为结果，即良好的侦查过程亦是侦查实效的保障，而良好的侦查实效往往也意味着侦查行为过程的合理。但是这种渗透和依存并不适用于所有场合。侦查人员极为尽力、查证了案件所有线索，最终可能会一无所获，而侦查人员并未对案件付出多少，但是因为侦查机遇等偶然性因素的存在，却可能取得极佳的绩效。这种例子比比皆是。由此就有必要在过程性评价和结果性评价之间作出权衡，对两者的适用加以规范。

我们认为，评价侦查行为是否成功，是否正当和合理，如果能够对结果作出肯定性回答，那么过程性评价可不再适用；如果结果性评价作出否定性回答，则需进一步进行过程性评价。过程性评价应把重点放在案件侦查人员的努力程度上，放在侦查条件的考察上。当然，同时也不能放弃其他正当性和合理性要求。

---

① 关于公平理论，参见本书第五章第一节。

② See Charles R. Swanson, Neil C. Chamelin and Leonarl Territo, Criminal Investigation （6th. Ed.）, McGraw-Hill Co., 1996, p. 37.

前已述及，对个案侦查行为进行评价，所获得的结论将有可能影响侦查人员的绩效和责任承担。如果结果性评价得出肯定回答，则自然可以作出有利于侦查人员的判断；如果结果性评价否定，但过程性评价肯定，亦可作出有利于侦查人员的判断；如果结果性评价否定，过程性评价亦是否定，则有可能作出不利于侦查人员的判断。诚然，后者也不是绝对的，侦查行为的评价与侦查人员的评价毕竟不是同一个问题。①

引入过程性评价机制具有一定的意义：除了对侦查现实情况和一定阶段侦查能力的正视外，更重要的是它有助于纠正传统上唯结果、唯破案率的观念，是实现侦查行为法治化必不可少的配套措施。②

四、结论

可以看出，在对个案侦查行为进行评价时，根据侦查条件论的要求，最

---

① 需要注意的是，过程性评价在实践中已经为一些侦查机关所注意，例如某地公安机关对不够起诉条件的案卷逐渐分析原因，凡是主观方面造成的要按照执法过错责任予以追究。参见郑为国，何炜. 当前影响刑事办案质量的倾向性问题、形成原因及对策思考. 上海公安高等专科学校学报，2001（4）. 虽然这种处置方式还有些机械化，但是从中也可以发现，对于那些基于侦查客观条件甚至侦查人员侦查能力不足的案件，归责条件已经更为严格。

② 唯结果的评价机制的弊端是明显的，为了穷追结果，侦查人员更看重犯罪嫌疑人是否被捕获，是否能定罪，因而在侦查中极易固执于一点，而忽视有利于犯罪嫌疑人的证据，忽视了对案件真相的侦查，由此导致侦查功能的异化。典型的例子如2005年3月纠正的湖北京山佘某涉嫌杀人案。侦查人员接到发现女尸的报案后，根据张某亲属的辨认，认定死者是张某。张某丈夫佘某因具有作案时间和作案动机而被纳入侦查视野。该案在侦查过程中就已经呈现种种疑点：犯罪嫌疑人虽有作案时间和作案动机，但多次口供认罪但交代内容都不一样；更为重要的是，犯罪嫌疑人一方提出了一些有利于己方的关键证据，可以证明张某只是失踪而未死亡。侦查人员不是去继续调查辩护证据的真实性，相反还对辩方证人进行打击报复。此后，该案进入一审、二审和发回重审等诉讼阶段，佘某被定罪。直到不久前张某重新回到家中，佘某的冤情才得以洗清。

终发挥作用的实际上还是过程性评价。提倡同时兼顾过程性评价与结果性评价，有助于客观看待侦查行为，并给予侦查行为以及行为主体以公正的评价结论。我们认为，基于二者并重的个案侦查行为评价机制，在侦查制度和侦查理念上还有以下几个方面值得我们进一步思考：

（一）制定明确的个案侦查行为停止制度

所谓侦查行为停止制度，即规定在何种情形下可以停止侦查的制度。个案侦查行为的停止，结果不外两种：一是侦查行为暂时中止，等待时机成熟后再恢复；二是永久性地终止侦查。据此也可将侦查行为的停止分为侦查中止和侦查终止[①]两种。无论是否承认侦查的可侦破性和条件性，都必然要面对侦查停止的问题。在长期的侦查实践中，面对那些缺乏侦查条件或者暂时缺乏侦查条件的疑难案件，侦查组织的基本态度是"疑案从挂"，[②]这一做法就是事实上的侦查停止。由于这种做法使涉案者的利益长期处于悬而未决状态，故这种做法深受学界诟病。[③]但是，如何防止侦查人员随意停止案件侦查或者长期搁置被停止的案件，则有赖于制度的规范，特别是建立在过程性评价基础上的制度设计，即：根据对侦查行为的过程性评价，判定侦查条件的缺失程度以及通过侦查人员努力能否满足侦查条件需要之后，决定是否应停止以及适用何种停止方式。因此，个案侦查行为停止制度的核心也就在于如何确定侦查行为停止的条件或标准。

实践中被停止侦查的案件实际上可以分为两种：有明确犯罪嫌疑人的案

---

① 侦查终止和侦查终结都意味着侦查的结束，但却有根本区别。前者不可恢复，后者则可能因为补充侦查等得到恢复。

② 这里所指的疑难案件，是指因某种原因造成侦查线索中断，使侦查行为主体不能合理地对侦查出路、案件事实或作案人作出唯一的肯定性结论，侦查呈现全案性僵局。

侦查学上对疑难案件的界定，参见杨宗辉，刘为军．疑难案件的特征及成因．山东公安专科学校学报，2001（4）．

③ 参见樊崇义．刑事诉讼法实施问题与对策研究．中国人民公安大学出版社，2001：350．

件和无明确犯罪嫌疑人的案件。^①对于前者，由于尚未涉及任何侦查对象的利害关系，根据案件可破的论断，允许其搁置等待今后的侦查机遇，这并无不妥。除非超过追诉期限或者法律对个案侦查行为本身规定的侦查期限，否则没有必要让这种侦查行为终止（但可暂时性的中断），这样做至少在理论上为案件的最终侦破留下一线生机。有明确犯罪嫌疑人的案件则不同，当这类案件陷入僵局时，则因触及涉案者的利益而不能长期挂起来。所以，对无明确犯罪嫌疑人和有明确犯罪嫌疑人的案件，在适用侦查停止的基本态度上是应有所区别的。

我国目前的立法几乎没有对侦查行为的停止作出明确规定。2005年制定和2014年修订的《公安机关办理经济犯罪案件的若干规定》第14条都规定："经立案侦查，对犯罪嫌疑人解除强制措施后十二个月，仍不能移送审查起诉或依法作其他处理的，公安机关应当撤销案件"。但第15条又规定："撤销案件后，又发现新的事实或证据，需要追究刑事责任的，公安机关可以重新立案侦查。"在其他规范上几乎看不到对侦查行为停止问题的解答。换言之，这一问题在立法上长期悬而未决。

结合侦查条件论、对侦查行为的过程性评价以及各国相关立法，我们认为，可以对侦查停止制度作出如下设计：

1. 侦查中止的适用条件。以下案件可以实行侦查中止：没有明确的犯罪嫌疑人，且导向特定犯罪嫌疑人的线索已经中断的案件；唯一的犯罪嫌疑人被否定且无新的犯罪嫌疑人，对案情经复查无新的进展的；犯罪嫌疑人不能承受侦查的案件，如在侦查期间患有精神病或其他足以使其不能承受侦查的重病，没有其他线索查明案情的；犯罪嫌疑人的范围已经确定，但证据线索不足，无从认定的案件；已经确定的犯罪嫌疑人逃避侦查或者由于其他原因没有判明其所在地的案件；有其他中止事由。以下案件虽然呈现疑难，但在现有条件下仍有侦查余地，单凭该事由一般不应中止侦查：主办案件的人员丧失侦查能力的；办案人员认为侦查应当中止，但有其他侦查人员提出充

① 有学者将被挂起来的案件分为犯罪嫌疑人被羁押和未被羁押两种。
参见陈永生．论侦查的期间限制与疑案处理．人民检察，2002（12）．

分理由主张案件可以侦破，且可以更换人员侦查的；未经复查的疑难案件；先前的侦查行为过于草率而侦查时间容许重新开始的疑难案件；全案线索中断但对线索查证的彻底性留有疑问的案件；有重大社会影响且存在续发可能性的疑难案件。后一类案件亦可称为潜在的合并侦查案件，之所以不允许侦查中止，是为了激励侦查人员采取各种措施主动出击，而不能消极等待系列案件的发生来获取线索。

2. 侦查终止的适用条件。由于缺乏侦查条件，尽管尚难以判断案件最终是否可以侦破，但可以肯定的是，随着侦查期限的拖延、侦查资源的大量耗费乃至人们对案件的淡忘，案件的侦破将变得不再如侦查初期那么重要，因此，对于某些疑难案件，经一定期限的侦查仍然没有呈现良好的侦查前景，那么完全可以实行侦查终止，节约侦查资源。具体来说，可以包括：涉嫌的犯罪性质较轻，后果也不太严重，但侦查已经耗费大量人力、物力和财力，且继续侦查成本太高的；案件侦查期限超过法律允许的期限。除了遵守刑法规定的追诉时效和刑事诉讼法规定的侦查羁押期限之外，我们认为，还有必要考虑为任意侦查设定期限的问题。① 不过，由于案件和侦查本身的复杂性和不确定性，任意侦查期限应当是一个灵活的时间段，而且因案件的复杂程度而有所区别。对此还有待进一步研究。

3. 适用程序。侦查线索是否全部中断，全案是否陷入僵局，是否需要停止，这些都是由侦办案件的侦查人员首先感知的。案件千差万别，很难设置一个量化的普适标准，故宜在程序上严格控制，由主办人员确定案件已经具备中止条件，提交附理由的书面报告，主办者所属机关的负责人最后决定，

---

① 我国刑事诉讼法仅规定侦查羁押期限、审查起诉期限和审判期限等期限。对犯罪嫌疑人未被羁押的侦查期限未做规定，一般理由是"如果对犯罪嫌疑人没有采取任何强制措施，具体限制侦查期限也不一定十分必要"。这种观点并没有充分考虑我国相关法律规定及实践，例如对犯罪嫌疑人在升学、出国、就业以及社会评价等方面的约束。为任意侦查设定期限除了上述理由外，还涉及正当程序等一系列相关问题。

参见王国枢. 刑事诉讼法. 北京大学出版社，1995：290.

上级机关督办案件由上级机关最后决定。应允许被害人、犯罪嫌疑人向作出决定的侦查机关或其他上级机关、监督机关申诉。申诉成功的，可以要求更换侦查人员继续侦查。每案的侦查中止决定应报立案和侦查监督机关备案，监督机关认为应恢复侦查的，应即恢复。中止只具有相对效力，除了随时的恢复可能性以外，在"大侦查"格局下，全案材料将纳入案件情报网络，案件的疑点被置于侦查机关以及其他相关部门的日常工作和基础工作中。

至于侦查终止的程序，则应更严格，宜由侦查机关申请，由监督机关决定，在决定前不得停止侦查。除非极特殊的情况，例如侦查人员和监督人员违法操作决定侦查终止，侦查终止后不得恢复侦查。如果侦查人员和监督人员的违法行为的起因并非源自犯罪嫌疑人的违法犯罪行为（如贿赂、强迫等）和不法利益，一般也不宜恢复侦查。[①]

（二）确定优先侦查事项

整体案件全部侦破极不现实，总会有案件不可能被侦破。与个案的考量不同，侦查组织的层级越高，就越着眼于整体案件侦查，而不仅是单个案件侦查的效果。侦查组织不能拒绝侦查刑事案件，但是出于整体目标的考虑，可以对案件进行分类，确立优先事项。确定优先事项并不是要侦查组织和侦查人员对案件进行挑拣，决定哪些侦查，哪些不侦查，而只是在侦查力量受到限制时的一种选择，决定先处理哪些事项。

不过，确立优先侦查事项的标准却需要斟酌。我国台湾地区学者在总结文献以及警务实践经验的基础上，提出了影响侦查发动的关键性因素，包

---

① 侦查终止还应附带有救济程序。由于侦查终止效力的绝对性，在作出决定过程中应当赋予犯罪嫌疑人和被害人申诉和控告的权利。当侦查终止不可避免时，应当为犯罪嫌疑人恢复名誉，消除侦查给其带来的影响，依附于该犯罪嫌疑人的证据应予销毁（如体液样本）或返还（如犯罪嫌疑人的财产）。已经进行的侦查能够证明确系本案被害人的，可以根据损害程度、被害人过错程度等由国家给予适当补偿。

关于侦查行为停止问题，更详细的论述可以参见刘为军. 处理侦查中疑难个案的指导理论与制度设计. 犯罪研究，2003（6）.

括主动因素和被动因素共 10 项，其中，主动因素包括"案件侦办的难易程度""绩效分数""个人兴趣""破案奖金"，被动因素包括"案件本身对社会法益的侵害程度""案件严重性""加害人或被害者的身份""长官交办""媒体关注""民代关切"。根据学者调查，侦查人员在考量是否发动侦查时，各要素的重要程度并不相同，第一为社会危害性的程度，第二为长官是否交办，第三为损害的严重性，第四为绩效分数高低的考量，第五为媒体关注的程度。在具体犯罪类型方面，侦查人员优先且积极侦办的犯罪类型，前 5 名为杀人、掳人勒赎、强盗、枪炮弹药和性侵害案件；会暂且搁置或不太积极侦办的案件前 5 名为毁损、违反智慧财产、赌博、侵害和诈欺案件。[①]上述因素基本上概括了目前警察启动侦查的各方面情形。不过，依我们的观察，我国大陆的侦查实践中，案件侦办难易程度、绩效考核指标（如刑拘数、逮捕数等）、领导交办或上级督办和媒体关注、被害人身份等相对更为突出一些。诚然，这些要素有些是相互交织的，如被害人身份与媒体关注、上级重视等，往往是一体的。

我们认为，案件侦查的选择应以公平为最基本要求。在取舍的标准上，既要考虑侦查主体的侦查绩效，也要尽可能平等对待被害人和社会公众，实现综合平衡：

首先，侦查主体仍应秉持侦查法定原则，对所有刑事案件都要加以侦办的基本态度。每一个被害人都是国家（通过其代理人）的保护对象。我们的基本观点是，即便资源稀缺，侦查主体应对所有已立案案件进行初步调查，至少在以下几个方面是可以完成的：

一是对被害人的询问。对于有被害人且被害人未遇害的案件，除非被害人本人拒绝，否则对被害人进行询问就是一项最基础的工作，是了解案件真实情况的最有价值的途径之一。

二是较为明显的证据的提取。对于并不需要做艰苦调查工作即可获取的一些证据，或者在案件初期即已表现得非常明显的证据，应当及时收集，如街

<hr>

① 杨士隆等．刑事警察人员侦查发动之决意历程、破案关键因素之研究．台湾地区"中央警察大学"警学丛刊，2004（3）．

面抢劫案件的视频提取，盗用信用卡案件中对信用卡使用信息的提取，等等。

三是以公安网为基础的数据信息比对。随着警务信息化的推进，公安机关建立了大量数据平台，积累了海量的信息数据，将具体个案已获得的信息与网内数据进行比对，这应当成为侦查人员办案时的一种"常规动作"。

四是现场勘查。但凡有现场的案件，无论现场大小，均应进行勘验并提取相应证据。由于这些调查措施均属于基础性侦查行为，因此，对已立案的案件来说，不是侦查主体是否发动侦查的问题，而是侦查进行到何种程度的问题。

其次，在侦查法定原则之外，逐步引入侦查权宜原则作为补充。既然现实无奈，制度上不如承认现实，以便通过制度来规范侦查主体的侦查选择行为，避免仅凭领导批示或侦查人员兴趣而选择案件。换言之，应以制度来规范侦查主体和侦查人员事实上存在的自由裁量行为。成本与利益的权衡延伸出了侦查权宜原则或称侦查便宜原则，即侦查主体依据法律之授权，透过目的性之考量或利益之权衡，对于所有之犯罪或对其所侦查而具备起诉要件之案件，选择舍弃侦查或追诉，以停止刑事追诉程序。不过，从业已确立侦查权宜原则的国家和地区法制来看，虽然侦查权宜原则有扩大适用的趋势，但主要的适用范围仍是不具侦查追诉利益之轻罪、无关紧要的附属行为、少年犯罪案件和国家利益重于侦查利益之政治案件。[①] 需要说明的是，侦查权宜原则并不等于对案件完全不做调查，只是在侦查初始阶段或者移送起诉阶段作出权宜处理，不再追诉。

最后，侦查主体基于现实压力而不得已对案件进行优先选择时，应尽可能兼顾公平和效率两大目标。侦查主体应把案件选择视为侦查主体与被害人、作案人、社会公众等进行的利益互动。侦查主体决意发动侦查，决不能把被害人之身份地位作为唯一决定性要素。在实践中，有些侦查机关"内外有别"（即涉外案件优先处理）、"贫富有别"、"贵贱有别"、"亲疏有别"，这些做法殊不可取。尤值一提的是，当前正处于社会转型关键期，各种利益冲突凸显，刑事案件的处置关系到当事者的切身利益，也极易被其他在社会发展过程中的利益受损群体利用，从而成为群体性事件的导火索。因此，侦

---

① 曾正一. 侦查法制专题研究. 台湾地区"中央警察大学"出版社，2007：54.

查机关衡量是否切实发动侦查的要素，应综合案件各种情形考虑。

我们认为，前述影响侦查主体发动侦查的关键性要素都是客观存在的。但是从效率和公平出发，最值得提倡的制约性要素仍然是"案件侦办的难易程度"和"案件严重性"。虽然越严重的案件，其侦办难度未必越高，但是在多数情况下，案件的严重程度与案件侦办的难度以及侦查主体需要投入的资源是成正比的。越是严重的案件，其对社会安全感和执法机关公信力的影响越大，实际上也是当地民众和媒体较为关注的案件，其侦破能够展现侦查主体打击犯罪的决心，对于预防犯罪有着重要意义。2012 年 1 月 6 日，南京街头发生一起枪击抢劫案。鉴于该案的严重程度以及其与之前在长沙等地发生枪击抢劫案的串并，公安部一度要求全国公安机关将侦破此案当作当前压倒一切的任务。这种侦查选择，就有这种意味。①

而有些案件，尽管性质不太严重，但是在初步调查后发现其侦破难度较小，有较高的侦查价值，则应及时侦破。有学者曾提出，案件可能成功侦查含有十四个层次，由最可能成功至希望渺茫依次递减排序如下：（1）当场逮捕犯罪嫌疑人；（2）已知犯罪嫌疑人所在；（3）已知犯罪嫌疑人姓名；（4）已知犯罪嫌疑人身份；（5）已知犯罪嫌疑人外貌特征；（6）已知犯罪嫌疑人车辆；（7）有目击证人；（8）比对出犯罪嫌疑人指纹；（9）有重要证据；（10）已追查出犯罪嫌疑人财产；（11）有明显知犯罪模式；（12）找到物证；（13）找到目击证人；（14）有侦查主体向。② 以上概括，虽未必全面或准确，但也能告诉我们，对最有可能成功的侦查前景，应置于优先选择之列。实践中，有些案件的作案人已经明确，且作案人并未逃离，甚至经常在公安局门口出现，但侦查人员就是不实施抓捕，直到"严打"时再抓人以充实"指标"，这种做法殊不可取。此外，对于那些取证要求较为急迫，需要采取紧急措施的案件，也应纳入优先选择，以免丧失侦查良机。

最后，对于侦查机关未实际发动侦查的案件，应给予被害人或某些独立

---

① 但是，我们并不赞同公安部将个案视为压倒一切的任务的提法，尽管这种提法有利于各地公安机关重视该案，也有助于消除公众的不安全感。

② 林吉鹤等.刑案侦查影响因素之研究.台湾地区"中央警察大学"学报,1998(1).

公益组织以监督或救济权利。我国《刑法》第 88 条第 2 款规定，"被害人在追诉期限内提出控告，人民法院、人民检察院、公安机关应当立案而不予立案的，不受追诉期限的限制"。此种规定，即赋予了被害人以救济权，即被害人的这种权利足以防止因侦查机关怠于侦查而致使犯罪嫌疑人获得追诉时效之保护。但考虑到诉讼之最终目的在于纠纷的解决，因此，该条款规定了"被害人在追诉期限内提出控告"的前提条件，据此，因利益受损并不严重而对自己利益受损并不十分关切、并未在追诉期限内提出控告的被害人，如果案件没有发动实质侦查，那么追诉期限到了后，自无必要再浪费人力、物力进行继续侦查。

总而言之，确定侦查优先事项，不宜依被害人身份有所不同，而应依案件本身特点以及现实侦查条件而为，包括案件的紧迫性（需要采取紧急措施，例如报案称某地正在进行毒品、枪械交易，或报案称有人可能立即有生命、身体上的危害）、案件价值高低（这是一项很重要的可选原则，案件价值高低对于那些配分已达考核标准的侦查人员而言没什么太大影响，且案件价值的判断易受长官主观偏好及侦查意识的影响）、案件侦破难易程度、本身人力、时间是否容许等等。实践中，侦查组织常常通过专项斗争等方式来确立优先事项，这些方式有一定的合理性，即可集中优势资源创造条件重点解决当前社会的热点犯罪问题。优先事项的确定是一个比较复杂的问题，需要系统化的考虑政治、社会形势以及案件本身条件。不过，我们的倾向性意见是，不管社会评价中对案件的重要程度如何分类，从侦查角度来看，最好的解决方案还是根据侦查条件的优劣来分类。对于那些侦查条件好的案件即使情节轻微也要迅速处理，以免因时间消逝而丧失机会。

（三）积极引导社会评价主体的评价观念

侦查组织侦破刑事案件时，公众多认为是执行职务分内之事，所获得的掌声寥寥可数。但是一旦在侦查过程中发生刑讯逼供、嫌疑犯脱逃、侦查人员伤亡或因证据缺失而令嫌疑人无法定罪等情形，或者有其他导致刑事案件未能侦破的情形，再加上新闻媒体等的渲染效应，则极易引起社会公众的莫大关注，也因此造成民众对侦查人员执法能力的质疑。因此，公众针对侦查行为作出的评价结论也会对侦查人员有所影响，这种影响不仅是事后的内部绩效考核有用，亦会对侦查人员办案时产生极大的压力。

我们认为，从评价角度来说，侦查行为的不成功，除了违法犯罪情形外，存在很多不能归咎于侦查人员或侦查组织的因素，理由如下：首先，影响案件侦查的因素众多，尤其是案外因素，是个案侦查人员无力改变的；其次，侦查人员并非神圣，偶尔失误是正常的，在目前侦查力量不足侦查人员超负荷运转的状况下更是如此，同时侦查资源的匮乏也使许多侦查人员"心有余而力不足"；再次，案件侦破的可能性是以水平较高的侦查人员为基准的，而现实中的侦查人员水平参差不齐。因此，在评价案件侦查的得失时，应根据具体情况的差异，设置一个针对侦查人员的错误"容忍限度"，为个案侦查行为评价营造相对宽松的环境，不能把侦查行为的结果评价当作考核侦查人员业绩的唯一标准甚至不能作为主要标准。

为此，为协调评价标准上的差异，有必要对社会公众评价观念进行引导，让人们心目中的侦查行为回归至犯罪控制手段之一种的常态，避免对侦查打击犯罪之作用抱过高的期望。如此，也可以为侦查组织赢得自我调整的时间，防止在改革时为眼前利益而急功近利，以致破坏全局。

除上述问题之外，依据个案侦查行为的评价机理，先前一些侦查政策如"命案必破"和"限期破案"等也有进一步商讨和完善之必要。学界对这些政策已经给予了相当的重视，[①] 本书不再赘述。

---

① 例如可以参见周一志.限期破案科学吗？.人民检察，2002（6）；尚武.大力推行五大机制 努力实现"命案必破".// 何家弘.公安学论丛（第1卷）.法律出版社，2005；罗长斌.谈公安机关有效遏制命案的对策——对湖北省襄樊市樊城区命案频发的思考.湖北警官学院学报，2002（1）；邹明理.关于侦查法治几个问题的探讨.山东公安专科学校学报，2003（6）；黄明.打造江苏破案攻坚品牌——"对命案必破"的实践与思考.公安研究，2004（12）.

余 论

编辑说明

为彰显改革开放以来公安理论创新和学术研究方面的成就，全面展示公安院校广大教师在公安学术研究、公安实践及公安改革方面的新理论、新经验、新成果，提升理论水平，推进成果转化，鼓励学术繁荣，发现优秀人才，我们于 2017 年面向全国公安院校征集公安学理论研究优秀作品。此举在全国公安院校中产生了很大反响，公安院校教师踊跃投稿。为保证首批推出的作品充分展示学术作品的经典特色，充分体现专业特点，充分关注热点问题，我们邀请了长期从事公安学术研究、在公安系统具有较高声望的专家学者对作品进行审定，遴选出各 9 部作品入选《公安院校知名教授学术文库》《公安院校青年学者学术文库》第一辑，将于 2018 年 6 月正式出版。

《文库》的作品充分体现了"经典、精品、创新"的特点。入选《公安院校知名教授学术文库》的作者均为长期从事公安理论研究、在全国公安院校乃至全国公安系统具有较高声望的知名学者，入选的作品也是这些学者在相关领域多年潜心研究的代表性成果。例如，《英美警察科学》《公安经济学》《警管区制研究》《社会转型与秩序重建》等，都是近年来在公安学领域产生较大影响的原创性学术著作。而入选《公安院校青年学者学术文库》的作者目前均活跃在公安教学科研的第一线，他们才华出众，思想敏锐，观点新颖，入选的作品如《袭警行为的预防与处置》《新型合成毒品滥用监测与控制实证研究》《弱势群体权利保障中的国家反拐行动研究》等，直面当前执法热点，深入剖析，探索新理论、新措施。

服务公安中心工作，服务公安队伍建设，服务公安教学科研，充分展示作品的社会价值和学术价值是我们推出两个《文库》的初衷。相信随着第一辑作品的出版，必将推动在公安院校中形成深入公安学理论研究，活跃公安学术创新的良好氛围。这是我们的追求，也是各位作者的期待。

　　《文库》的出版是一项长期工程，我们力争通过几年时间，出版100部学术专著，使两个《文库》成为新中国公安教育史上具有里程碑意义的首部公安理论名家学术作品大系，使之成为面向全社会展示改革开放以来公安学理论研究成果的最佳平台。

公安院校知名教授学术文库
公安院校青年学者学术文库
编辑委员会
2018年6月

图书在版编目（CIP）数据

刑事证据调查行为研究：以行为科学为视角 / 刘为军著 . —北京：中国人民公安
大学出版社，2018.2
（公安院校青年学者学术文库 / 总主编：樊京玉　闫继忠）
ISBN 978-7-5653-3232-6

Ⅰ . ①刑… Ⅱ . ①刘… Ⅲ . ①刑事诉讼 – 证据 – 调查研究 Ⅳ . ① D915.313.04

中国版本图书馆 CIP 数据核字（2018）第 049591 号

刑事证据调查行为研究——以行为科学为视角

刘为军　著

出版发行：中国人民公安大学出版社
地　　址：北京市西城区木樨地南里
邮政编码：100038
经　　销：新华书店
印　　刷：天津盛辉印刷有限公司

版　　次：2018 年 6 月第 1 版
印　　次：2018 年 6 月第 1 次
印　　张：21
开　　本：787 毫米 × 1092 毫米　1/16
字　　数：360 千字

书　　号：ISBN 978-7-5653-3232-6
定　　价：65.00 元

网　　址：www.cppsup.com.cn　　www.porclub.com.cn
电子邮箱：zbs@cppsup.com　　zbs@cppsu.edu.cn

营销中心电话：010-83903254
读者服务部电话（门市）：010-83903257
警官读者俱乐部电话（网购、邮购）：010-83903253
教材分社电话：010-83903259

本社图书出现印装质量问题，由本社负责退换
版权所有　侵权必究